古文观止
启示录

正蒙养而裨后学　学习文言文至此观止矣

闫效平 著

中国民族文化出版社

图书在版编目（CIP）数据

古文观止启示录 / 闫效平著. -- 北京：中国民族文化出版社有限公司, 2025. 3. -- ISBN 978-7-5122-1956-4

Ⅰ. H194.1-49

中国国家版本馆 CIP 数据核字第 2024HG5998 号

古文观止启示录

GUWEN GUANZHI QISHILU

作　　者	闫效平
责任编辑	李路艳
责任校对	颜小虎
出 版 者	中国民族文化出版社　地址：北京市东城区和平里北街 14 号
	邮编：100013　联系电话：010-84250639 64211754（传真）
印　　刷	文畅阁印刷有限公司
开　　本	787mm×1092mm 1/16
印　　张	17.5
字　　数	297 千字
版　　次	2025 年 3 月第 1 版第 1 次印刷
标准书号	ISBN 978-7-5122-1956-4
定　　价	89.00 元

版权所有 侵权必究

序

  我读书勤快，但整理东西却十分懒散。这是很大的缺点，但我也改不了。我花了很大的功夫编辑这本古文作品集，有的是根据录音整理的讲稿，有的是平时的随笔，林林总总，集合在一起，为了给自己一个交代，也为了给读者一个交代。出版了有个好处，多年以后，这东西还在。

  这本《古文观止启示录》是关于《古文观止》里的各篇文章的读后感。古人写文章讲究文以载道，每篇文章都会告诉你一些道理。希望我的这些文章对读者学习和领悟古文有所帮助，里面的内容说得不一定对，但愿对大家有所启发。

闫效平

2023 年 5 月 4 日于昆明

目　　录

1. 凡是作恶都没有好下场 …………………………………… 001
2. 没有信任，就没有一切 …………………………………… 002
3. 要用正确的三观教育孩子 ………………………………… 003
4. 观鱼就是乱政 ……………………………………………… 004
5. 会说漂亮话，也是一种实力 ……………………………… 006
6. 没有坚守，一切都是纸上谈兵 …………………………… 007
7. 要将人民放在首位 ………………………………………… 008
8. 凡事需保持一鼓作气的勇气 ……………………………… 009
9. 把话说好，谁敢不服？ …………………………………… 010
10. 贪小便宜终将自取灭亡 …………………………………… 012
11. 礼无处不在 ………………………………………………… 013
12. 做人不能背信弃义 ………………………………………… 015
13. 不鼓不成列，非仁义也 …………………………………… 016
14. 捐弃前仇，化敌为友 ……………………………………… 017
15. 况贪天之功以为己力乎 …………………………………… 018
16. 实力才是硬道理 …………………………………………… 019
17. 临危受命，宝刀不老 ……………………………………… 020
18. 劳师以袭远，利令智昏 …………………………………… 021
19. 铤而走险，急何能择 ……………………………………… 023
20. 周德虽衰，天命未改 ……………………………………… 024
21. 收合余烬，背城借一 ……………………………………… 025
22. 无怨无德，不知所报 ……………………………………… 026
23. 都是你的错 ………………………………………………… 028
24. 威武不能屈 ………………………………………………… 029
25. 有觉德行，四国顺之 ……………………………………… 030
26. 恕思明德，名载而行 ……………………………………… 031
27. 君为国死则死，社稷为主 ………………………………… 032

28. 乐舞的本质 …… 034
29. 宾至如归，无宁菑患 …… 035
30. 从善如流，主动让贤 …… 036
31. 守住你的底线 …… 037
32. 克己复礼，仁也 …… 038
33. 宽以济猛，猛以济宽 …… 039
34. 十年生聚，十年教训 …… 041
35. 耀德不观兵 …… 042
36. 防民之口，甚于防川 …… 043
37. 茂昭明德，物将自至 …… 045
38. 违背常规必受惩 …… 046
39. 仁者讲功，知者处物 …… 047
40. 纳谏不如纳贤 …… 048
41. 忠于职守，勤俭节约 …… 049
42. 君子忧德不忧货 …… 051
43. 哗嚣之美，不能宝也 …… 052
44. 忍辱负重，蓄势待发 …… 053
45. 忠言逆耳 …… 055
46. 隐公摄政不即位 …… 056
47. 小人见厄幸之，君子矜之 …… 057
48. 不杀为仁，不受为义 …… 059
49. 做事留一线，日后好相见 …… 060
50. 唇亡则齿寒 …… 061
51. 生前孝，身后忠 …… 063
52. 君子爱人以德 …… 064
53. 透过现象看本质 …… 065
54. 把眼光放长远 …… 066
55. 学会让他人愿意倾听意见 …… 068
56. 善颂善祷 …… 069
57. 头悬梁，锥刺股 …… 070
58. 一举而名利双收 …… 071

59. 交浅何以言深	073
60. 兼听则明，偏信则暗	074
61. 清静贞正以自虞	075
62. 市义	076
63. 苟无岁，何有民？苟无民，何有君？	077
64. 居安思危	079
65. 爱子则为之计深远	080
66. 明月出海底，一朝开光曜	081
67. 择言而规戒	082
68. （事）有不可忘者，有不可不忘者	083
69. 布衣之怒，流血五步	084
70. 忠臣之去，不洁其名	086
71. 海纳百川，有容乃大	087
72. 尺有所短，寸有所长	088
73. 志趣绝俗，超然独处	089
74. 人皆可以为尧舜	091
75. 英雄的光辉和悲剧	092
76. 盖一统若斯之难也	093
77. 当世得失之林，何必旧闻	094
78. 高山仰止，景行行止	096
79. 夫妇之际，人道之大伦也	097
80. 道不同，不相为谋	098
81. 君子重知己	099
82. 举世皆浊我独清	100
83. 治国在德，不在严法	102
84. 儒生可畏，侠义可敬	103
85. 酒极则乱，乐极则悲	104
86. 重商求富	105
87. 于逆境中奋起	106
88. 或重于泰山，或轻于鸿毛	108
89. 求贤若渴	109

90. 察民情，忧民忧 ………………………………………… 110
91. 各司其职，各尽其能 …………………………………… 111
92. 盖有非常之功，必待非常之人 ………………………… 112
93. 仁义不施而攻守之势异也 ……………………………… 113
94. 众建诸侯而少其力 ……………………………………… 114
95. 粟者，王者大用，政之本务 …………………………… 115
96. 众口铄金，积毁销骨——人言可畏 …………………… 116
97. 家累千金，坐不垂堂 …………………………………… 117
98. 文情并茂 ………………………………………………… 118
99. 尚德缓刑 ………………………………………………… 119
100. 勇敢可嘉，送死不必 ………………………………… 120
101. 有志者事竟成 ………………………………………… 122
102. 耳可得闻，口不可得言也 …………………………… 123
103. 亲贤远佞 ……………………………………………… 124
104. 鞠躬尽力，死而后已 ………………………………… 125
105. 孝之道 ………………………………………………… 127
106. 人生苦短，及时行乐 ………………………………… 128
107. 要有挣脱束缚的勇气 ………………………………… 129
108. 每个人心中都有一片世外桃源 ……………………… 130
109. 接受自己的平凡，也是一种不平凡 ………………… 132
110. 假隐士，真君子 ……………………………………… 133
111. 思国之安者，必积其德义 …………………………… 134
112. 笔枪纸弹 ……………………………………………… 135
113. 东隅已逝，桑榆非晚 ………………………………… 136
114. 虽长不满七尺，而心雄万夫 ………………………… 138
115. 人生在世，及时行乐 ………………………………… 139
116. 守在四夷 ……………………………………………… 140
117. 斯是陋室，惟吾德馨 ………………………………… 141
118. 一人之心，千万人之心也 …………………………… 143
119. 尊重不同的声音 ……………………………………… 144
120. 怠者不能修，而忌者畏人修 ………………………… 145

121. 要敢于讲真话，更要讲好真话 ········· 146
122. 相辅相成 ········· 147
123. 千里马常有，而伯乐不常有 ········· 149
124. 道之所存，师之所存也 ········· 150
125. 业精于勤，行成于思 ········· 151
126. 穷则独善其身，达则兼济天下 ········· 152
127. 做人要学好 ········· 153
128. 在其位谋其职 ········· 155
129. 方法比心意更重要 ········· 156
130. 多反思，少抱怨 ········· 157
131. 圣贤与富贵名望无关 ········· 158
132. 赢得尊重的前提是有资本 ········· 159
133. 摇尾乞怜，非我志也 ········· 160
134. 不平则鸣 ········· 162
135. 如果厌倦了世俗，那便寄情山水 ········· 163
136. 不逃避，不气馁 ········· 164
137. 桃李不言，下自成蹊 ········· 165
138. 现在是一定的，未来是变化的 ········· 166
139. 你就是自己的伯乐 ········· 167
140. 言有穷而情不可终 ········· 168
141. 欲为圣明除弊事，肯将衰朽惜残年 ········· 170
142. 人品很重要 ········· 171
143. 旌与诛莫得而并 ········· 173
144. 言必行，行必果 ········· 174
145. 识时务者为俊杰 ········· 175
146. 苛政猛于虎也 ········· 176
147. 顺木之天，以致其性 ········· 177
148. 司其职，专其业 ········· 178
149. 接纳自己的不完美 ········· 179
150. 清浊辨质，美恶异位 ········· 181
151. 人生处处有惊喜 ········· 182

152. 苦中作乐，处之淡然 …… 183
153. 盈虚倚伏，去来之不可常 …… 184
154. 一国万命，悬于一人 …… 185
155. 谪居生活中的哲理与情趣 …… 187
156. 居安思危 …… 189
157. 先生之风，山高水长 …… 190
158. 先天下之忧而忧，后天下之乐而乐 …… 191
159. 专利国家，而不为身谋 …… 192
160. 义在田而不止于田 …… 193
161. 倡而不和，教尼不行 …… 194
162. 道不同不相为谋 …… 195
163. 信义行于君子，而刑戮施于小人 …… 197
164. 机遇可遇不可求 …… 198
165. 诗人少达而多穷 …… 199
166. 活在当下 …… 201
167. 忧劳可以兴国，逸豫可以亡身 …… 202
168. 渐积养祸，宦官之祸也 …… 203
169. 不要做虚荣的人 …… 204
170. 安此丰年之乐者，幸生无事之时 …… 205
171. 醉翁之意不在酒 …… 207
172. 奈何以非金石之质，欲与草木而争荣？ …… 208
173. 生而为英，死而为灵 …… 209
174. 遇事不能苟且，做官不避患难 …… 210
175. 小人常有，贤者制衡 …… 212
176. 见微而知著 …… 213
177. 主将之道，为人之道也 …… 214
178. 礼法教民，礼法治国 …… 216
179. 赏疑从与，罚疑从去 …… 217
180. 物先腐而后虫生，人先疑而后谗入 …… 218
181. 忍小忿而就大谋 …… 219
182. 要学会发挥自己的才能 …… 220

183.	凡事豫则立，不豫则废	221
184.	人不可以苟富贵，亦不可以徒贫贱	223
185.	忧民之忧，喜民之喜	224
186.	物之废兴成毁，不可得而知也	225
187.	随遇而安，超然于世	226
188.	各自为乐，不可同日而语	227
189.	行动胜过思想	229
190.	匹夫而为百世师，一言而为天下法	230
191.	如何利用工具让效率倍增？	231
192.	人生潇洒走一回	232
193.	用乐观的心态面对生活	233
194.	善恶终有报	234
195.	醉翁之意不在酒	236
196.	不知天下之势，六国灭亡之根本	237
197.	读万卷书，行万里路	238
198.	心态很重要	240
199.	立言，所以明道也	241
200.	信乎古，志乎道	242
201.	孟尝君能得士乎？	244
202.	知己不必曾相逢	245
203.	行有不得，反求诸己	246
204.	天生我才必有用	247
205.	坐守陋室，亦能成才	248
206.	以楼明志	250
207.	事物有盛衰，人生有穷通	251
208.	金玉其外，败絮其中	252
209.	智力之所不及者，天道也	253
210.	君子立身事主，当忠告善道	254
211.	上下交而其志同	255
212.	永恒的规范	256
213.	天下无不可化之人	257

214. 同是天涯沦落人 ·· 258
215. 背公死党之大义，守职奉上之节废 ······················ 259
216. 上下相孚，才德称位 ·· 260
217. 夫令之于民诚重矣 ··· 262
218. 亭，之所以为亭 ·· 263
219. 好文章的标准是什么？ ····································· 264
220. 能完赵者，天固曲全 ·· 265
221. "奇"而不得志 ··· 266
222. 明死生之大，匹夫之有重于社稷 ························ 267

1. 凡是作恶都没有好下场

郑伯克段于鄢

（祭仲）对曰："姜氏何厌之有？不如早为之所，无使滋蔓。蔓，难图也。蔓草犹不可除，况君之宠弟乎？"公曰："多行不义必自毙。子姑待之。"

《郑伯克段于鄢》是《春秋》开篇的第一则故事。隐公元年（公元前722年）即鲁隐公摄政的第一年。这一年《左传》记载的唯一一次战争就是郑伯克段于鄢。

郑伯就是郑庄公，而段就是他的弟弟共叔段。郑庄公姑息养奸，纵容其弟，其弟骄纵，联合母亲欲夺王位，后郑庄公使用计谋打败共叔段。郑庄公怨其母，将其母亲迁于颍地。后来他后悔自己的做法，在大臣颍考叔的规劝下，母子才重归于好。

这是一个流传甚广、十分典型的兄弟相争的故事。

人们常用"亲如兄弟"来形容亲情的深厚，也用"亲兄弟，明算账"来说明处理亲情和利益冲突的方法。我们根据自己的生活体验深知，亲情在有的时候是脆弱的，在利益的驱使之下，亲情远不能化解由利益导致的矛盾冲突。当利益足够大的时候，人们往往选择站在利益的那边，所以帝王之家常常发生亲人相互倾轧的事情。

在郑庄公与共叔段的权位之争中，按传统伦理，长子是王位的继承者，是"天理"，不容违背。这样，郑庄公就代表了合理、正当的一方，而共叔段夺取王位的图谋，便是不合理、不正当的。

代表合理、正义的一方，往往充满"正气"，可以慷慨陈词，鸣鼓攻之，可以稳坐如山，居高临下，所以郑庄公才可自豪地、以先知的口吻说："多行不义必自毙。"但是，郑庄公作为哥哥，对弟弟没有尽到自己的教导责任。而共叔段联合母亲夺取政权的事情，也不是一个弟弟该有的行为。兄弟二人不像是兄弟关系，更像是两个政敌为了各自的利益相互斗争。

抛开这个故事不论，"多行不义必自毙"也算是一条普遍真理，正如"得道者多助，失道者寡助"一样。古往今来，凡是作恶的人，搞阴谋诡计的人，违法乱纪的人，都没有好下场，终会搬起石头砸自己的脚。

2. 没有信任，就没有一切

周郑交质

君子曰："信不由中，质无益也。明恕而行，要之以礼，虽无有质，谁能间之？"

《周郑交质》出自《左传·隐公三年》，"交质"就是两个国家之间互相交换人质。质子在我国古代政治中曾发挥重要作用，尤其是在春秋战国时期，各国之间互相交换王子王孙作为质子是很常见的事，比如秦始皇的父亲嬴异人就曾在赵国为质。质子相当于一个保证，他能在一定程度上制约自己国家的决策和行为，从而维系两国间的信任与和平。

文章通过事实说明周天子与郑庄公用交换质子的方式缓和矛盾，获取对方信任的方式是不可靠、不可取的，又通过君子的论述，得出人与人之间的理解与信任应基于彼此间的相互体谅、坦诚相待，强调恪守礼仪、忠于信义的重要性。

在生活中，我们时常说，人与人之间应该坦诚相待，要相互体谅，彼此理解，然而在现实中，能做到这一点的人并不多。文中，郑庄公和郑武公都是周平王的卿士，因为周平王偏爱虢公，还想着分权给虢公，这引起了郑庄公怨恨。为了使彼此间能够相互信任，双方就采用了交换质子的方式。但是交换质子真的可以挽回彼此的相互信任吗？答案显然是不能的。

"信不由中，质无益也。"什么意思呢？如果信用不是发自内心的，那么盟约、抵押也就没什么用了。人与人之间的交往和信任不能以物质利益为基础，而是要从"礼""信"的角度出发。

"明恕而行，要之以礼，虽无有质，谁能间之?"意思就是彼此之间要先相互体谅，然后才能开始做事，同时要用礼仪规矩来约束和规范我们的行为，这样，就算不交换质子，也没有人能够离间彼此的关系。

为什么我们一直强调"礼"？"礼"在我们的生活中到底重不重要？答案是很重要。中华文明几千年来都在倡导以"礼"治国、以"礼"教人。人，晓之以礼，才能知荣明耻，严于律己；国，治之以礼，方能使百姓和睦、社会安宁。礼仪与信义在当今社会同样十分重要，随着社会信用体系的不断建立和完善，那些真诚有礼、恪守信义的人往往更容易得到大家的赞赏。如果你想要赢得别人的信任，那么首先你得了解对方，站在对方的立场和角度思考问题，学会宽容与体谅。其次要懂规矩，知礼节。信任是相互的，人心自然也是一样。当你坦诚相待，知礼节，不逾矩，并拥有一颗赤子之心，那么你就拥有了大部分人不具备的品质，你的生活也就会发生巨大的改变。

3. 要用正确的三观教育孩子

石碏谏宠州吁

> 石碏谏曰："臣闻爱子，教之以义方，弗纳于邪。骄、奢、淫、佚，所自邪也。四者之来，宠禄过也。"

《石碏谏宠州吁》出自《左传·隐公三年》。文章主要讲了卫国大夫石碏劝说卫庄公爱其子，要"教之以义方"（"义方"就是正确的礼法，要用正确的礼法道义教育引导自己的孩子），但是卫庄公不听，依旧溺爱放任州吁，最终导致州吁谋反，杀了哥哥桓公后自立的故事。

"子不教，父之过。"父亲疼爱自己的儿子，本没有什么过错，但是过度的宠爱与放纵不利于孩子的成长，更有甚者，会使孩子误入歧途。州吁之所以犯下大错，走上谋反的歧途，跟卫庄公对他的宠爱和放纵是分不开的。"有宠而好兵，公弗禁。"公子州吁在一开始就暴露出了问题——舞枪弄棒，但是卫庄公仍然十分宠爱他，放纵他。当石碏劝说卫庄公爱自己的儿子，就应该用正确的道义规矩教育他，不能让他走上歧途，甚至举"六逆""六顺"来说明事情的重要性、严峻性时，卫庄公仍然没有采纳他的谏言。如果卫庄公泉下有知，知道自己的宝贝儿子干了弑兄夺位这样大逆不道的事，会不会流下悔恨的泪水？

石碏说："骄、奢、淫、佚，所自邪也。"骄傲、奢侈、淫荡、逸乐，是走向邪路的开端，而产生这些行为的原因是"宠禄过也"，正是过度的宠爱和赏赐使孩子误入歧途。

现实生活中，有很多像卫庄公一样的父母，他们过分地宠爱自己的孩子，恨不得把世界上最好的东西都给他，在金钱、物质上无条件地满足自己的孩子，不对孩子的行为加以管制，他们声称那是为了更好地释放孩子的天性。殊不知，就算是"人之初，性本善"，孩子在社会风气、生活环境潜移默化的影响下，其脾气、秉性和品质等都会发生较大的改变。孩子年纪小，本身缺乏明辨是非的能力，如果父母还不以适当的礼仪和道义进行管理、教育与引导，可想而知，孩子最后会走上一条什么样的道路。

虽然石碏说的"六逆""六顺"根植于封建道德，但其中蕴含的一些道理至今都具有很大价值。比如国君做事要合乎道义，臣子要忠于君主，这样国家才能安定；父亲要慈爱，儿子要孝顺，哥哥要友爱，弟弟要恭敬，这样家庭才能和睦。教子以义方，防患于未然，在孩子刚刚暴露出问题时，对他进行正确的教育和引导，可以避免孩子步入歧途，同时也在提醒父母一味地放纵和宠溺不是真的疼爱孩子。教子以义方，州吁的故事留给后人的教训是深刻的，在今天，我们仍要引以为戒。

4. 观鱼就是乱政

臧僖伯谏观鱼

臧僖伯谏曰："凡物不足以讲大事，其材不足以备器用，则君不举焉。君将纳民于轨物者也。故讲事以度轨量，谓之'轨'；取材以章物采，谓之'物'。不轨不物，谓之'乱政'。乱政亟行，所以败也。"

《臧僖伯谏观鱼》出自《左传·隐公五年》。臧僖伯，字子臧，是鲁国著名的贤臣。"臧僖伯谏观鱼"就是臧僖伯劝谏鲁隐公不要去观赏游鱼。

鲁隐公就像一个不听话的孩子，春天到了，水暖鱼跃，他想去棠地看游鱼戏水。而臧僖伯像极了一个为儿子操碎了心的老父亲，他认为君王的一举一动对臣子和国民都具有示范作用，是关系到国计民生的大事，君王的行为既要合乎礼义，又要以身作则，才能达到上行下效的目的。于是他就以小见大、层层深入地劝谏鲁隐公要给臣子和国民树立榜样，不能沉迷于观鱼这样的游乐活动，但鲁隐公很固执，听不进臧僖伯的谆谆教诲，也不懂臧僖伯的良苦用心，随便找了个理由就跑到棠地观鱼了。

《左传》对鲁隐公此举的评价是"非礼也"。鲁隐公也凭借这一"非礼也"成功"名垂青史"了。

古人为什么那么重视"礼"？上至君王，下至平民，无不在强调一个"礼"字。"不轨不物，谓之'乱政'。乱政亟行，所以败也。"既不合乎法度，也不合乎礼制，就叫乱政。乱政的次数多了，国家也就败亡了。古人所说的"礼"跟我们今天所说的"礼"有所差别：今人所说的"礼"更多的是指要有礼貌，知礼节；而古人说的"合礼"是指合乎礼仪，不仅仅是礼貌礼节这般简单。"礼"是古代君王治理国家、维系社会稳定的重要法宝。

鲁隐公以其"名垂青史"的经历告诉我们一个道理，借用刘备的话来说，就是"勿以恶小而为之，勿以善小而不为"。鲁隐公的行为关乎善恶吗？鲁隐公认为观鱼只是一件小事，做了也没什么关系。但是实际上呢？他是一个君王，他的一举一动都会为世人效仿，君主尚且沉迷游乐，何况臣民呢？

所以，不要认为微不足道的小事就可以忽略，也不要认为无关紧要的事就随意为之。千里之堤，溃于蚁穴。大人要给孩子树立榜样，师长要为学生树立标杆，以身作则，严于律己，才能上行下效，行之有礼，合乎礼义。

5. 会说漂亮话，也是一种实力

郑庄公戒饬守臣

君子谓郑庄公："于是乎有礼。礼，经国家，定社稷，序人民，利后嗣者也。许，无刑而伐之，服而舍之，度德而处之，量力而行之，相时而动，无累后人，可谓知礼矣。"

郑庄公戒饬守臣是鲁国隐公十一年（公元前712年）发生的事情。春秋时期，诸侯国之间为争夺领土而以强凌弱是非常常见的现象。这篇文章就是在此背景下记录的郑庄公的告诫之词。

这一年的七月，鲁、齐、郑三国联合起来攻打许国并且成功了。许国交由郑国来管理。郑庄公首先想办法安抚许国百姓，又从君王的角度，分析形势，通过告诫利害的方式命令本国臣子公孙获去镇守许国西部。郑庄公表面上处处维护许国和臣下，看起来是商量，其实是思考周全，深谋远虑，通过委婉曲折的话语让自己达到目的。

从这篇文章中，我们不免会读出郑庄公的弦外之音。说攻打许国是上天的旨意，对这个结果你们可以接受，其实是说"你们不要继续反抗"；说自己的管理能力不行，不能长期占有许国，其实是说"我还是要占有的"；说上天要在郑庄公死后才会后悔，其实就是"我会占领许国到死"。因此，但凡郑国有需要，许国就是郑国的附属国。郑庄公考虑得如此周全，深谋远虑，把有利于自己的事情说得如此委婉，让我们不禁感叹："郑庄公不愧是春秋第一小霸！"

郑庄公是历史上非常成功的政治家，文韬武略都很有一套。他能够敏锐地察觉到周王室的衰微，预判到不能长久地占有许国。因为春秋时期，各国以争霸为主，而不是灭国，所以，各国都不敢占有许国，怕引来他国的攻击。正因为如此，郑庄公把"天"搬出来，让自己师出有名，自己侵占别国的行为便有了一套合理的说辞。在勾心斗角的春秋战国时期，郑庄公善于外交，精通谋略，会说漂亮话，对称霸非常有用。

古人在为人处世时会看行为是否合乎"礼"，注重"礼"运用的方式与方法。许国因为没有按照要求上供，不合礼，于是其他诸侯国名正言顺地来攻打它。在许国受到惩罚后，郑庄公根据郑国的德行、能力，分析、判断形势，量力而行，将许国分成东西两部分，东部由许庄公之弟许叔管辖，西边交大夫公孙获管辖，是一件有礼的事情。

这件事至今也很有借鉴意义。许多人并不能像郑庄公一样能够依照道德的标准来为人处世，也不能依照自己的能力来办事，往往在没有看清形势时就做了决定，总会给自己带来麻烦和困扰。因此，学会度德而处，量力而行，是需要我们终身学习的。

6. 没有坚守，一切都是纸上谈兵

臧哀伯谏纳郜鼎

> 君人者，将昭德塞违，以临照百官，犹惧或失之，故昭令德以示子孙。

臧哀伯谏纳郜鼎这个故事发生的背景，简单来说就是"宋督弑君"。宋国发生了内乱，太宰华督反叛。鲁、齐、郑、陈四国开会说要去平定这场叛乱，结果，与会诸侯接受了华督的贿赂，其中鲁桓公让人去宋国拿了华督贿赂的东西，也就是郜国大鼎，还把它放进了太庙。

臧哀伯是春秋时期鲁国正卿，他对鲁桓公的这种行为进行劝谏，说国君、大臣不能接受贿赂，应厉行节俭，他强调人君应该发扬美德，堵塞邪恶，国家衰败是因为官吏邪恶，官吏因为自恃宠信，才会明目张胆地接受贿赂。但是鲁桓公没有听从臧哀伯的劝诫。

臧哀伯是臧僖伯的儿子，两人都敢于劝诫君主，臧僖伯谏观鱼，臧哀伯谏纳郜鼎，但君主都没有听。这两人的共同点是心中都有对"礼"的坚守。当时捕鱼是"贱业"，但是鲁隐公偏偏要去观赏，臧僖伯认为这不符合"礼"，于是进行劝谏。鲁桓公接受贿赂并且大肆炫耀,有失君主脸面,有损国家威严,臧哀伯认为不符合"礼",于是劝谏。国君要做百官的表率,以上率下,以取得民心,端正民风,让国家强大。如果心中没有标准,没有对原则的坚守,那么只会随波逐流,同流合污。

鲁桓公作为一国之君不坚守原则,鲁桓公的母亲(仲子)本来是要嫁给他的哥哥鲁隐公的,但是他的父亲鲁惠公见仲子漂亮就抢过来了。后来鲁惠公去世,因为鲁桓公年幼,所以政权就先交给鲁隐公打理。鲁桓公长大后,把他哥鲁隐公杀了,自己接管大权。这一系列事情,有些"上梁不正下梁歪"的意思。臧哀伯虽然没有劝诫成功,但是当时的史官说臧哀伯的后代一定会是坚守美德、坚守礼的人。虽然君主没有听从,但他的行为是一个典范。

臧哀伯所说的"昭德塞违",现在任何事情都可以以之为鉴。做任何事情都要有一套标准,国有国法,家有家规。准则有了,就需要有人以身作则,如果人人都像鲁桓公一样将郜鼎堂而皇之地放入太庙中,准则无用。因此,有人坚守"昭德塞违"才会有人跟随。如果人云亦云,随波逐流,没有准则,没有坚守,再好的礼数都是纸上谈兵。

7. 要将人民放在首位

季梁谏追楚师

季梁止之曰:"天方授楚,楚之羸,其诱我也,君何急焉?臣闻小之能敌大也,小道大淫。所谓道,忠于民而信于神也。上思利民,忠也;祝史正辞,信也。今民馁而君逞欲,祝史矫举以祭,臣不知其可也。"公曰:"吾牲牷肥腯,粢盛丰备,何则不信?"对曰:"夫民,神之主也。是以圣王先成民而后致力于神。"

《季梁谏追楚师》记的是楚征伐随过程中的一节。春秋时期迷信盛行,祭祀和练兵打仗被看得很重。在两国交战中,随国大臣季梁提出了民是主体,神是附庸的新观点,即"圣王先成民而后致力于神"。

楚随两国议和时，楚国把军队伪装成疲弱的样子，于是随国准备乘胜追击。但是季梁劝诫君主先要做对人民有利的事情，之后才能去做祭祀神祇的事，将民和神并提，并且论证了先民后神的主张，成功劝诫了君主，楚国后来也不敢来犯。

在古代，鬼神几乎人人相信。大多数人认为神是主，人是神的子民。鬼神在春秋战国时期代表的是自然神。凡是遇到干旱、水涝等自然灾害，人们首先想到的是神发怒了，于是会准备牛、羊、猪三牲去祭祀神，以求宽恕。

季梁是春秋初期随国大夫，我国南方第一位文化名人，开儒家学说先河的重要学者。他知道随国是一个无道的诸侯国，百姓挨饿君主却享乐，祭祀时用假话欺骗鬼神。他说的百姓才是鬼神的主人，放到今天就是"人民万岁"的意思。他认为小国能够抵抗大国是因为大国无道，而小国却能够万事以民为先。因此，在当时，季梁提出"民为神主，先民后神"这样的主张非常得民心。

在小国和大国的战争中，小国如何抵抗大国，放到现在也是一门学问。季梁在劝诫君主时，提出以民为本的思想。民为贵，君为轻。只有全国上下都有好的品德，人民和睦，年年丰收，以德治国，才会国泰民安。任何时候都不能打无准备之仗，随国要赢只能依靠百姓，百姓生活幸福国家才会富强，上下才会齐心。国家强大的根本是政治清明，除了物质的积累，还要有良好的社会制度，文能谏，武能战，赏罚分明，善恶有报，才能秩序井然。做强自身的同时要团结邻国，延长外围防线，壮大军事力量。季梁有先见之明与治国理政的才能，他被李白称为"神农之后，随之大贤"。

8. 凡事需保持一鼓作气的勇气

曹刿论战

既克，公问其故。对曰："夫战，勇气也。一鼓作气，再而衰，三而竭。彼竭我盈，故克之。夫大国，难测也，惧有伏焉。吾视其辙乱，望其旗靡，故逐之。"

《曹刿论战》是一则出自《左传·庄公十年》的故事，描写了春秋时期齐国和鲁国的一场战争。曹刿是春秋时鲁国大夫、著名的军事理论家。

这个故事讲述的是曹刿在长勺之战中的出色表现，突出了曹刿的政治远见和军事才能。文中重点描述了曹刿对长勺之战的一番精彩评论，指出弱国与强国作战应采取政治上取信于民，军事上后发制人的战略原则，在战场上他又活用"一鼓作气，再而衰，三而竭"的原理指导鲁国作战，最后击退了强大的齐国军队的进攻。

"一鼓作气，再而衰，三而竭"的意思是打仗需要靠勇气，第一次击鼓会使士气振奋，第二次击鼓，士气就会衰退，第三次击鼓，士气就没有了。

后来用"一鼓作气"比喻趁劲头大的时候一下子把事情完成。

曹刿说齐军击鼓三次后士气已经低迷，鲁国军队趁势进攻，自然就能取胜了，这就是后发制人、一气呵成的战略效果。

我们常说要先发制人，但有时后发制人也不失为一种明智的做法。其实在做一件事之前要先想好策略，制订好计划，等到真正着手去做的时候尽量一气呵成，或许就能达到事半功倍的效果，但如果在一件事上优柔寡断，即便是很早就开始规划，也难以取得好的结果。

按理说，齐国的军事力量比鲁国强大，强国战胜弱国是较为正常的事，但齐国没有想好策略，不懂得一鼓作气的道理，反而败给了较弱的鲁国。等到齐军士气衰落、丢盔弃甲逃跑后，曹刿又指挥鲁军乘胜追击，一口气把齐军打败，最后还缴获了很多战利品。

齐国败给了鲁国，是意料之外的事。这个故事告诉我们，无论是打仗还是工作，都必须一鼓作气。在现实生活中，很多事需要我们一气呵成地做完，先做好眼前的事再去考虑其他的，效果会更好。

总之，气可鼓而不可泄，凡事保持一鼓作气的勇气，那成功或许就不远了。

9. 把话说好，谁敢不服？

齐桓公伐楚盟屈完

楚子使与师言曰："君处北海，寡人处南海，唯是风马牛不相及也。

不虞君之涉吾地也，何故？"管仲对曰："昔召康公命我先君太公曰：'五侯九伯，女实征之，以夹辅周室。'赐我先君履，东至于海，西至于河，南至于穆陵，北至于无棣。尔贡包茅不入，王祭不共，无以缩酒，寡人是征。昭王南征而不复，寡人是问。"

《齐桓公伐楚盟屈完》是《左传》里的一则故事，讲述的是公元前 656 年的春天，齐桓公在打败蔡国之后，又联合诸侯国军队大举进犯楚国的事。在大兵压境的情况下，楚成王先派使者到齐军质问齐桓公为何要侵犯楚国，随后又派屈完到齐军中交涉，双方先后展开了两次针锋相对的外交斗争，最终达成妥协，订立盟约。

我们常说："人不犯我，我不犯人。"齐国和楚国分别位于北方和南方，两国并没有多少交集，而齐国却要攻打楚国，于是楚成王派遣使者到诸侯军中说："君处北海，寡人处南海，唯是风马牛不相及也。不虞君之涉吾地也，何故？"可见，齐国和楚国本是两个不相干的国家，齐国千里迢迢攻打楚国是不合理的。

"风马牛不相及"后来也成了流传甚广的名句，表示两事物间毫无关联。在日常生活中，我们很难和一个毫不相干的人发生冲突，因为没有理由作为冲突的导火索。如果上升到国家外交层面，没有涉及各自利益的话，两国发生冲突也是不太合理的。我们处在一个充满利益和诱惑的时代，但也是一个需要文明维持秩序的时代，所以在日常生活和其他方面，只有做到相互尊重，坚持原则，一切才会井然有序。

从齐楚两国的这场外交斗争中，我们可以看出楚国两位使者，特别是作为楚成王"特命全权大使"的屈完，沉稳冷静、不卑不亢的态度，坚毅果敢、不为威武所屈的风范，机智灵敏、随机应变的智慧，又让我们看到了各具情貌的四位历史人物。而作为政治家的管仲，他那熟悉历史、谙于世故、善于辩理的外交才情，以及齐桓公那种虽然骄横霸道、软硬兼施，却也不失身份的霸主形象，都让我们过目难忘。

这则故事，让人感觉不像是读史，倒像是看一场高潮迭起、精彩纷呈的外交斗争剧。

另外，从这则故事中，我们不仅能学到"风马牛不相及"的道理，还能体会到"德"的重要性，正如楚国屈完所说："君若以德绥诸侯，谁敢不服？

君若以力，楚国方城以为城，汉水以为池，虽众，无所用之。"这就说明，一个才德具备的领导者才能做好表率，更容易使人信服。古往今来，德是我们做人的一个十分重要的标准。

10. 贪小便宜终将自取灭亡

宫之奇谏假道

宫之奇谏曰："虢，虞之表也；虢亡，虞必从之。晋不可启，寇不可玩，一之为甚，其可再乎？谚所谓'辅车相依，唇亡齿寒'者，其虞、虢之谓也。"

《宫之奇谏假道》是出自《左传》的一则故事，讲述的是公元前655年，晋国向虞国借道攻打虢国的事。晋国想要趁虞国不备而一举两得，即先攻打虢国，再消灭虞国。具有远见卓识的虞国大夫宫之奇，早就看清了晋国的野心。他向虞公进谏，有力地驳斥了虞公对宗族关系和神权的迷信，指出存亡在人不在神，应该实行德政，民不和则神不享。

宫之奇是春秋时期的政治家，他明于料事，具有远见卓识，忠心耿耿地辅佐虞君，并推荐百里奚参与朝政，对外采取了联虢拒晋的策略，使得虞国虽小却强盛。

"辅车相依，唇亡齿寒"的意思是：颊骨和齿床互相依靠，嘴唇丢了牙齿就会受凉。

唇亡齿寒是家喻户晓的成语，流传也十分广泛，比喻利害关系（多指两个邻国）十分密切。正因为双方休戚相关，荣辱与共，弱小的势力应该联合对抗强大的敌人，如果不团结起来就会被各个击破，没有任何援兵的话，可能都难以存活下来。虞国和虢国本就是唇齿相依的关系，虢国被灭后，虞国也难逃厄运。如果两国团结起来，共同抵抗敌军，或许晋国的奸计就难以得逞。宫之奇向虞君进谏，可惜虞公不听，因为经不住一点儿利益的诱惑就答应了晋国这一无理的请求，最终也落得被晋国灭亡的可悲下场。

说到这里，我们联想到宋朝。北宋联合金灭辽，结果反被金国灭亡，南宋联合蒙古灭金，最后反被蒙古灭亡，这两者是一个道理。

这则故事除了告诉我们合作的重要性，也告诉了我们另外一个道理：贪图小便宜终将自取灭亡。人心可以向善，但也不要忘了人性还有恶的一面。虞君贪图一时的利益诱惑而葬送了自己的国家，最后自取灭亡。晋国利用向虞国借道的机会，把虢国和虞国都灭了，如此图谋不轨、背信弃义的行为难道不是一种丑恶的表现吗？

所以，我们要谨记唇亡齿寒，不要等到危险真正发生才明白这个道理。

11. 礼无处不在

齐桓下拜受胙

孔曰："且有后命。天子使孔曰：'以伯舅耋老，加劳，赐一级，无下拜。'"对曰："天威不违颜咫尺，小白，余敢贪天子之命，无下拜？恐陨越于下，以遗天子羞，敢不下拜？"

《齐桓下拜受胙》是出自《左传》的一则故事，讲的是公元前651年，齐桓公和诸侯会盟于葵丘一事，历史上称为"葵丘之盟""葵丘会盟"。这次会盟，周天子派使臣出席，并赐王室祭祀祖先的祭肉给齐桓公，承认了齐桓公为中原霸主的事实。

本文短小精悍，主要围绕周襄王派使臣宰孔封赐齐桓公祭肉这件事展开，其中重点描写齐桓公受封时的言行，表现出齐桓公尊周守礼的情态，人物形象鲜明。

这则故事虽不过百字，却已将生动的场景跃然纸上。周天子的使臣宰孔赐给齐桓公祭肉的时候说"无下拜"，可齐桓公却说："天威不违颜咫尺，小白，余敢贪天子之命……"意思是："天子的威严离我咫尺之远，我作为诸侯，怎么能听从天子的命令享受这份殊荣而不用下拜呢？"他说完，文中用了四个字"下，拜，登，受"，齐桓公依礼答谢周天子。当时周王室衰微，齐桓公作为春秋五霸之首，并且稍加年迈，连周襄王都要礼让他三分，但文中四次提及"天子"，五次说到"下拜"，可见当时宣扬的礼法是需要大家共同遵守的，谁都不能例外。

我国自古以来就是礼仪之邦，明礼、讲礼、遵礼可谓是华夏儿女一脉相承的传统。礼起源于原始社会时期的祭祀活动，是一项敬神拜祖仪式。尧舜时期制定的礼经过夏、商、周这三个奴隶制国家千余年的总结、推广，日趋完善。周朝重新"兴正礼乐，度制于是改，而民和睦，颂声兴"。周公在朝廷设置礼官，专门掌管天下礼仪，把古代礼仪制度推向了较为完备的阶段。

春秋时期的孔子，把"礼"推向了至高无上的地位，甚至为了"礼"的需要，可以舍弃一切。汉武帝时期，"罢黜百家，独尊儒术"的治国方略确立后，礼作为社会道德、行为标准、精神支柱，其重要性提高到了前所未有的高度。后来历朝历代都会在朝廷设置掌管天下礼仪的官僚机构，如汉代的太常寺、尚书礼曹，魏晋时的祠部，北魏又称仪曹，隋唐以后的礼部尚书，清末改为典礼院等。至今礼仪教育是一个人在社会化过程中必不可少的组成部分，是一种社会规范，是调整社会成员在社会中相互关系的行为准则。

"礼者，所以固国家，定社稷，使君无失其民者也。"对于周王室来说，齐桓公作为异姓诸侯，按照当时的规矩不应得到这样的赏赐，但是仍受到周襄王的礼遇，而且齐桓公得到赏赐后按照周天子的命令是可以不用下拜谢恩的，傲视群雄的他还是下拜受赐，坚决不违反礼法，可见礼在当时是一种普遍的规范。

在这则故事中，周襄王和齐桓公看似都是出于"礼"，其实各怀心思，周襄王对齐桓公的礼遇不乏巴结讨好之意，而齐桓公执意下拜谢恩，一方面是给周王室面子，另一方面也想借机巩固自己的霸主地位。

在当今社会，礼也有相当大的作用，我们礼貌待人才能有更多获得尊重的可能。家庭之间需要礼，朋友之间需要礼，社会秩序的维护也需要礼，礼无处不在。

12. 做人不能背信弃义

阴饴甥对秦伯

君子曰:"我知罪矣,秦必归君。贰而执之,服而舍之,德莫厚焉,刑莫威焉。服者怀德,贰者畏刑,此一役也,秦可以霸。纳而不定,废而不立,以德为怨,秦不其然。"秦伯曰:"是吾心也。"

《阴饴甥对秦伯》是一篇出自《左传》的散文,主要讲述的是晋惠公背信弃义,与秦国交锋后,被秦国俘虏,而迫于局势,晋国大夫阴饴甥作为代表与秦穆公谈判,以自己的才智和气节说服了秦穆公,最后成功营救了晋惠公的事。

文中的阴饴甥是晋献公的外甥,位至大夫,是晋国的重要大臣;秦伯指的是秦穆公;君是指晋惠公。秦国国力较为强盛,多次给予近邻晋国帮助,晋惠公继承君位的背后也少不了秦穆公的助力。

晋惠公被俘后,阴饴甥面对如此尴尬的局势,沉着冷静,不卑不亢,采用软硬兼施的方法应对秦穆公提出的问题。

当被问到关于晋国内部看法是否一致和晋惠公命运的问题时,阴饴甥把国人分为"小人"和"君子"一反一正的形象来回答,一方面承认了晋惠公确实忘恩负义,有错在先,既向秦穆公认了错,也表明了维护自己国家和国君的立场。他的回答恰到好处,赢得了秦穆公的尊重和认可,于是秦穆公决定放了晋惠公,不仅做了顺水人情,也提高了自己的威信。

俗话说"滴水之恩,当涌泉相报"。我们得到别人的帮助后应当心怀感激,因为在世上,除了血亲,谁都没有义务帮助你,所以面对他人的善意援助,如果无以为报就铭记于心,而不是反过来伤害帮助自己的人。

晋惠公这种不顾旧情、恩将仇报的行为不仅会受到天下人的耻笑和唾弃,还会连累后代,落得不好的名声,他的荒诞行为使自己失去了信义,难以服众,也让他无法在激烈的诸侯争霸中立足。

我们从晋惠公的经历中应该明白的是：做人不能背信弃义，要懂得感恩，做知恩图报的人；否则，会使自己失了德行和操守，被世人耻笑。

13. 不鼓不成列，非仁义也

子鱼论战

> 三军以利用也，金鼓以声气也。利而用之，阻隘可也；声盛致志，鼓儳可也。

《子鱼论战》出自《左传·僖公二十二年》，记叙了宋楚泓水之战的经过和结果。文章重点在于子鱼对宋襄公的批判，以对话的方式表现了两种对立的军事思想，讽刺了宋襄公的迂腐愚昧和假仁假义。

僖公二十一年（公元前639年），宋襄公召集诸侯会盟，遭到了楚国的蔑视和侮辱，宋襄公很生气，但无奈宋国国力薄弱，无法和强大的楚国对抗，于是宋襄公便将矛头对准了亲附楚国的郑国。第二年，即僖公二十二年（公元前638年），宋襄公起兵攻打郑国，与支援郑国的楚军在泓水相遇。由于宋襄公的愚昧迂腐，宋军多次错失战机，最后被楚军打败，宋襄公也受了伤。

面对国人的责怪，宋襄公还振振有词，认为自己是个有节操的"仁君"。他说："寡人虽亡国之余，不鼓不成列。"宋襄公将假仁假义发挥到了极致，就是抱着这样一颗"仁义"之心，宋襄公在占尽天时地利，本可以攻其不备，先发制人，以少胜多的情况下，因为"人和"而丧失了最好的进攻时机，落得个"门官歼焉"，连近卫军都被杀得一干二净的下场。

这个故事告诉我们一个道理：人，不能太高估自己，还是要有点自知之明才行。宋襄公为了显示自己霸主的气度，在战时满口的仁义道德、墨守成规，最后导致兵败。但凡他有点自知之明，对国力、对自己的军事能力有一定的认知，也不至于说出"不鼓不成列"这样贻笑大方的话。战，贵在天时地利，但更贵在"人和"，像宋襄公这样的君王，称他为昏君一点儿也不为过。

14. 捐弃前仇，化敌为友

寺人披见文公

　　君命无二，古之制也。除君之恶，唯力是视。蒲人、狄人，余何有焉？今君即位，其无蒲、狄乎？齐桓公置射钩而使管仲相。君若易之，何辱命焉？行者甚众，岂唯刑臣？

　　《寺人披见文公》出自《左传·僖公二十四年》。"寺人"就是我们常说的近侍、宦官，"文公"指的是春秋五霸中的晋文公。这篇文章记叙了晋文公一开始拒绝接见寺人披到后来虚心接受他的意见并与之相见，成功躲过灾难的故事。

　　分析文章开始之前，我们先来了解一下晋文公成为霸主的经历。在登上王位之前，由于家庭不和睦，他在国外漂泊了十九年，他的父亲晋献公、弟弟晋惠公都曾派人追杀过他，好巧不巧，两次刺杀他的人都是这个寺人披。而且寺人披不光很有本事，办事也很积极，不仅找到了在外躲藏的晋文公，还比领导规定的时间要早，甚至有一次差点儿就抓住晋文公，把他的一只衣袖都割断了。后来晋文公在秦穆公的帮助下成功回国继位。吕甥、郤芮两个旧臣因为害怕受到威逼，决定放火焚烧宫殿杀死晋文公。这个消息被寺人披知道了，他急忙跑去告诉晋文公，但晋文公因为以前的事，一开始没有接见他，还可怜兮兮地说道："虽有君命，何其速也？"意思是就算是有王命，可你为什么要那么快呢？那只被你割断的衣袖我还留着呢，你还是走吧！不见！

　　寺人披的口才绝对一流。见晋文公不接见自己，他倒也不急，说："君命无二，古之制也。除君之恶，唯力是视。"从古至今，君王的命令都要严格执行，尽力帮助君王铲除他厌恶的人有什么不对呢？他甚至还拿齐桓公和管仲的事来比喻他跟晋文公的关系。"齐桓公置射钩而使管仲相。"齐桓公都能抛弃射钩之仇，让管仲为相辅佐自己，您如果要反其道而行之，那么我还有什么好说的呢？不用你下令驱赶我，我自己也会走。

最终，晋文公还是接见了他，并虚心接纳了他的提议，这才使得吕甥、郤芮二人的阴谋没能得逞，晋文公也顺利躲过一劫。

晋文公能一路披荆斩棘成为春秋霸主，其虚己待人、宽宏大度的胸怀和不拘一格重用能人的行为发挥了关键作用。而寺人披，能够审时度势，看清形势，其口才和胆识让人钦佩。

15. 况贪天之功以为己力乎

介之推不言禄

天实置之，而二三子以为己力，不亦诬乎？窃人之财，犹谓之盗，况贪天之功以为己力乎？下义其罪，上赏其奸。上下相蒙，难与处矣。

晋文公在登上王位之前曾经在外流亡了十九年，这期间介之推一直陪伴左右，在晋文公快要饿死的时候，介之推毫不犹豫地割下自己大腿上的肉给晋文公煮了一碗肉汤。后来晋文公即位，封赏曾经跟他一起流亡的功臣，却偏偏忘记了自己曾经的救命恩人介之推。这就是文章开头的所说的"介之推不言禄，禄亦弗及"。

文章出自《左传·僖公二十四年》，记叙了介之推在决定归隐时与母亲的对话，深刻批判了争功请赏、猎取名利的不齿行径，颂扬了介之推母子不贪求名利福禄的高洁品行。

说起介之推，人们脑海中就会浮现出寒食节。清明前一天叫作寒食节。寒食，顾名思义就是不能生火，只能吃冷食。据说寒食节是为了纪念介之推。关于寒食节的由来，我们暂且放在一边，我们先来说说介之推为什么要隐居绵山，毕竟如果没有他的隐居，也就没有后面的事了，自然也就没有寒食节了。

介之推为什么没有去邀功？按理说就算晋文公一时疏忽忘记了，提醒一下他也是会封赏的。晋文公并非忘恩负义之人。但是介之推生性淡泊名利，他认为晋文公能够回国登上王位都是天意，跟那些随他流亡的人没有关系。

晋献公（晋文公父亲）有九个儿子，但当时就只有晋文公一人活着，况且惠公、怀公既没有亲近的人，还被国内国外的人抛弃了，所以"主晋祀者，非君而谁"。

"窃人之财，犹谓之盗，况贪天之功以为己力乎？"介之推说偷别人的财物，还被称为盗，何况是窃取上天的功劳当作自己的功劳呢？他不堪忍受"下义其罪，上赏其奸"。面对君主与臣下之间互相欺骗、邀功行赏的行为，介之推觉得"难与处矣"，干脆就带着老母亲一起隐居绵山了。

晋文公知道真相后，亲自来到绵山寻访，谁知那绵山蜿蜒数十里，重峦叠嶂，谷深林密，竟无法可寻。晋文公求人心切，又听信小人之言，下令放火烧山，大火连烧数日，仍不见介之推出来。大火熄灭后，众人在一棵枯柳下发现了介之推母子的尸体，晋文公悲痛万分，用一段烧焦的柳木做了一双木屐，每天望着它叹道："悲哉，足下。"据说这便是"足下"一词的由来。为纪念介之推，晋文公将绵山改为介山，并立庙祭祀，由此诞生了寒食节。

介之推的精神受到了历代文人墨客的称赞，在今天，这种不贪求名利福禄的品格依旧值得我们学习。

16. 实力才是硬道理

展喜犒师

> 齐侯曰："室如县罄，野无青草，何恃而不恐？"对曰："恃先王之命。昔周公、大公股肱周室，夹辅成王，成王劳之，而赐之盟。曰：'世世子孙，无相害也。'"

展喜犒师是鲁僖公二十六年（公元前634年）的事。齐孝公想要和父亲齐桓公一样成就一番霸业，于是选了当时孱弱的鲁国来满足自己虚荣心，鲁僖公在千钧一发之际派有外交天赋的展喜去说服齐孝公。

当时齐国攻打到了鲁国的北部边远地区，鲁僖公派展喜通过犒赏齐军的方法来让齐国退兵。展喜从世世代代子孙不互相伤害的先王约定、从道德方面夸赞齐孝公，通过令人拍案叫绝的外交辞令，层层递进，让齐孝公退兵，成功化解了鲁国的亡国危机。

展喜并没有因为自己是弱势的一方而展现出胆怯和懦弱，面对强敌，仍能泰然处之，用自己的智慧让齐孝公心服口服退兵，不费一兵一卒就让鲁国化解危机。鲁僖公让展喜慰问齐军这一出奇的举动，出于鲁国的自信，相信本国有实力、有智慧能够与齐军抗衡。虽然旁人觉得鲁国是在以卵击石，但是并不是在战场上真刀真枪地打一场，才能证明其实力，鲁国通过外交智慧获得成功也是一场唇枪舌剑的厮杀。

鲁国的自信来自三个方面：首先是先王约定的世代和平相处的友好条约；接着展喜捧杀齐孝公，说他当上君主后一定会继承先王遗志，并且执行下去；最后，说齐孝公不会才继位九年就忘记这些约定，不信守承诺。这一点涉及当时道德礼制所包含的内容之一。春秋时期，道德就像法律一样，有强大的公信力，人们做事不能失去良知，不能打破礼的约束。因此，因为展喜句句说得有理，齐孝公才会被说服，同意退兵。

外交智慧也不是时时刻刻都管用，还是要练就一身与之相配的功夫，有与之抗衡的实力才是硬道理。也不是人人都守礼，光靠外交能力还不能阻止一些事情的发生。因此，每一个人都应该努力加强自身的实力，不能仅靠嘴皮子办事，深厚的文化素养、各种有用的工作技能等，都会帮助自己提高解决实际问题的能力。

17. 临危受命，宝刀不老

烛之武退秦师

子犯请击之。公曰："不可。微夫人之力不及此。因人之力而敝之，不仁；失其所与，不知；以乱易整，不武。吾其还也。"亦去之。

烛之武退秦师是发生在鲁僖公三十年（公元前 630 年），秦国、晋国一起攻打郑国时，郑国派烛之武通过外交的方式劝秦国退兵的事情。

佚之狐向郑文公推荐烛之武去见秦国君主。郑文公向烛之武道歉，因为自己之前忽略了他，烛之武不计前嫌并答应去劝说秦穆公。到了秦国，他从秦国的角度替秦穆公分析局势，又谴责了晋惠公的出尔反尔。表面上处处为秦国打算，实际上是为了保全郑国。秦穆公决定退兵并且和郑国签订了盟约，烛之武通过一番慷慨陈词保全了自己的国家。

烛之武在劝说中说情，说理，说利。先是说知道自己国家会灭亡；接着说越过一个国家，把偏远的国家当作边邑，其实是长了邻国的实力，削弱了自己的国家；最后在利益方面说晋国不会守信，不讲仁义道德，而自己会给秦国提供需要。

烛之武当时已年迈，在此之前郑文公并没有重用他。郑文公虽然在佚之狐的提醒下发现了烛之武这颗金子，但是烛之武能够为国家效力的时间已经不多了。所幸的是，烛之武虽然大半辈子没有得到重用，但是他并没有因此颓废。老骥伏枥，志在千里。他一直没有忘记自己报效国家的远大抱负，仍旧无时无刻不关心国家大事，也正因为如此，他才能在劝说秦穆公时一针见血，可见他有才能。

相比烛之武，许多人总是在感慨自己怀才不遇，对工作总是满腹牢骚，处处不满，不能够放平心态，好好干自己的工作。这里的怀才不遇，其实是自己造成的。不是所有自认为怀才不遇的人都是人才，也不是每个能人都能快速在众人中脱颖而出。不管怎样，只有磨砺自己的心智，一直学习，提升自己的能力，不自我沉沦，不断地提升自己的实力，才能得到上级的赏识和重用。

18. 劳师以袭远，利令智昏

蹇叔哭师

蹇叔曰："劳师以袭远，非所闻也。师劳力竭，远主备之，无乃不可乎？师之所为，郑必知之。勤而无所，必有悖心。且行千里，其谁不知？"

蹇叔哭师是发生在烛之武退秦师两年后的事情。秦穆公在退兵时让杞子等人在晋国驻守。他接到消息说可以里应外合攻下晋国。秦穆公非常想称霸中原，如果灭了晋国，灭郑国也很容易了，于是他准备出兵攻打晋国。

他的老臣蹇叔极力劝诫不要去攻打晋国。蹇叔指出没人会不远万里，在军队疲惫时去攻打其他国家，并且晋国一定是有所防备的，此次攻打晋国一定会失败。但是秦穆公却没有听从他的意见，讽刺蹇叔老不死，最终派了百里奚的儿子孟明视，还有蹇叔的两个儿子白乙丙、西乞术出征。蹇叔只能通过"哭子"的方式，尝试再次表达自己的意见，但是并没有成功，秦军还是出发远征了。

秦穆公在攻打晋国时采纳了烛之武的建议，但是这次却没有听进老臣蹇叔的劝告，这是因为他被眼前的利益蒙蔽了双眼。秦穆公的野心很大，当他知道可以和杞子里应外合后，便急于占领晋国，以扩张自己的势力，因而一意孤行，利令智昏，老臣蹇叔的话也听不进去了。结果呢，秦军遭到晋军偷袭，溃不成军，三个大将还被晋军抓获了，如果不是秦穆公的女儿劝说让晋军放还了三人，秦穆公估计会更加懊悔自己的行为。

许多人会觉得蹇叔未卜先知，其实是因为他充满智慧并且拥有丰富的经验。他曾经和百里奚结为知己，百里奚给了他许多建议。后来秦穆公重用百里奚，百里奚便让蹇叔在秦穆公这里做事，二人都被重用。蹇叔在秦国主张德礼治天下，二人协助秦穆公将国家治理得井井有条。

春秋战国时期，是仁义和利益并重的天下。有志之士通常在满足仁义道德的条件下，再去图谋自己的宏图霸业。君主的目的是扩大疆土，扩大自己的实力。但是秦穆公却因为眼前小利选择抛弃道德仁义，没有了一丝理智，最后不仅没有到晋国，反而落荒而逃。

当时的国君想要权力，想要天下，但是他们心中有仁礼的约束，会依照规矩办事，压制内心的贪欲。而现在的人想要名，想要利，只有将法律、仁义道德作为自己行事的准则，才能够约束自己不做出超越道德、法律的事情。

19. 铤而走险，急何能择

郑子家告赵宣子

古人有言曰："畏首畏尾，身其余几？"又曰："鹿死不择音。"小国之事大国也，德，则其人也；不德，则其鹿也。铤而走险，急何能择？命之罔极，亦知亡矣，将悉敝赋以待于鯈，唯执事命之。

《郑子家告赵宣子》出自《左传》。本文主要讲述的是郑国大夫郑子家巧妙利用外交辞令和晋、楚两国矛盾来帮助郑国脱离险境的事。郑国是夹在晋国和楚国这两个大国之间的小国，面临双重夹击的危险，外交关系很难处理，在晋国的一再压迫下，郑国也不顾眼前的威胁了，不惜用决裂警告晋国，迫使晋国作出了让步。

我们都知道"置之死地而后生"的道理，如果一个人被逼急了，很可能做出一些令人意想不到的事情。

郑子家在写给晋国卿大夫赵盾的信中先是罗列了一些郑国为晋国做的事，表示郑国对晋国已经尽心尽力了，可是晋国依旧感到不满意，怀疑郑国又对楚国友好，有二心；然后又用"鹿死不择音"的例子来表明自己的态度，意思是鹿死的时候也顾不上自己的声音是否好听；还说大国对侍奉它的小国施加恩惠的话，那小国就像人一样讲道理，如果不这样，小国就会像只鹿一样，被逼急了就胡乱跑，不管前边的路有没有危险。

郑子家巧妙地运用这个比喻来告诉赵盾这个想法，显然是已经做好了"病急乱投医"的打算，坏的结果可能是被晋国消灭，好一点儿的话，或许楚国能帮它一把，说不定能绝处逢生。赵盾看了之后只好审时度势，于是晋国派巩朔到郑国讲和、订立盟约，还把赵穿和晋君的女婿池留在郑国作为人质。郑国的境遇可以说是山重水复疑无路，柳暗花明又一村。

郑子家的成功在于懂得把握外交的分寸，因为两国力量的巨大差异，郑国对晋国言听计从，很是忍耐，并且为晋国做了很多事，可是晋国却还对郑国表现出不满，于是郑国也不再忍耐，但一边是晋国，一边是楚国，郑国只有孤注一掷，不再畏首畏尾，晋国从中也看到了对自己不利的因素，最后才以礼相待。

我们从这个故事中明白：在人际交往中，不要一味欺压别人，过度的打压只会换来相反的结果；另外，要让自己强大起来，才不至于总是向他人低头，委曲求全。

20. 周德虽衰，天命未改

王孙满对楚子

楚子伐陆浑之戎，遂至于洛，观兵于周疆。定王使王孙满劳楚子。楚子问鼎之大小轻重焉。对曰："在德不在鼎……天祚明德，有所厎止。成王定鼎于郏鄏，卜世三十，卜年七百，天所命也。周德虽衰，天命未改。鼎之轻重，未可问也。"

《王孙满对楚子》是出自《左传》的一则故事，讲的是宣公三年（公元前606年）的事。春秋时期，周王室走向衰落，诸侯争霸，不乏想要谋权篡位的野心家，楚庄王就是其中之一。

楚庄王被中原诸侯视为蛮夷之君，他在长期的诸侯混战中凭借强大的武力吞并了周围的一些小国，就自以为羽翼已丰，妄图挑衅当时衰微的周王室。当他派兵在周王朝境内阅兵时，周定王见势派大夫王孙满慰问楚庄王，由是引出"问九鼎的轻重"这个话题，周大夫王孙满察觉到他有狼子野心，就用统治天下"在德不在鼎""周德虽衰，天命未改"，挫败了楚庄王的嚣张气焰，打消了他问鼎中原的念头。这说明当时周王室的势力虽然有所衰退，但是其统治地位并没有彻底改变。

"九鼎"为夏、商、周三代的传国之宝，象征九州，被视为王权的象征，后来多以"问鼎"来比喻图谋夺取政权的野心。

想要谋权篡位的野心家层出不穷。秦二世胡亥杀兄夺嫡，东汉末年曹操

"挟天子以令诸侯"等就是典型的例子，但大多都以失败告终，因为野心家的德行和野心不匹配。如今的大环境下，竞争激烈，有的人就会采取一些非常手段上位，尽管暂时得逞了，但如果德不配位，最终还是难以站稳脚跟。

在处世之道中，我们把成事的很多缘由归结为"德"。德行良好的人总能在黑暗中抓住光明；内心阴暗的人即使在有光明的地方，也会让黑暗将自己囚禁起来。就像文中所说的那样：即便九鼎小，但如果德行美好光明，别人无论怎样做也无法把鼎迁走；反过来说，即使九鼎很大，奸邪昏乱的人也会为所欲为。之后王孙满又说，上天赐福给有光明德行的人，是有尽头的。周王室最后走向没落也证实了这一点。

这则故事给了我们这样的启发：德行的培养是需要坚持且不断完善的，一个注重加强自身道德修养的人才能看得长远，走得也更远，切记空有野心过于狂妄并没有多大好处。

21. 收合余烬，背城借一

齐国佐不辱命

《诗》曰："敷政优优，百禄是遒。"子实不优，而弃百禄，诸侯何害焉？不然，寡君之命使臣，则有辞矣，曰："子以君师辱于敝邑，不腆敝赋，以犒从者。畏君之震，师徒挠败。吾子惠徼齐国之福，不泯其社稷，使继旧好，唯是先君之敝器、土地不敢爱。子又不许。请收合余烬，背城借一。敝邑之幸，亦云从也，况其不幸，敢不唯命是听？"

《齐国佐不辱命》出自《左传·成公二年》。

宾媚人是齐国上卿，即国佐。本文主要讲述的是晋国和齐国会战，齐国打了败仗，面对晋国大军压境的威胁和其提出的苛刻条件，齐国派遣宾媚人去和晋国谈判讲和。他面对来势汹汹、咄咄逼人的晋国时从容不迫，恰到好处的精彩表现，没有辜负自己的使命，顺利完成了这项高难度的外交任务，从而捍卫了战败的齐国的尊严。

一开始，齐顷公派宾媚人给晋国送去礼物，还归还鲁、卫两国的土地。但是晋国不满意，提出要以齐国国君的母亲作为人质，同时把齐国境内的田亩全部改为东西向，才肯稍作让步。

晋国这样无理的要求被宾媚人拒绝了，他认为晋国要求把齐国国君的母亲作为人质等同于挟持了晋国国君，反而把不孝的帽子扣在了晋国头上，不仅愧对天子的命令，还令人难以信服。关于土地改向的问题，宾媚人指出天下的道路、河流等都是由周天子统一划分和治理的，如果晋国私自划分的话就违背了天子的遗命，这也是不道义的，难以统领诸侯。接着再用四王五伯统治时的例子来说明晋国没有止境的私心和贪欲只会害了自己。他告诉晋国，如果只看到眼前的得失，不肯与齐国和谈的话，齐国也只能拼死一搏，那么晋国也未必能得到好处。

说这些话的时候，宾媚人并不是完全采取强硬的态度，而是软硬兼施。其原因大概有：一方面，齐国的实力让宾媚人有底气表明自己的态度；另一方面，用较为谦和的语气是被当下形势逼迫，采取的缓兵之计。

他无懈可击的驳斥让晋国意识到了其中的利害关系，使齐国扭转了局面，虽然齐国战败了，却捍卫了尊严。宾媚人的外交智慧不得不令人佩服。

通过这个故事，我们得到的启发是：不论处在什么样的环境下，即便是面临危险，我们都要从容面对，只要有一点儿希望就应该努力摆脱困境，如果局势没法扭转，我们也要有破釜沉舟的勇气，做好应对失败的准备。

22. 无怨无德，不知所报

楚归晋知䓨

王曰："然则德我乎？"对曰："二国图其社稷，而求纾其民，各惩其忿，以相宥也，两释累囚，以成其好。二国有好，臣不与及，其谁敢德？"

《楚归晋知䓨》出自《左传·成公三年》，记载了楚晋两国交换俘虏的事情。通过知䓨与楚共王的对话，表现了知䓨忠君爱国的情怀和高尚俊洁的人格魅力。

我们先对主要人物和历史背景作一个简单的介绍。楚晋两国为什么要交换人质？在古代，一般有战争才有人质。公元前597年，楚国和晋国打了一仗，晋国荀首，也就是知䓨的父亲，射杀了楚国连尹襄老，还抓了楚公子穀臣，而知䓨也成了楚国的俘虏。

就这样，两个人质在对方的国家生活了差不多十年。公元前588年，晋国请求用公子穀臣和连尹襄老的尸首交换知䓨，楚国答应了。当时知䓨的父亲荀首已经担任晋国中军佐。中佐军是晋国三把手，地位仅次于国君、中军将。

说知䓨是一代辩才一点儿也不为过，面对楚王的"灵魂拷问"，他选取了一个战无不胜的立足点：国家利益。用国家利益作为盾牌，把楚共王层层进逼的三个问题回答得滴水不漏，使对手无言以对又无可奈何，最后不得不罢手。

楚共王问了知䓨三个问题——"抓了你那么多年，你恨我吗？（子其怨我乎？）""如今我放你回去，你感激我吗？（然则德我乎？）""你回去以后，要怎么报答我呢？（子归，何以报我？）"这三个问题，如果回答不好，稍有不慎就可能脑袋搬家，但知䓨的回答却做到了不卑不亢，进退有度，他从国家利益和臣子职责的角度恰到好处地应对了楚共王的盘问。

知䓨说："二国治戎，臣不才，不胜其任，以为俘馘。执事不以衅鼓，使归即戮，君之惠也。臣实不才，又谁敢怨？"意思是两个国家打仗，是我没有本事，不能胜任自己的任务，所以才做了俘虏。您没有杀我，我已经很感激了，又怎么会怨恨您呢？这是回答楚共王"你恨我吗"的问题，接着他又说道："二国图其社稷，而求纾其民，各惩其忿，以相宥也，两释累囚，以成其好。"这是说两个国家都是为了国家利益打算，希望人民安好，因此各自抑止自己的愤怒，互相原谅，两边都释放被俘的囚犯，以结友好。这是从国家利益的角度回答"你感激我吗"的问题。最后一个问题"你怎么报答我"，知䓨是从臣子职责的角度来回答的，他说："臣不任受怨，君亦不任受德，无怨无德，不知所报。……无有二心，以尽臣礼。"表明自己绝对忠于自己的国家和君主，以尽到一个臣子的职责。

在一切利益之中，国家利益高于一切。这是作为一个臣子必须恪守的原则,也是他言行举止的归依。维护国家利益是爱国主义的主要内容。如果不维护国家利益,爱国主义就成了空洞的、抽象的精神,不具有吸引力和感召力。国家利益是非常实在、非常具体的。

23. 都是你的错

吕相绝秦

> 君若惠顾诸侯,矜哀寡人,而赐之盟,则寡人之愿也,其承宁诸侯以退,岂敢徼乱?君若不施大惠,寡人不佞,其不能以诸侯退矣。

《吕相绝秦》出自《左传·成公十三年》,讲述了秦晋交恶,晋国派使臣吕相到秦国宣布与之绝交的事情。

吕相从秦晋交好入手,先后历数穆公为德不终、私与郑盟、乘危灭晋等种种罪状,最后归入绝秦的主旨。《吕相绝秦》揭示了春秋时期大国之间政治、军事、外交斗争的实质,是一篇保存完整的外交辞令,对后世影响深远。

话说有着"秦晋之好"的秦晋两国为什么会绝交?要知道"秦晋之好"这个成语的出处就是秦晋两国曾不止一次互通婚姻。文中吕相说道:"申之以盟誓,重之以昏姻。"两国既是一个战壕里的兄弟,又是亲家,怎么就绝交了呢?

秦晋都是春秋时期的大国,两国之间的关系很微妙。有时候双方缔结婚约,成为喜乐的一家人,共同对抗其他诸侯国;有时又兵戎相见。古代讲究兴兵要合乎礼义,晋国既然要攻打秦国,自然要先跟秦国断绝关系,再让列国看看秦国的种种罪行,兴兵才不会被列国耻笑。

鲁成公十一年(公元前 580 年),晋厉公与秦桓公原本打算举行令狐会盟,重修两国旧好,不料秦桓公不仅背信盟约,还挑唆北方的狄族和南方的楚国来夹攻晋国。晋国忍无可忍,就派遣大夫吕相前往秦国,先数落秦国的种种做法,后与之绝交,最后就是发兵攻秦。

《吕相绝秦》又可称为"都是你的错",当然这只是调侃。但不得不承认吕相的口才也是一绝，如果吕相和寺人披一起参加辩论节目，花落谁家还不一定呢！在这篇外交辞令中，吕相列举了秦晋两国历代邦交的情况，用大量事实来证明秦国背信弃义、不讲礼义。宋代李涂在《文章精义》中这样评价："吕相绝秦书，虽诬秦，然文字自佳。"重点在两个字，一个是"诬"，一个是"佳"。秦晋交恶，秦肯定有责任，但不能把所有的错都归咎到秦国的头上。另一个是"佳"，是夸赞吕相口才的。

《吕相绝秦》对后世影响巨大，但这种影响更多的应该表现在文笔上，而不是推卸责任。如果有错，就勇于承认，这样才是君子，才合乎礼义。

24．威武不能屈

驹支不屈于晋

惠公蠲其大德，谓我诸戎是四岳之裔冑也，毋是翦弃。赐我南鄙之田，狐狸所居，豺狼所嗥。我诸戎除翦其荆棘，驱其狐狸豺狼，以为先君不侵不叛之臣，至于今不贰。

《驹支不屈于晋》出自《左传·襄公十四年》，记叙了范宣子故意责难姜戎族首领驹支，驹支以事实为依据，进行强有力的反驳，最后范宣子服输并以礼相待的事。文章以个性化的语言表现人物性格的同时，也体现了古代各民族既斗争又融合的复杂关系。

驹支，是古代少数民族姜戎的首领。姜戎曾遭受秦国的压迫被迫离开故土，在晋国的帮助下才得以继续生存，因而姜戎也成为晋国的附庸国，并多次跟随晋国出征。

鲁襄公十三年（公元前 560 年），楚共王去世，吴国乘楚国吊丧之际攻打楚国，结果吴军大败。吴国便向晋国求救，希望晋国出兵攻楚。但晋国大夫范宣子认为在楚国居丧的时候去攻打人家不仗义，于是拒绝了吴国的请求。实际上，不是晋国不想帮，而是有心无力。此时的晋国已外强中干，攻打楚国连晋国自己都没有把握，就只好责怪"吴之不德"了，同时，晋国又担心自己不攻打楚国会让诸侯耻笑，于是就拿驹支开刀，杀鸡儆猴，以此达到震慑诸侯的目的。

　　与其说是驹支不屈从于晋国，倒不如说是弱者不屈服于强者的淫威。范宣子从一开始就没把驹支放在眼里。"来，姜戎氏！"多么高高在上的样子，态度粗鲁不说，语气还咄咄逼人。接着又居高临下地夸耀了一番晋国先君对姜戎族的大德大恩，然后就毫无根据地给对方定罪了。他说："今诸侯之事我寡君不如昔者，盖言语漏泄，则职女之由。"欲加之罪，何患无辞，这莫须有的罪行在范宣子看来就是板上钉钉的事，先不说"盖"本就是猜测、毫无依据，就是机密也与姜戎人没关系啊，因为"我诸戎饮食衣服不与华同，贽币不通，言语不达"。两边人不仅吃的、穿的不一样，彼此之间也没有使者往来，更重要的是语言不通啊，鸡同鸭讲，"何恶之能为"。姜戎人都不知道你晋国说啥，又能干什么事呢？

　　孟子说："贫贱不能移，威武不能屈。"面对范宣子的气势汹汹、咄咄逼人，驹支不卑不亢，据事实逐句批驳，理直而词婉。当然《左传》记录这件事的目的不是赞赏姜戎人，因为《左传》的宗旨就是强调中原正统，攘斥戎夷。

25. 有觉德行，四国顺之

祁奚请免叔向

　　叔向曰："乐王鲋，从君者也，何能行？祁大夫外举不弃仇，内举不失亲，其独遗我乎？《诗》曰：'有觉德行，四国顺之。'夫子，觉者也。"

　　《祁奚请免叔向》出自《左传》，"祁奚请免叔向"这事的起因是栾盈的母亲栾祁和他人私通，栾祁怕栾盈揭露她的行为，于是向父亲范宣子诬陷栾盈有谋反之心。范宣子因为栾盈身边有许多能人相助，所以非常忌惮，于是借此理由铲除栾盈以及身边的能人，其中包括叔向。

　　叔向被囚禁，小人乐王鲋和叔向表示自己会向君主求情，叔向知道乐王鲋不是正直的人，就没有答应，而是请求已经告老还乡的祁奚帮自己求情。祁奚为国家社稷说服了范宣子，叔向得救。

叔向在出狱后没有向祁奚道谢，因为他知道祁奚是一个从国家社稷出发，举贤不举亲的君子，所以相信祁奚会因为公正心来救他。祁奚也没有等待叔向的报答，而是直接回家去了。这是因为他也知道叔向的德行。这二人都是正直有德行的人。这样品性的人虽然没有相见但是心知肚明，虽未道谢但已经心领了。如果二人相见，相拥道谢，不知道范宣子会作何感想了。因此，正直的人会互相吸引，相识相知，相互认可对方的德行与才能，即使不明说也能够懂得对方的想法，二人算得上是真正的君子之交。

小人因利行事，而君子却是因为道义。乐王鲋是一个见风使舵的多面小人，为了自己的利益，表面一套背地里一套，说是要替叔向求情，但是却暗指叔向和这事有牵连，装出一副替人解难的好人样。而叔向没有因为自己的个人处境不佳而同流合污，而是选择坚持自己的原则，选择正直的道路，临危不惧，有着坦坦荡荡的君子之风，是个有才能、正直的人。

君子之交淡如水，小人之交甘若醴。只有干干净净做事的老实人，才会得到他人的敬重，身边也会有更多和自己一样正直、有德行的朋友。

26. 恕思明德，名载而行

子产告范宣子轻币

夫令名，德之舆也；德，国家之基也。有基无坏，无亦是务乎？有德则乐，乐则能久。《诗》云"乐只君子，邦家之基"，有令德也夫！"上帝临女，无贰尔心"，有令名也夫！恕思以明德，则令名载而行之，是以远至迩安。

朝贡体系存在了很长时间。在春秋时期，弱小的诸侯国要在特定时间向强大的诸侯国进贡。小国本就实力不强，在漫无止境的索取中，进贡成为沉重的负担。子产是郑国有名的政治家,因为范宣子执政后,大量征收贡品,各国苦不堪言,他非常忧心,于是写信给范宣子想让他减少进贡。

子产在信中利用范宣子想要保住盟主之位以及好名声的心理,在开头故意说范宣子在晋国没有好名声,没有美德,接着从美名是装载美德的工具,美德则是国家强盛的基础这个角度,不停地论述德与名的关系,告诉范宣子不要因为想要更多的贡品而害了晋国。范宣子清楚其中的利弊关系,采纳了子产的建议,减轻了各国诸侯朝贡的负担。

道德是个人为人处世的准则,通过道德约束自身,从而得到社会的认同。范宣子过量索要贡品,让各个小诸侯国苦不堪言,当时他在各诸侯国的名声都不好,人人都认为他是一个残暴、贪图钱财、没有德行的昏庸之人。在子产没有提醒范宣子之前,他只是想要更多的钱财,眼光狭隘,因而干了有损名声的事情。只有注重道德并遵守道德的人,才会得到他人的认同,拥有更长远的眼光、更博大宽广的胸怀,突破眼前的蝇头小利。

在不同的情境里,道德有不同的理解。随着时间的推移,道德有了更多的变化和修正,有了更丰富的内涵。就像孔子说道德是"仁",孟子说道德是"义"。当时,礼是道德的主要表现形式,范宣子没有考虑各国的负担不断索要贡品这件事就是没有守礼。做事不用道德来约束自己,想要名利双收是不可能的。

规矩是成文的道德,道德是内心的规则。依据道德标准来做事,才会受人敬重,心中自然清明坦荡,心胸宽阔,格局宽广。

27. 君为国死则死,社稷为主

晏子不死君难

曰:"君死,安归?君民者,岂以陵民?社稷是主。臣君者,岂为其口实?社稷是养。故君为社稷死,则死之;为社稷亡,则亡之。"

《晏子不死君难》出自《左传》。崔武子是齐国大夫,棠姜是他的二婚妻子，但是好色的齐庄公看上了棠姜，二人私通。崔武子知道后设计杀了齐庄公。晏子作为他的臣下，没有为齐庄公个人殉身，而是在当时提出了"无论国君还是臣下都要对国家负责"的新主张。

晏子知道自己的国君齐庄公被杀，来到崔武子家门口却没有进去。旁人以为他要为国君殉职，或者逃走或者回家，晏子却说要以社稷为主，如果国君失职，臣子不必为国君尽忠。随后晏子进入崔武子家中抱着齐庄公的尸体痛哭。崔武子认为晏子受百姓敬仰，没有杀他。

晏子在当时不过子承父业，当了几年大夫，还没有得到重用，对别人来说就是个职场新人。所以当他来到崔武子门前，别人都嚣张跋扈地问："你是想死吗？"而晏子怼了一句："他只是我一个人的国君吗？"晏子来到这儿想要做的只是尽到一个臣子的责任与义务，所以来哭了一场，在出门时跳了三下。晏子在知道自己的国君死了后前来致哀，抱着死去的国君痛哭，做到了臣子对国君去世的哀痛之礼，已经尽到臣子的职责了。

崔武子是一个心狠手辣的人，齐庄公就是他扶持上去的。当时的政治局面因为崔武子而变得乌烟瘴气。因此国君被崔武子杀了，大家都见怪不怪。晏子在谈话中大义凛然，说如果君主为了国家社稷而死，那他会跟随，这是他的爱国之心。

晏子此次前来不仅仅是为了齐庄公，更多是为了国家社稷。因此，如果崔武子在大庭广众之下杀了晏子，就是将自己弑君的名头坐得更实了。

古时人们认为忠君就是对君主的绝对服从。"君要臣死，臣不得不死"是当时约定俗成的规矩。但是，天下并不是一个人的天下，如果一国之君做事只为了自己的个人私利，那作为臣下无须听从君主的错误命令。作为臣下，君主下什么命令，就干什么，不管事情是否符合道德标准、国家利益，那么这就是愚忠。晏子没有因为个人的小义以身殉职，认为君主的死是由于他荒淫无道，并且站在国家的角度，以富民强国为自己的任务，造福百姓，是智忠。

不论在什么情况下，不管自己处于哪种身份，面对任何人交代的事情，都要判别这件事是否超越了道德底线，害人利己的事情不能做，祸国殃民的事情更不能做。

28. 乐舞的本质

季札观周乐

为之歌《颂》，曰："至矣哉！直而不倨，曲而不屈；迩而不逼，远而不携；迁而不淫，复而不厌；哀而不愁，乐而不荒；用而不匮，广而不宣；施而不费，取而不贪；处而不底，行而不流。五声和，八风平；节有度，守有序。盛德之所同也。"

《季札观周乐》出自《左传》。文章记叙了季札在鲁国欣赏了夏、商、周时期的乐舞之后，结合政治教化发表评论一事。文章对于了解春秋时期音乐、舞蹈的概况，以及先秦儒家的文艺观点具有重要的参考价值。

季札是春秋时期有名的贤人。吴王夷昧即位后不久，就派遣其弟季札出访各国。在鲁国，季札通过在鲁人面前展示他对礼乐的精到理解，进一步表明吴国也是周礼之后，从而达到自己的政治目的。

为什么季札要用点评乐舞的方式向鲁国人表明吴国也是周礼之后？因为鲁国是周公的后裔，先代的典章制度保存得较为完整，所以相比于其他诸侯国，鲁国更讲究礼乐。季札既然奉命出使各国，就一定是带有政治目的的，那么试问在鲁国这样一个讲究礼乐的国家，还有什么方法能比结合政治教化点评夏、商、周时期的乐舞，表明吴国也是周礼之后更具有说服力和震撼力？所以，有时候音乐和舞蹈还可以成为一种武器，一种外交手段。

文中季札从政治教化的角度点评了夏、商、周时期的乐舞，这就说明音乐和舞蹈概括了当时的政治生活以及社会生活，从它们的节奏和曲调中就可以看出一个朝代的政治、礼义甚至是百姓的生活。除此之外，它们还能表现某一学派的观点或是某个人的思想。

从古至今，音乐和舞蹈都在不断地发展变化，但其内在的本质却是不变的，就是表现生活，再现生活。

29. 宾至如归，无宁菑患

子产坏晋馆桓

公不留宾，而亦无废事，忧乐同之，事则巡之，教其不知，而恤其不足。宾至如归，无宁菑患！不畏寇盗，而亦不患燥湿。今铜鞮之宫数里，而诸侯舍于隶人，门不容车，而不可逾越；盗贼公行，而夭厉不戒。宾见无时，命不可知。

《子产坏晋馆垣》出自《左传·襄公三十一年》。公元前542年，郑国子产陪同郑简公到晋国访问，遭到晋国冷眼相待，于是子产拆了晋国接待宾客的宾馆，和晋国理论了一番，最后得到了晋国的礼遇。

晋国是当时的大国，而郑国只是小国，郑国访问晋国遭到不友好的对待，晋国让郑国到访的人住在狭窄简陋的宾馆中，带去给晋国的礼物都没有地方放，而且到的人中就有郑国国君，晋国的做法明显是慢待，郑国子产看不下去，只好派人拆了宾馆的围墙，才让车马进去。

晋平公知道了子产的这一举动后，派士文伯去责问他，子产义正词严，向他申明了自己这样做的理由，在一番理论后，赵文子和晋平公也被子产的言语和气节折服。他说到"宾至如归，无宁菑患"的道理，意思是如果晋国改变自己的态度，把接待诸侯的宾馆修建得好一些，让诸侯到晋国拜访的时候有宾至如归的感觉，诸侯心满意足就不会无端闹腾了，晋国也会多些安宁，少些祸乱，这本身就是一件两全其美的事。

到别人家做客，如果受到冷遇，肯定会觉得难堪，下次肯定就不想去了，但是如果受到热情的招待，我们就会觉得很愉悦，这就是宾至如归的道理。

晋国仗着自己强势就欺压小国，而子产面对质问时仍然以委婉谦和的语气回答，说明自己这样做的原因，借此批评了晋国对小国轻慢的态度。听完子产的话，晋平公觉得理亏，明白了"宾至如归"的道理，反省自己，然后向郑伯道歉，还款待了他们。

子产以自己的才智为郑国挽回了尊严，不负自己的使命，出色地完成了任务，他的处事方式值得我们借鉴。

通过这个故事，我们明白的道理是：当自己处于强势地位时，不要轻慢别人，傲慢的态度换来的不是别人的尊重，而是反感；另外，当我们遭遇别人的冷眼时，要学会用合适的手段去回击，一味忍让并不是最好的办法，懂得用巧妙的方式捍卫自己的尊严很重要。

30. 从善如流，主动让贤

子产论尹何为邑

子皮曰："善哉！虎不敏。吾闻君子务知大者、远者，小人务知小者、近者。我，小人也！衣服附在吾身，我知而慎之；大官、大邑，所以庇身也，我远而慢之。微子之言，吾不知也。他日我曰：'子为郑国，我为吾家，以庇焉，其可也。'今而后知不足。自今请虽吾家，听子而行。"

《子产论尹何为邑》出自《左传·襄公三十一年》。文章讲述的是子皮想要任用没有从政经验的年轻人尹何，子产对此提出建议并被子皮虚心接受的事，全文围绕着用人的问题展开。

子产名为公孙侨，是郑国大夫。子皮是公孙舍的儿子，是郑国上卿。尹何是子皮的年轻的家臣。

鲁襄公三十一年（公元前542年），郑国上卿子皮想要让自己喜爱的一个年轻家臣做自己封邑的长官，在这之前询问了子产的意见。子皮认为可以让尹何边干边学习，慢慢成为有用之才，但是子产和子皮的想法不一样，他认为从政这么重大的事应该慎重，任用有管理经验的人或许更加稳妥。

我们知道，现在很多单位招人都倾向于招聘有工作经验的人，经验就是财富，是我们很多人找工作的一个优势。子产认为尹何没有相关的管理经验就从事政治是没有什么好处的，如果子皮因为喜欢尹何就给了他权力，但尹何把握不了的话，不仅对国家是有危害的，还会伤害到他自己，确实不太稳妥。

子产很明白这个道理，但是他没有很生硬地说明自己的意见，而是通过生动的比喻告诉子皮自己的一些想法。子产说话有条理，有依据，整个对话过程中很明确地表明了自己的态度。子皮作为上级，虚心向子产寻求意见，在子产一番坦诚的劝告后也反思了自己，觉得自己在任用人的事情上的确草率了，于是听取了子产的意见，这表现出子皮能虚心听从他人好的建议和懂得反思自己的好品质。通过这件事，子皮认为子产忠诚，就把政事委托给了他，希望子产能更好地为郑国效力，可见子皮是一位心胸宽广的上级。

从他们身上，我们可以学到很多，比如子产的诚恳、睿智和对待事情非同寻常的眼力，还有子皮从善如流的态度和善于反思的品质等。我们要清楚，时代不缺乏优秀的人，而是缺乏不断提升自己品质的人。

31. 守住你的底线

子产却楚逆女以兵

> 子羽曰："小国无罪，恃实其罪。将恃大国之安靖己，而无乃包藏祸心以图之？小国失恃而惩诸侯，使莫不憾者，距违君命，而有所壅塞不行是惧！"

《子产却楚逆女以兵》中的"逆女"是"娶妻"的意思。子产是郑穆公的孙子，虽然出身富贵人家，但是坚持从基层干起，先后辅佐了郑简公和郑定公，有外交智慧和政治才能。

政治联姻一直是各国相互依附或者相互抗衡的手段之一。郑国作为小国，一直受到楚国的威胁，所以采取政治联姻的方式来维护国家的安全。楚国公子围带着伍举和军队来到郑国迎亲，准备趁机拿下郑国。

楚国军队来到郑国城外，子产怀疑楚国不怀好心，派子羽让公子围一行人在城外住下。聘问礼毕后，郑国不想让楚国进城迎亲，于是表示在城外筑坛成亲。公子围认为郑国太过傲慢。子羽直接挑明说本来小国想要大国保护，但是大国却包藏祸心，因而小国就会反抗，不再听大国的命令，其他小国也会因为这件事抗拒大国，大国的地位就不稳定。双方各有各的理，各退一步，楚国垂下箭囊才进了城。

楚国公子围名声不太好，子产拒绝楚国用兵迎亲。这就像老大来小弟家串门，小弟虽然弱但还是有点儿财产，让老大进家门，万一赖着不走怎么办？在双方谈判中，公子围表示自己是来娶妻的，很重视，但是郑国在城外举行仪式没有诚意。对此，子产运用高超的谈判技巧，揭穿了楚国的阴谋，迫使楚国不得不放弃原先的入侵计划。

子产的外交思想救了郑国。在很长一段时间里，楚国一直紧逼郑国，而郑国在楚国的打压下顽强地存活了下来。这是因为他们有自己国家在外交中的底线。外交其实就是拿各国的底线来谈判，如果一个国家的底线没有下限，那就没有什么外交了。底线其实就是原则，小到为人处世，大到治国理政。将底线引申到生活中，我们常听到别人说"你不要挑战我的底线"。一个人没有底线什么都敢干。一个社会没了底线什么骇人听闻的事情都会发生。所以，我们每个人心中都应该存在底线，把它作为处世的原则，才能够抵制许多超越底线的诱惑，安身立命。

32. 克己复礼，仁也

子革对灵王

其《诗》曰："祈招之愔愔，式昭德音。思我王度，式如玉，式如金。形民之力，而无醉饱之心。"

楚灵王就是公子围，他杀了自己的侄子篡位。他在位期间，多次和吴国交战，先后灭了陈、蔡两国，又修建了两座大城，巩固了自己的霸主地位。但是他野心勃勃，贪得无厌，自己国家的根基还未稳固就急着出兵和吴国争夺徐国。子革作为臣下，采用欲擒故纵的方式劝诫灵王。

楚灵王在州来狩猎,和子革聊天。两人三问三答,子革随声附和。在他人以为子革不能劝诫君主时,子革用周穆王因为他人的提醒抑制住了自己的贪欲而善终的故事来劝诫楚灵王。楚灵王知道子革的意思,但终究没有抑制住自己的贪欲,遭了祸难。

楚灵王穿着奢靡,书中说君子要穿着华丽并且穿上披风,但是此时楚灵王内心的骄奢已经在外表上表现出来了。虽然楚灵王在子革劝诫后作揖了,但从楚灵王和子革的谈话中可以看出他只是此时在形式上守规矩罢了。并且,楚灵王在民众心中的形象并不好,虽然尊重大臣,但是并没有得民心,他只是在小事上守礼,一旦涉及自己的贪念欲望就一发不可收,他想要周室的九鼎,想要许国的土地,想要诸侯畏惧自己。但是,即使在知道自己不应该这么做的情况下,他还是不能用道德教化人民,只是用武力和压迫来不断扩大自己的势力,过度使用民力,什么都想要。

人心不足蛇吞象。每个人都有自己想要的东西。在做成一件事后,又想在此基础上得到更多的东西。每个人都会贪心。但是许多人能够克己复礼,抑制自己不合规矩、不合道德规范的欲望。坦荡地承认自己有一些不切实际的欲望,并通过自己的准则来将欲望缩小,把有限的物质欲望转变为无限的精神追求,才是对超出礼制准则的欲望最好的处理办法。

相由心生,境由心造。楚灵王野心勃勃,又不能克制自己,所以自取灭亡。一个人不应该有太多的欲望。克己复礼并不是让一个人没有一丝欲望,循规蹈矩。一个人应该保持一些适宜的欲望来让自己保持前进的动力,但是要时刻注意自己的欲望是否符合实际,注意行事的度。

33. 宽以济猛,猛以济宽

子产论政宽猛

仲尼曰:"善哉!政宽则民慢,慢则纠之以猛。猛则民残,残则施之以宽。宽以济猛,猛以济宽,政是以和。"

《子产论政宽猛》中的子产是春秋战国时期著名的思想家、政治家。他在郑国从政二十多年，政绩斐然，在位时礼法并用，为国为民，不卑不亢，帮助郑国君主治理国家，让郑国在大国之间安然无恙。

人之将死，其言也善。子产在病入膏肓之前叮嘱自己的继承人太叔施政要刚柔并济，宽猛相济。太叔这人心软，又认为自己德行高尚，于是施以宽政，结果国家治安不好。他非常后悔没听子产的叮嘱，于是把盗贼杀了。孔子对子产宽猛并济的治国方式表示赞同，夸赞子产有仁者之风。

"宽以济猛，猛以济宽"是子产从政二十多年的经验总结，这个理念是对当时先秦儒家治国理政的高度总结。用"宽"来助"猛"，用"猛"来助"宽"，二者相辅相成。"猛"是为了预防百姓犯罪，但其实更加侧重于"宽"。宽包含了宽容、宽宥的意思，进一步引申为减轻、放宽。而严就是严格的意思，该罚就罚，该杀就杀。但是，最难的其实是"相济"，也就是如何将二者进行调和。我们总说事物非黑即白，但是这里的宽与严并没有对立，而是相互结合，追求平衡。事情错综复杂，单单用一种极端的方式方法问题往往不能得到根治。

在家庭教育中，要给孩子提供宽松的环境，制定严格的规则。给孩子自主安排时间的权利，但是要求他每天必须完成一定量的学习任务。不把孩子禁锢在死读书中，给他自己合理发展的空间，但是当孩子出现错误的思想和行为时，一定要非常严厉地纠正他的错误。这样，二者相结合，教育孩子目的就达到了。

作为管理者，要在员工入职时就告诉他们公司的规则，除了立规矩之外，也要有一些人文关怀措施，比如带薪休假，或者是定期举行团建活动等。

在日常的学习、生活、工作中，不论我们是什么样的角色和身份，都应该学会宽严相济的为人处世方法。要知道，过于严厉或者过于宽容，都容易走向极端，都不能让事情得到良好的处理。

34. 十年生聚，十年教训

吴许越成

　　伍员曰："不可。臣闻之：'树德莫如滋，去疾莫如尽……于是乎克而弗取，将又存之，违天而长寇雠，后虽悔之，不可食已。姬之衰也，日可俟也。介在蛮夷，而长寇雠，以是求伯，必不行矣。"

　　弗听。退而告人曰："越十年生聚，而十年教训，二十年之外，吴其为沼乎！"

　　《吴许越成》出自《左传·哀公元年》。春秋末年，吴国和越国在互相攻打中成为世仇。期间的一次战争，越国打了败仗，就提出和吴国议和，吴王夫差因为高傲，不听忠臣伍子胥的劝告，掉以轻心，没有把越国一网打尽，后来反而被越国灭亡。

　　越王勾践卧薪尝胆的故事一直被人们传诵，本篇只是这个故事的一个片段，着重写伍子胥对吴王想要答应越王求和一事的劝谏，说到两个重要的看法——"树德莫如滋，去疾莫如尽"和"越十年生聚，而十年教训"，就是想要告诉吴王对待战败的越国应该斩草除根，否则等到越国重新积蓄力量反击吴国的时候后悔都来不及了。事情的结果就像伍子胥说的那样，果然越国在二十年后重新振作，重重回击了吴国。

　　"十年生聚，而十年教训"，指军民同心同德，积聚力量，发愤图强，以洗刷耻辱。越王勾践在失败后能想到主动和吴国议和，暂时保住一点儿生存下去的希望。在忍辱负重的二十年里，越国通过聚集财富和教化人民，逐渐恢复了实力，为了有一天能够一雪前耻，东山再起。事实证明，这种坚持是对的。

　　伍子胥深深懂得不斩草除根，越国厚积薄发后肯定会卷土重来的道理，因为他知道勾践是个乐善好施、平易近人的人，即便暂时打了败仗也不会气馁，并且还举了夏朝少康通过多年的谋划和最后灭亡了过国和戈国，延续了夏朝命脉的例子。不得不说伍子胥是很明智的,但是他的逆耳忠言没有被吴王采纳,最后却被吴王杀害,实在不值得,这也从另一个方面反映了贤臣需要被明君赏识才行,不然都是徒劳的。

历史经验是非常值得借鉴的。当今的世界形势越来越复杂,矛盾也越来越多,一些地方还时有战乱发生,虽然局势相对稳定,但在国与国之间的交往中不能夜郎自大,不能掉以轻心,尤其要重视根除一些危害国家和社会的因素,否则后患无穷。

35. 耀德不观兵

祭公谏征犬戎

穆王将征犬戎,祭公谋父谏曰:"不可。先王耀德不观兵。夫兵,戢而时动,动则威,观则玩,玩则无震。是故周文公之《颂》曰:'载戢干戈,载橐弓矢。我求懿德,肆于时夏。允王保之。'先王之于民也,茂正其德而厚其性,阜其财求而利其器用,明利害之乡,以文修之,使务利而避害,怀德而畏威,故能保世以滋大。"

《祭公谏征犬戎》出自《国语》,是一篇春秋时期创作的散文,作者是左丘明。本文主要围绕周穆王讨伐犬戎一事和祭公谋父对他的劝谏展开。周穆王打算讨伐犬戎,祭公谋父劝诫他要以德服人,反复说明"耀德不观兵"的道理,但是周穆王没有听从他的劝告,劳师动众攻打犬戎,最后只得到四只白鹿和四匹白狼。从那以后,周边的一些少数民族再也不朝拜周天子了。

耀德不观兵,即显示德行而不炫耀武力。祭公谋父对周穆王这样说的目的就是想让他明白:圣明的君王应该光大自己的德政,而不是炫耀武力,用武力去征服别人,早晚会带来严重的后果。

在辅佐周穆王的过程中,祭公谋父提出"以德治国"的政治主张,这是符合周先人的传统的。周穆王要强行攻打犬戎,这是失德的开始。这是一个关于倡导德治的典型故事。

德是一种态度，是一种处世之道，德行好的人往往给人一种如沐春风的感觉。品德差的人对社会来说是没有价值甚至是有害的，如果一个无德的人掌握了领导权，后果不堪设想。

周穆王在位的时候，周王室的势力已经衰微了，按理说他的做法会让西周继续走向衰亡。祭公谋父先是用先王重视德化教育百姓，以德治国安邦才使得周王朝强大而世代相传的例子劝阻他，然后又通过对比武王与商王，周武王发扬前人光明的德行，体恤人民，深得民心，而商王帝辛则恰恰相反，他的暴政使得民不聊生，他没有德行的做法被人们憎恶，最后引火烧身，自取灭亡。

祭公谋父说到这里，其实已经很明确地告诉周穆王，不能随便动用武力讨伐诸侯，一个明智的君王应该懂得壮大自己的实力和巩固地位，分清哪里才是用武之地。显然，周穆王成了周王室治理天下的一个反面教材。相比之下，先王很好地践行了德治，稳定了江山，为后代做了好的示范。

孔子曰："为政以德，譬如北辰居其所而众星共之。"大意就是用德行统治国家的人，就像被很多星星围着的北斗星，散发着光芒。人民拥护和爱戴的肯定是有高尚品格、为人民群众着想的好领导，对于剥削人民和损害人民利益的，人民群众就会厌恶、唾弃他。

通过这则故事，不仅要明白"德"在社会交往中的重要性，还要明白虽然武力是实力的表现，但不是解决问题的首要选择，所以我们要重视培养自己的德行。

36. 防民之口，甚于防川

召公谏厉王止谤

王喜，告召公曰："吾能弭谤矣，乃不敢言。"召公曰："是鄣之也。防民之口，甚于防川。川雍而溃，伤人必多。民亦如之。是故为川者决之使导，为民者宣之使言。"

《召公谏厉王止谤》出自《国语》。文章记述了周厉王施行暴政，导致国人都指责他，召公劝谏他不要阻止百姓指责朝政的过失，但是他非但不听劝，还变本加厉，用很残酷的手段压制百姓的言论，引得百姓十分愤怒，忍无可忍，最后周厉王被国人流放了。

　　周厉王是西周后期最残暴的君主之一。召公就是召穆公，他是周王朝的卿士。周厉王在位期间，他的暴虐统治惹得百姓苦不堪言，怨声载道，召公好心劝告他："百姓都受不了你的行为了。"召公这么说就是希望厉王收敛点儿。他听了召公的话之后很生气，就让卫国的巫师去民间探听关于指责他的言论，还要把批评他的百姓杀掉。百姓知道这件事后就再也不敢说什么了，只能相互用眼神示意交流。

　　百姓因为害怕就没敢再指责厉王，于是他以为自己已经成功封住了百姓的嘴，扬扬得意。他告诉召公："我已经堵住了百姓的嘴，现在没有人敢再说我的坏话了。"召公听了他的话，更忧心了，就跟他讲了"防民之口，甚于防川"的道理，大意是提防百姓的嘴比防备大河泛滥还要重要。周厉王用强硬的手段阻止百姓发表言论，只能让他们暂时闭嘴而已，一旦把百姓逼到了忍无可忍的地步，就会产生意想不到的后果。

　　自古以来，民生问题就是非常重要的，百姓的幸福和利益与国家的兴衰是紧密联系在一起的。可是对待民生大事，厉王像骄纵任性的小孩一样，明明干了错事却不懂得反省，还听不了别人对他的行为的指责，听不进也就算了，还迫害指责他的百姓，百姓生活不好就会对君王和国家失去信心。

　　我们都知道"知错能改，善莫大焉"的道理。知道自己错在哪里，虚心听取别人的批评指正，然后改过来就是好事；如果知错不改，那么也只能一错再错了。厉王就是个一错再错的典型。尽管召公一再强调民意对于治理江山的重要性，周厉王还是左耳进右耳出，或许根本就没有听进去过，他的我行我素最后换来的就是自己被百姓唾弃，然后被流放到偏远地区，臭名远扬。

　　从国家层面来看，统治者必须重视和倾听人民的意见，切实关心和维护人民的利益；从个人层面来看，当我们做了错事受到别人的批评后，应该虚心接受并加以改正，否则会一错再错，误入歧途。

37. 茂昭明德，物将自至

襄王不许请隧

　　叔父其茂昭明德，物将自至，余何敢以私劳变前之大章，以忝天下？其若先王与百姓何？何政令之为也？若不然，叔父有地而隧焉，余安能知之？

　　《襄王不许请隧》中，周襄王继位前不受自己父亲的喜爱，他父亲本来想要废了他立新王后的孩子公子带。周襄王的母亲有齐桓公撑腰，于是周襄王有一个强大的靠山，在齐桓公的帮助下，他成功继位。但是齐桓公去世后，齐国日渐衰弱。周襄王失去靠山后，他的同胞弟弟就篡位了。周襄王被迫逃到晋国并请求晋文公重耳帮助他复位。晋文公觊觎周王室已久，因此想要趁机取代齐桓公在周王室的地位。

　　周襄王准备用土地来赏赐他，但是晋文公表示自己想要"隧"。晋文公所求的"隧"是一种天子才能享用的礼制，他想获得天子的待遇。如果周襄王答应他，那他日后可以使用这一权利来达到扩大势力，取代周王室的目的。周襄王需要依靠晋国的力量稳固自己的地位，并且这事关对晋国的私德，因而不敢直接拒绝。周襄王先用宗法礼制来说理，接着就事论事，说如果晋文公能自己改朝换姓，自己也不会说什么。但是没有做天子，就不能享有天子的葬礼，因为这不合礼法。总之，周襄王暗示自己不会同意晋文公的请求，如果他执意这样，就自己看着办吧。晋文公听后也不敢再请求了。

　　重耳流浪了近二十年之久，即位之后，羽翼并不丰满。晋国旧势力本来计划把重耳杀了，但他在秦穆公的支持下解决了危机。因此，他非常需要扩充自己的势力，稳固自己的地位。晋文公之所以会帮助周襄王复位，是因为在当时，帮助天子可以取信诸侯。晋文公在帮助周襄王复位后，提出享用天子葬礼的要求，其中有看轻周王室的意思。许多诸侯国也会打着尊王的旗号，伺机谋求更大的利益。

　　当时的周王室虽然衰弱，但是周襄王才是名正言顺的天子。对于周襄王来说，如果同意晋文公的请求就是给了他取代自己地位的机会，如此一来只会让自己形同虚设，使周王室成为晋国的附庸。这个无理的要求触犯了周王室的底线，因而周襄王用巧妙的谈话技巧拒绝了他。

晋文公的要求不合理，这是因为他违背了当时的礼制。如果天子还在，诸侯却要求享受天子的待遇，这是不合礼制的。因此周襄王才会说，如果晋文公有德行，也许会享有这种礼制。

放到现在来说，许多人会因为无限的欲望而忘记了礼，看人下菜碟，触犯他人的底线。很多东西，强求不得。如果没有良好的品德，自己所要求的东西超过自己的身份，显然是不合时宜的，就好像一个品德不端、成就不够突出的人要求把最高的奖项给自己，肯定会引起众人的不满。

38. 违背常规必受惩

单子知陈必亡

先王之令有之曰："天道赏善而罚淫，故凡我造国，无从匪彝，无即慆淫，各守尔典，以承天休。"

《单子知陈必亡》这件事发生在东周时期。这时候各诸侯国互相讨伐，很多诸侯国已经不遵守礼制，不顾礼义廉耻，其中陈国就是一个典型。

周定王派单襄公出使宋国，借道陈国顺便去拜访楚国。单襄公路过陈国时看到路边杂草丛生，没有迎宾人，整个国家不顺应发展规律，违背农时，不注重农业生产和国家建设，没有礼法。更过分的是陈国君主和大臣戴楚国时兴的帽子，跑到寡妇夏氏那儿做了荒淫无道的事情。单襄公见到这样的情景，判断陈国即使没有大灾大害也会灭亡。果然，没过几年，陈国君主被夏征舒杀了，陈国也被楚国占领了。

单襄公这个判断有点儿未卜先知的意思。除了这件事情，他还在其他事情上有先见之明。晋楚大战，晋国取得胜利。在庆功宴上，王叔简公一直在贬损别人，夸耀自己。单襄公知道后说简叔已经得罪了其他人，晋国将有大祸。除此之外，有几个人也这样。没过几年晋国就发生内乱。不仅如此，他还判定晋襄公的曾孙周子会成为晋国国君。所有的预言都成真了。

单襄公并不是有什么神力，而是因为所有的先知都是建立在大量敏锐的观察和思考基础上的。单襄公观察细致，能够通过表象总结规律，然后再根据行为是否违背规律判断事情的大致后果。陈国从基层到高层，人人都违背了发展的规律，违背了礼法，因此，灭亡是意料之中的事情。

任何人做了违背常理的事情，都会受到惩罚。有什么样的因，就有什么样的果，什么样的言行举止就会带来什么样的后果。就像人人熟知的揠苗助长的故事，农夫没有按照农作物的生长规律来管理秧苗，违背了秧苗生长的常理，自然没有任何收成。因此，要尊重事物自身发展的规律，明白厚积薄发的道理，坚持学习和思考，才会得到自己想要的结果。

39. 仁者讲功，知者处物

展禽论祀爰居

> 夫仁者讲功，而知者处物。无功而祀之，非仁也；不知而不问，非知也。今兹海其有灾乎？夫广川之鸟兽，恒知而避其灾也。

《展禽论祀爰居》这个故事涉及祭祀的问题。祭祀在当时对于各国来说是一件大事。祭祀的对象主要是那些有功绩、有美德、受人敬仰的人或者供养人们的事物。如果去祭祀没有任何功劳的人或者事物，是不合礼数的，就是滥用祭祀。

有一只海鸟，叫爰居，停在鲁都东门很久。当时人们一看到这种现象就会联想到神。因此，没有了解清楚，臧哀伯的二儿子臧文仲便让百姓去祭祀这只鸟。展禽知道后不赞同这种做法。他先列举了许多的例子，比如黄帝、炎帝、大禹，以及各种对人有利的神或事物，如山神、土地神、大山、大河等，用来证明祭祀以下几种人或事物：对人们有利的人、为国家劳累去世的人、对安定国家有功劳的人、带领国家抵抗灾害和能够抵御外敌的人，除此之外，还有对人们有重大益处的事物。接着，他又说臧文仲没有搞清楚鸟的来历就去祭拜是不明智的，这鸟没有什么功绩就让人祭拜是不仁，还推测了鸟突然来这儿栖息的原因。臧文仲听到后承认了自己的过失。

　　提出这样先进主张的展禽，就是大名鼎鼎的柳下惠，他在臧文仲执政的时候任士师。展禽的论述反映了祭祀这种大事只能针对对人民有功劳的人和对人们有益的事物。海鸟对人民没有任何功德，没有任何功绩却要因为一丝的猜测而祭祀，没有讲究"仁者讲功，知者处物"的原则。

　　祭祀虽然是一件迷信的事情，但是展禽的言论让我们看到了人们对自然的敬畏。

　　当下，有很多人会像臧文仲一样做事。不清楚的事情不愿意主动探究，而是直接按照自己的主观意愿来处理。这样的做事态度是不可取的。仁爱的人，会注重功德；有智慧的人，会注重事情的处理方式。

40. 纳谏不如纳贤

里革断罟匡君

　　　　且夫山不槎蘖，泽不伐夭，鱼禁鲲鲕，兽长麑䴠，鸟翼鷇卵，虫舍蚔蝝，蕃庶物也，古之训也。

　　《里革断罟匡君》出自《国语·鲁语上》。里革是春秋时期鲁国的一位大臣。"罟"是指渔网，"匡"是指纠正，"里革断罟匡君"意思是里革割断捕鱼用的网纠正君王的过错。文章详细介绍了古人对捕鱼猎兽原则的规定，强调不管是捕捞还是狩猎都应取之有时，用之有度。

　　夏天到了，溪水潺潺，鱼虾青荇在清流中漂荡，很多小伙伴都跃跃欲试，鲁宣公也不例外。他在泗水深处撒网捕鱼，结果被里革"训斥"了一顿。里革把他的渔网割断丢到一边，说道："王啊，打鱼捕猎也是讲究时间的，像你这样打鱼可不行啊!"还从"助宣气"(帮助散发地下的阳气)、"助生阜"(帮助鸟兽生长)、"蓄功用"(储存物产,以备享用)和"蕃庶物"(使万物繁殖生长)的角度给鲁宣公讲了一堆道理,说明只有避开鸟兽、水禽繁殖的时期,严格遵守相关原则,才能使它们生生不息,取之不尽,用之不竭。里革说:"到山上砍树不能砍新生的树枝,在林里也不能割取幼嫩的草木,捕鱼时禁止捕抓小鱼,捕兽时要留下小鹿和走兽的幼子,捕鸟时要保护雏鸟和鸟卵,捕虫时要避免伤害蚂蚁和蝗虫的幼虫,这些都是古人给我们的教导,是为了使万物更好地繁殖生长啊。"

孟子说:"数罟不入洿池,鱼鳖不可胜食也。"这也是告诫世人要取之有时,用之有度。但是相比之下,里革所说的"古之训"要比孟子提出的人与自然和谐相处更加完备和具体。里革是中国古代最早注意保护生态环境、维护生态平衡的学者和政治家的典型代表了。

今天我们说的可持续发展也是强调人与自然要和谐相处。每年都会有一段时间封山育林、禁渔出海,这不是不让发展,而是为了更好地发展,更长远地发展。

文章表面上是讲保护生态文明,做到取之有时,用之有度,实际上是臣下对君王行径的批判。所谓托言古训,其实是指出宣公夏季打鱼的时间不对,是一种贪得无厌的行为。里革用古今鲜明的对比以及显而易见的道理,成功劝说了鲁宣公,而良臣匡君,贤主纳谏,也被传为一段佳话。

为什么说"纳谏不如纳贤"?鲁宣公已经采纳了里革的建议,还将渔网收好放在身边以示警诫,但是"藏罟不如置里革于侧之不忘也"。毕竟渔网是死的,人是活的,渔网只能提醒一件事,而人就不同了,所以,收藏渔网不如将里革放在身边时时提醒自己。

41. 忠于职守,勤俭节约

敬姜论劳逸

昔圣王之处民也,择瘠土而处之,劳其民而用之,故长王天下。夫

> 民劳则思，思则善心生；逸则淫，淫则忘善，忘善则恶心生。沃土之民不材，淫也。瘠土之民莫不向义，劳也。

《敬姜论劳逸》出自《国语·鲁语下》，讲述了贵族遗孀敬姜夫人通过对劳逸不同后果的对比分析，以及对前代勤业传统的追述，教育儿子要忠于职守，勤俭节约，警惕和杜绝"淫心舍力"的恶习。

从小父母、老师就告诉我们勤俭节约是中华传统美德，我们应该从身边的小事做起，践行勤俭节约的优良传统。古人不仅将勤俭作为治生的实践方式，还将它与道德修养、国家盛衰等重大命题联系在一起。

公父文伯是鲁国的一位大夫，一日退朝后回到家中，看到母亲正在织布，他就对母亲说："像我们这样的人家，您还织布，就不怕传出去让人笑话吗？"现在，很多人觉得生活水平高了，有钱了就不应该再做那些基本的生计活儿。敬姜很聪明，她没有劈头盖脸地责骂儿子，而是叹息道："鲁国要完了。"为什么呢？因为"僮子"占据着官位，但是他们却不懂得为官的道理。圣明的君主会让他的子民在贫瘠的土地上耕种生活，因为经受过劳苦的人会更加珍惜现有的生活。劳苦会使人想到节俭，节俭会让人产生善心；而安逸只会产生放纵，放纵会产生邪恶之心。敬姜借此告诉儿子：好逸恶劳是滋生放纵腐化、败弃先人基业的根源。

什么才叫勤俭节约？自食其力叫勤，不铺张浪费叫节俭。俗话说做一天和尚撞一天钟是混事，选择做这份工作，自然就要做到各司其职，忠于职守。上到君主，下至平民，只有每个人都做好自己的工作，国家才能发展，社会才能稳定。

我们常说"吃水不忘挖井人"，但实际上能真正践行这句话的人并不多，人们常常在生活得到保障之后就贪图安逸，全然忘记了先辈的努力，所以才有打江山容易，守江山难。打江山容易吗？当然不容易，要不然每个人都可以打江山了，但是相比而言，守江山更难。中国历史上的王朝大多前期君主励精图治，但是后面的君主却看不到繁华背后的腐朽，纵情享乐，最后落得国破家亡。

这篇文章，一是告诉人们在其位就要谋其职，要忠于职守；二是告诫人们莫要贪图安逸，时刻铭记勤俭节约的优良传统。

42. 君子忧德不忧货

叔向贺贫

今吾子有栾武子之贫，吾以为能其德矣，是以贺。若不忧德之不建，而患货之不足，将吊不暇，何贺之有？

《叔向贺贫》选自《国语·晋语八》。文章讲韩宣子忧贫，叔向向他"贺贫"的故事，以此说明"人应忧德之不建，不应患货之不足"，应重视品德修养，修德重于积财的道理。

韩宣子作为晋国的正卿，空有正卿的虚名，没有获得正卿的财产，为此他忧心忡忡："都是正卿，这人与人之间的差距咋就这么大呢？"

这一幕正好被叔向看到，叔向上前开口道："恭喜恭喜！"韩宣子一脸茫然地看着他，问道："我都这样了，你祝贺我什么呢？"叔向说："你看那个栾武子，不也穷得叮当响，连祭祀的礼器都凑不齐，但人家弘扬美德，遵守法制，美名都传到其他诸侯国了，就连戎、狄都来归附他，把晋国治理得那么好。但是再看看郤昭子，虽说是富可敌国，他的家族在三军将帅中占了一半，他骄横跋扈，不可一世，最后落得个'身尸于朝，其宗灭于绛'的下场。

"如今你虽然跟栾武子一样清贫，但我认为你能建立栾武子那样的德业，所以向你道贺。如果你不去忧虑自己能不能建立德业，而是为了钱财不足而发愁，那我吊唁还来不及，又有什么要祝贺的呢？"

所以说人应该"忧德之不建"而不是"患货之不足"，修养自己的德行远比积聚财富重要。清廉是一个人应该坚守的品质，尤其是为官者。叔向认为做官就应该甘于清贫，官德为先，为官忧贫，贪欲必起。

我国自古以来就有重廉、崇廉、促廉的好传统。清正廉洁不仅被视为"国之四维"之一，而且被视为"仕者之德"，无数能臣干吏都把清正廉洁作为自己的从政为官之道。例如，北宋范仲淹官至参知政事，却依然坚守廉素。

近年来，我们国家不断加强反腐倡廉的力度，因为清廉关系到国计民生，纵观我国的历史，凡是吏治严明、官风清正的朝代，必然繁荣昌盛；凡是吏治混乱腐败，官风贪腐堕落的朝代，必然衰败不堪，甚至走向灭亡。为官者只有清廉，百姓才会信任他，政府的威信才会存在，国家的发展才能得到保障。

43. 哗嚣之美，不能宝也

王孙圉论楚宝

圉闻国之宝六而已：圣能制议百物，以辅相国家，则宝之；玉足以庇荫嘉谷，使无水旱之灾，则宝之；龟足以宪臧否，则宝之；珠足以御火灾，则宝之；金足以御兵乱，则宝之；山林薮泽足以备财用，则宝之。若夫哗嚣之美，楚虽蛮夷，不能宝也。

《王孙圉论楚宝》出自《国语·楚语下》，主要记载王孙圉论宝的故事。

文章紧紧围绕"楚宝"展开，通过言语表现了两种截然不同的价值观和生活态度，在不动声色中贬斥赵简子的狂妄虚荣，赞扬王孙圉的镇定自若、正直机警。

如果有人在大庭广众之下侮辱你的国家，你会怎么做？我们先来看看王孙圉的做法。

王孙圉到晋国访问，在定公安排的宴会上，晋国的大夫赵简子佩戴叮当作响的玉饰问王孙圉："你们楚国的白珩还在不在？"王孙圉回答他说："在。"然后这位赵大哥就开始自我炫耀了："其为宝也，几何矣？"是说你们把它当作国宝多久了呀？表面上这是在询问楚国的国宝，实际上是明目张胆地挑衅楚国的尊严。"你们楚国视为国宝的白珩我们晋国的一个普通大夫都能拥有。"这是在变着法儿地嘲笑楚国是蛮夷之地。

王孙圉是一个沉得住气的人，换成其他人怕是早已"磨刀霍霍向猪羊"了。面对赵简子的故意刁难，他先是回答"未尝为宝"，我们从来就没有把它当成宝贝。接着一口气说了楚国的三个国宝：善外交的观射父；明能详述典籍、应付事务，幽能悦鬼神、护楚国的左史倚相；物产丰富的云梦泽。最后来一句："白珩不过就是先王的一个玩物罢了，怎么会把它当作宝贝呢？"这与开头的"未尝为宝"相呼应，言语间锋芒毕露，实在是妙。

接着王孙圉趁热打铁，又从国家的高度阐述他心目中的国之六宝。所举六物——圣人、玉、龟、珍珠、铜铁金属和山林湖泽，既与前文相呼应，又阐述了国家应以什么为宝，为何把它作为宝的治国原则。结尾"若夫哗嚣之美，楚虽蛮夷，不能宝也"则是对赵简子最强有力的回应。"我们楚国虽然是蛮夷之地，但是这种叮当作响的玉佩我们还不至于当成宝贝。"言外之意就是："晋国居然把这种玩物当作宝贝，连蛮夷都不如。"

本文的精彩之处在于王孙圉的回答，一开始避实就虚，不直接回答赵简子挑衅的话，而是细道"楚之所宝"，表明楚国的国宝是于国于民皆有裨益的人才和物产，而不是哗嚣之美，再从国家的角度论述国之六宝。以避为攻，以退为进，环环紧逼，王孙圉不仅维护了自己的人格和国家的尊严，同时也使醉心于个人虚荣的赵简子无地自容。故事告诉我们想侮辱别人的人，只会弄巧成拙，自讨没趣。

44. 忍辱负重，蓄势待发

诸稽郢行成于吴

夫谚曰："狐埋之而狐搰之，是以无成功。"今天王既封殖越国，以明闻于天下，而又刈亡之，是天王之无成劳也。虽四方之诸侯，则何实以事吴？

《诸稽郢行成于吴》出自《国语·吴语》，讲述了越王勾践派诸稽郢向吴国求和的历史事件，目的是为越国强军备战赢得时间。

吴越争霸是春秋历史上最后一出大戏。吴国和越国都是周朝的诸侯国，但吴国的国力远胜于越国。越王勾践便采纳大夫文种的提议，用"约辞行成"

的方式，也就是利用吴王傲慢自大的心理，用卑下的言语去讨吴王欢心，以此求和。越国求和可分三步：第一步，认罪；第二步，感激涕零；第三步，诉苦。其目的很简单，尽量为国家复苏争取时间。

蒲松龄有一副自勉联："有志者，事竟成，破釜沉舟，百二秦关终属楚。苦心人，天不负，卧薪尝胆，三千越甲可吞吴。"上联说的是西楚霸王项羽破釜沉舟，大败秦军，下联说的则是越王勾践十年"卧薪尝胆"最终吞灭吴国的事。

如今，人们常用卧薪尝胆来形容一个人刻苦自励、发愤图强。殊不知，勾践卧薪尝胆也是有前提的，它的前提就是越国低声下气向吴国成功求和。

我们常说要"忍辱负重"，成就伟业的人前期通常遭受过不同程度的苦难和侮辱，试想，如果越国没有"卑微到尘埃"的屈辱求和，越王勾践又如何能够称霸江东呢？遭遇的所有苦难不过是通往成功的阶梯罢了。

什么是"蓄势待发"？有一种竹子生长在中国南方的山林里，从种子萌芽开始，四年的时间只生长了三厘米，在很多人看来，这种竹子不具备任何价值，但是五年后，这种竹子却可以以每天三十厘米的速度生长，只需六周的时间就可以长到十五米高。看似四年它只生长了三厘米，却不知在这四年里，它的根在土壤里延伸了数百平方米，尽可能地吸收水分和养分，为的就是五年后的"一飞冲天"。这种竹子叫作毛竹。

勾践忍受了求和的屈辱，抓住宝贵的和平时期，奋发图强，强军备战，最后称霸江东。毛竹用四年的时间扎根深土，汲取养分，最后逆袭"冲天"。看似绝境，看似无用，但只要抓住时机，经受住生活的磨砺，明确自己的目标，慢慢积蓄力量，一切都有可能。

所以，正视你面临的困难，接受你遭受的屈辱，这些不应该成为妨碍你前进的绊脚石，而应是帮助你成长的阶梯。

45. 忠言逆耳

申胥谏许越成

夫越，非实忠心好吴也，又非慑畏吾甲兵之强也。大夫种勇而善谋，将还玩吴国于股掌之上，以得其志。

《申胥谏许越成》出自《国语·吴语》，紧跟上文《诸稽郢行成于吴》，记载了越国向吴国求和过程中吴国君臣的不同反应。申胥劝谏吴王不要答应求和，但是没有成功。

申胥即伍子胥，是吴国的一位大夫，也是一位忠臣。他清楚地识破了越国卑言求和背后的企图，劝谏吴王夫差不要答应求和的请求，而应抓住时机一举歼灭越国，不能给越国苟延残喘的机会。但是夫差刚愎自用，听不进逆耳忠言，最终被复苏的越国灭亡。

吴国真的比越国强吗？答案是不一定。双方没有歃血定盟，而只作口头约定，越国没有损失一兵一卒就赢得了战争的胜利。表面上越国弱小，却处处主动，吴国虽然强大，却处处被动。由此看来，孰强孰弱还有待进一步探讨。与其说吴王错在答应求和，不如说错在答应求和后没有采取任何措施，放任勾践发展壮大。夫差用亲身经历告诉我们一个道理：即使再坚固的堤坝，如果一直被动地任由敌人侵蚀，那么倒塌就是在所难免的；反之，即使是再弱小的蝼蚁，如果一直主动出击，也能击溃千里长堤。所以，在任何时候都不要让自己处于被动的位置，逆来顺受，任人宰割，而是应该抓住机会，掌握主动权，主动出击。

吴、越两国都有忠臣，越国有文种，吴国有申胥，两人都是有勇有谋的贤臣，但两国的结局却有天壤之别，这是因为两国君主的性格和做法截然不同。一个"盖威以好胜"，一个"好信以爱民"。一个刚愎自用，不采纳臣子的建议；一个虚心纳谏，虚怀若谷。最终的结果是虚心纳谏者战胜了刚愎自用者。这说明能否虚心纳谏既是关系到国家兴亡成败的大事，又是关系到个人前途命运的要事。统治者应当广开言路，采纳谏言，普通人应该虚心接受别人的建议，"有则改之，无则加勉"，勿要刚愎自用，重蹈夫差的覆辙。

有时候，打败你的不是别人，而是你自己；妨碍你成功的不是别人，而是你自己。《诸稽郢行成于吴》中我们说忍辱负重，正视自己所面临的挫折，蓄势待发，抓住机会积聚力量，最后完美反击。而在这篇文章中，我们讲为人要谦逊，忠言虽逆耳，但利于行，巧语虽中听，却祸患无穷。因此，要善于接受别人的建议，学会区分忠言和巧语，最重要的是不要处于被动却不自知，要学会反击，主动出击。

46. 隐公摄政不即位

春王正月

立嫡，以长不以贤；立子，以贵不以长。桓何以贵？母贵也。母贵，则子何以贵？子以母贵，母以子贵。

《春王正月》选自《公羊传·隐公元年》，作者是战国时期齐国人公羊高。文章采用问答的形式对"元年春王正月"逐层进行剖析，阐释了《春秋》所蕴含的尊周大一统的思想，又通过"隐公摄政不即位"这一历史事实，阐明了"立嫡，以长不以贤；立子，以贵不以长"的宗法制度和正名思想。

我们知道孔子创作了《春秋》，但是《春秋》是一本很晦涩的书，全书原文一万八千多个字，却记载了春秋二百四十多年间各国的大事。有一句话叫作"关公勒马看《春秋》"，关羽看了一辈子《春秋》，也没把这一万八千多字研究明白，可见《春秋》的"微言大义"。

后世解释《春秋》的作品中，最重要的有三部，即《左传》《公羊传》和《穀梁传》，其中最有名的是《左传》。《古文观止》第一卷、第二卷都选自《左传》。为什么《左传》最有名呢？因为《左传》主要是记事的，《公羊传》就不是，《公羊传》主要是解释里边的文字的。这两部书，一部偏故事性，一部偏解释、偏学术性。

　　言归正传，本文解释的是《春秋》第一篇中的"元年春王正月"这六个字。"元年"指的是国君摄政的第一年，"春"是指一年的开始，"王"这里指的是周文王。为什么要先说周文王，然后才说正月呢？是因为这里的正月指的是周王朝的正月。

　　为什么叫周王朝的正月？周王朝的正月跟其他王朝的正月不一样吗？还真不一样，因为在那个时候改朝换代是需要重新改正朔的。对此我们仅点到为止，只需要记住《春秋》采用的是周王朝的日历。

　　《春秋》记载的历史从鲁隐公开始，到鲁哀公结束，格式是某年某月发生了什么事。但是为什么《春秋》中没有"春王正月"后边发生的事儿的记载，《公羊传》告诉你，因为那是隐公自己的想法。

　　为何"隐公摄政不即位"？这与周朝的宗法制有关。宗法制的特点是立嫡以长不以贤，立子以贵不以长。古代不是一夫一妻制，男子可以三妻四妾，但正房夫人只有一个，其余的是妾等，地位不一样。妻，也就是正室夫人，其生的孩子叫嫡子。

　　国君如果把位子传给嫡子，那就是谁岁数大传给谁，这叫作"立长不立贤"。如果没有嫡子，就把这个位子传给庶子。这时候谁更尊贵，就把位子交给谁，这叫作"立贵不立长"。这就是嫡长子继承制。

　　鲁隐公和鲁桓公这两位是比谁尊贵而立谁的，也就是说这两个人都不是嫡子，都是庶出。那两个庶子怎么比较谁的身份更尊贵呢？看他们的母亲，即所谓"子以母贵"，鲁桓公的母亲比鲁隐公的母亲地位要高。儿子因为母亲而高贵，母亲又因为儿子而尊贵，这就是"子以母贵，母以子贵。"

47. 小人见厄幸之，君子矜之

宋人及楚人平

　　吾闻之，君子见人之厄则矜之，小人见人之厄则幸之。吾见子之君子也，是以告情于子也。

《宋人及楚人平》出自《公羊传》。"宋人"指的是宋国大夫华元，"楚人"指的是楚国大夫司马子反。这件事发生的背景是楚庄王在邲之战中打败了晋国，成为春秋霸主，过了三年，楚庄王又去攻打宋国。

　　楚宋两国打了很久，也没有分出胜负。楚国只有七天的粮草，楚庄王叫子反去查看宋国的情况，宋国也不约而同地派了华元去打探。古时候打仗时为了打探军情会筑一个高高的山包，叫作土堙。很巧两个人遇见了，还聊上了。华元说军队快撑不住了，子反很奇怪为什么他这么诚实，华元说："君子见别人有难就同情，小人见别人有难就幸灾乐祸。"因为子反是君子，所以自己如实告知。于是子反也实话实说了。子反告知楚庄王说宋国不行了，但是自己要回去了，楚庄王也就跟着回去了。

　　《春秋》是鲁国的史书。这部书有一个特点，就是和其他国家打仗如果打了个平手，是不会记录在册的。这场战争和其他战争有一个不同点：以往求和是君主的意思，但这次是两国大臣为民请命，主动求和并且成功了。《春秋》的另一个特色是"春秋笔法"。这种写法重在隐恶扬善，更多的是记录有利的东西，不利的东西，要么去除，要么写得很隐晦。这篇文章的褒贬体现在它的题目中。"人"在当时的语境中指的是平民百姓，在当时，阶级划分明显，将两位大夫称为"人"，就是在批评这二人越过了君主自作主张决定国家大事。但是文章内容却在褒奖二人为了百姓，用讲和的方式来减少战争给百姓带来的灾祸。

　　《春秋》宣扬的是儒家思想。儒家思想强调民本主义，但同时强调阶级的划分。因此，二人的做法符合民本主义的原则，是仁义、公义的行为，所以才受到表扬，但君是君，臣是臣，越过君主是大忌，所以批评他们为"人"。谈起民本主义和阶级划分，不免会想起程序性要求和人性的问题。楚庄王有一些自大，当他听子反说宋国已经撑不住的时候，最开始是想再试一下，没有求和的意思，如果子反只是遵从楚庄王的意见，那么在遇到华元的时候他就不会谈和，这样一来，二人遵从了当时的程序性要求，但是不曾为民请命，那么两国继续交战，会以百姓为代价并且大概率打个平手。受苦的还是百姓。

　　将这个故事放到我们现在的环境中，不免会想到法律和人情该如何抉择的问题。比如电影《我不是药神》改编自一个男子为了帮助白血病人代购药品被抓的真实故事，在这样的情况下，法律和人情产生了冲突。法律怎么判定我们不能干涉，但是每个人应当知道，法律是为了维持社会秩序由人制定的，失去了人文关怀的法律，就没有存在的意义。

48. 不杀为仁，不受为义

吴子使札来聘

去之延陵，终身不入吴国。故君子以其不受为义，以其不杀为仁。贤季子，则吴何以有君、有大夫？以季子为臣，则宜有君者也。

《吴子使札来聘》中"吴子"指的是吴王馀祭，"札"是指季子。吴国是荒蛮之地，当时许多人并不承认吴国有君王，但是季札的父亲在继位时就称王了。

季子有三个哥哥，但是季子是四个人之中最有才能和道德的人。因而，所有人都希望他当国君。但是，自古都是嫡长子继位，而且当时季子年幼，所以他的三个哥哥商量后就决定采用"传弟不传儿"的方式。三个兄长依次当君主，每个兄长在继位时都祈祷上天让自己快些死掉。最后，第三个哥哥也去世了，但是当时季子在鲁国不肯回来。僚是季子第三个哥哥夷昧的儿子，于是他继位了。季子回来后把他当君主侍奉。他大哥的儿子阖闾看到后不满意，于是杀了僚，这就是历史上的专诸刺王僚事件。但是季子知道后不愿意继位，便到自己的封地去了。

这篇文章选自《公羊传》。《公羊传》是"春秋三传"之一。《春秋》写得简略但是意深，没有注释很多人都不能理解。于是后来就有了《左传》《公羊传》《穀梁传》，即"春秋三传"。《公羊传》的特点就是重在研究《春秋》的用词、造句、释义。所以在阅读这篇文章时会发现文学性没有其他书强。

这篇文章主要在于解释吴国为何有君有臣。古代用伯仲叔季来表示排行，因为季札是吴王寿梦的第四子，所以人们都叫他季子。札就是他的名。古代有一个规则便是不能直呼其名，但对贤良的人、对国家有重大功绩的人和品德高尚的人，人们会直呼他的名字赞美他。前面说了，人们并不承认荒蛮之地的吴国有君主，但是题目《吴子使札来聘》中，君是吴子，臣是季子，有君又有臣，这是因为大家承认季子贤德。他贤在"不杀为仁，不受为义"的美德上。阖闾杀了僚，如果季子答应继位就代表他赞同弑君上位的做法，大逆不道，而且从血缘关系上来说，就是兄弟自相残杀，同室操戈。当时，许多人为了权力，不顾礼仪制度，骨肉相残，弑父杀兄的事情不在少数。因此，在这样的大环境中，季子和其兄长能互相礼让，不争不抢，守礼修德，是值得人们赞颂的。

季子虽然不是君，但是他已经有了作为君主的德行和才能。人们推举他做君主，但是他总是不愿意，这大概是他志不在此吧。有一个知名大学的研究生，有许多重大学术研究成果，深受老师的喜爱和器重。可是毕业后，他选择去小城市当老师，身边所有人都不理解他的做法，认为凭他的才能应该留在学术界堪以重用，但他选择当老师并怡然自得。因此，从另一个方面说，不论别人认为你适合做什么，你都应该坚定自己的志向，坚持选择适合自己的道路。

49. 做事留一线，日后好相见

郑伯克段于鄢

> 段失子、弟之道矣。贱段而甚郑伯也。何甚乎郑伯？甚郑伯之处心积虑，成于杀也。

《郑伯克段于鄢》在《左传》和《穀梁传》中都有记载，这篇选自《穀梁传》。《左传》主要叙述这件事情的起因、经过和结果，注重记录事实，而《穀梁传》是从字的解释和义理层面来讲这件事情，通过自问自答来完成，并不是《左传》那样娓娓道来、高潮迭起的写法。

文章先解释"克"是战胜的意思，然后说段是郑庄公的弟弟，接着批评段不能遵守做弟弟的规矩，但同时也批评郑庄公处心积虑，想要置自己的弟弟于死地的做法。解释"于鄢"是路远的意思。郑庄公追到很远的地方去杀自己的弟弟的做法是错误的，因为爱护亲人才是正确的道理。

自古以来，为了夺权而弑父杀兄的现象一直存在，但这种行为在人们的道德观念中是可耻的、卑鄙的。中国自古以来的主流价值观是让一家人相亲相爱，兄弟姐妹之间要相互尊重，相互帮助。郑庄公和共叔段两人作为兄弟，各自都没有做到各自该做的事，而是各自为了各自的利益互相算计。

　　无论何时，无论自己是什么身份，都应该做符合自己身份的事情。即使和自己的亲人产生冲突，做事也应该留有余地，而不是赶尽杀绝。共叔段在哥哥的纵容下做出篡位的事情。而郑庄公也一样，对自己的弟弟赶尽杀绝。两人的行为不符合仁、礼，他们忘记了自己的身份，因为心中的私欲、仇怨而失去了做事的尺度。在《弟子规》中，有一句话是"弟子规，圣人训。首孝悌，次谨信"，其中的"悌"就是说兄弟姐妹之间要相互尊重，相互扶持。

　　一个家庭中，兄弟姐妹关系是否融洽，关系到这个家庭的兴衰，所谓"家和万事兴"。

　　在中国家庭中，人们也许会遇到一些类似的事情。但是，不论处于何种身份，有什么遭遇，都要时刻注意自己的言行是否违背道德准则和公序良俗，凡事不要做绝，要寻找适度的解决方式。

50. 唇亡则齿寒

虞师晋师灭夏阳

　　荀息曰："此小国之所以事大国也。彼不借吾道，必不敢受吾币。如受吾币，而借吾道，则是我取之中府而藏之外府，取之中厩而置之外厩也。"

　　《虞师晋师灭夏阳》出自《穀梁传》。本文用简洁的语言评述了晋国灭亡虞国、虢国的历史事件，深刻阐明了唇亡齿寒的道理。

　　故事发生在春秋时期。这个时期的特点是什么？那就是诸侯争霸，弱肉强食，小国之间如果不互相依靠很快就会被大国蚕食。虞、虢就是两个相互依赖、相互扶持才得以生存下来的小国。虞公却被晋国送来的宝马和玉璧诱惑，借道给晋国，成为晋国灭亡虢国的帮凶，失去倚仗的虞国五年后也被晋国灭亡，而所收之骏马和玉璧又重新回到了晋国手中。

唇亡齿寒，嘴唇都没了，牙齿能不感到寒冷吗？虢国没了，虞国还能有好日子吗？只可惜，虞公苟且偷生，全然没有忧患意识，他的结局是可以预料的。

荀息说："夫玩好在耳目之前，而患在一国之后，此中知以上乃能虑之。"意思是心爱的东西就在眼前，而灾祸却在虢国灭亡之后，这是中等智力以上的人考虑到的。你完全能把荀息的这句话理解为他是在嘲笑虞公"弱智"，虞公"弱智"吗？有点儿，至少他没有达到中等以上人的智力。生活中有没有虞公这样的人？有，而且还很多。

俗话说，人无远虑，必有近忧。毕竟明天和意外哪一个先到来，谁也说不准。所以，做人做事最好还是三思而后行，不能只顾眼前的苟且、玩乐，还是有必要考虑一下可能遇到的意外。

虞公为什么会灭亡？因为他相信天上掉馅儿饼啊！世人谁不知屈地的马好，谁不识垂棘的玉好？只是虞公做梦也没有想到这馅儿饼中所包藏的祸患，就跟那些想一夜暴富、不劳而获的人一样，尝到一点儿甜头，就沉迷其中，完全不知掉下来的不是馅儿饼，而是陷阱。虞公亡国了，你觉得他可怜吗？可怜，但一切都是他咎由自取。

最后，我们再来聊聊两位臣子。一位是荀息荀谋士，一位是宫之奇"宫跑跑"。为什么要拿他俩做比较？因为他俩的能力不相上下，而做事的风格却迥然不同。一开始晋献公也对送礼借道存在疑问，荀子怎么做的？他循循善诱，一点点地解释，最后说服了献公。再来看"宫跑跑"，他不是"弱智"，他看穿了晋国的阴谋，但是呢，他只说了后果，没有解释为什么。明白地说我已经告诉你后果了，你爱听不听。虢国灭亡之后，他预感大事不妙，带着老婆孩子跑了。试问，如果你是老板，他俩都是你的员工，你会喜欢哪一个？这不是一句玩笑，而是忠告，告诉你为人处世的方法！

最后，简单总结一下：宁做荀谋士，不做"宫跑跑"，更不能成为现实版的虞公！

51. 生前孝，身后忠

晋献公杀世子申生

（申生）使人辞于狐突曰："申生有罪，不念伯氏之言也，以至于死。申生不敢爱其死。虽然，吾君老矣，子少，国家多难。伯氏不出而图吾君，伯氏苟出而图吾君，申生受赐而死。"

《晋献公杀世子申生》选自《礼记·檀弓上》。《礼记》是儒家经典之一，我国古代一部重要的典章制度书籍。本文描写了晋国太子申生甘受骊姬诬陷，在生死与忠孝之间毅然选择后者，以死践行"忠""孝"的故事。

申生是晋献公的儿子，也是晋国的世子。晋献公的爱妃骊姬为了让自己的儿子当上世子，就在献公面前说申生的坏话。献公听了很生气，要杀申生。申生既不解释，也不逃跑，还跑去请求自己的老师辅佐君王，然后就自杀了。

申生为什么选择"等死"呢？在古代，人们讲"父为子纲"，翻译过来就是子女要绝对服从父母，父亲要儿子死，儿子就必须死。荒唐吧？但是在古代，却是再正常不过的。这也是申生宁愿含冤而死，也不愿告诉父亲真相的原因，因为知道真相父亲会难过，儿子让父亲难过就是不孝。那么申生为什么不跑？因为跑出去天下人都会知道他父亲的所作所为，会败坏父亲的名声，也是不孝。

既然都要死了，为什么还要请求老师辅佐君王？因为他不仅仅是儿子，还是晋国的世子、献公的臣子。"君为臣纲"，臣子的义务就是辅佐君王，安定国家。不管是"父为子纲"还是"君为臣纲"，申生都做到了"孝""忠"。抛开那些陈旧迂腐的观念，申生的身上仍有很多值得我们学习的地方。

第一点是"孝"。当然不用像申生那样以死尽孝，毕竟时代不同，孝的方式也已经改变，但是孝的内涵却是相同的。孝敬父母，首先要做到尊重，其次是关爱。"树欲静而风不止，子欲养而亲不待。"我们在慢慢长大，而他们却在一点点地老去，趁时间还来得及，多陪陪父母，陪伴也是一种孝道。

第二点是"忠"。孝是对父母，忠是对国家。热爱国家，热爱人民，不应只是一句口号，而应落实到具体的行动中。爱国很难吗？为国捐躯是爱国，心系祖国、心系人民也是爱国。爱国不难，但贵在有心。

忠孝本是中华民族的优良传统，时代可变换，忠孝不可变。

52. 君子爱人以德

曾子易箦

> 君子之爱人也以德，细人之爱人也以姑息。吾何求哉？

《曾子易箦》选自《礼记·檀弓上》。曾子，姓曾，名参，字子舆，春秋末年鲁国人。本文讲曾子在生命的最后时刻仍一丝不苟地遵守礼仪的事情。

周朝是一个礼制等级非常严格的朝代，大到国家制度，小到生活用的锅碗瓢盆，每一样都有等级的烙印。那个时候，什么人用什么东西，说什么话，都是有讲究的。这个"讲究"就是礼。

诸子百家中哪个学派最重礼？道家？法家？还是墨家？都不是，是儒家。想当年孔子周游列国，为的就是宣扬礼制。曾子作为孔子的得意门生，儒家学派的代表人物，自然也是一个视礼仪重于生命的人。

文章简短，讲的故事也很简单，说的是曾子病了，而且很严重。他的学生和儿子正默默地陪他走完人生最后的时刻。这时，一个家童突然说道："这席子这么精美，这么光滑，是大夫级别的官员才能用的吧？"曾子一听，急了，心想自己只是个士，比大夫低一级，真是病糊涂了，居然僭越了都不知道。既然现在知道了，那就必须得换回来才行。于是曾子不顾儿子的劝阻，毅然决然地要求换席子，席子换好了，可曾子还没躺下就去世了。

曾子身体力行地告诉我们一个道理——遵守礼制，当然，我们得与时俱进，在今天我们得说遵纪守法，遵守道德。俗话说："没有规矩，不成方圆。"在学校要遵守校纪校规，在生活中要遵守法律法规，为人处世要符合道德习俗。但这些都是别人告诉你的，你真的知道为什么要那么做吗？

因为世界上没有绝对的公平，如果没有法律，很多人连基本的生存都得不到保障；如果没有完备的法律体系，有钱有势的人就会为所欲为，逍遥法外，而底层的人只会生活在水深火热之中；如果没有道德的约束，社会会混乱，人类也有可能走向灭亡。道德与法律只是在尽可能地维护这个世界的公平与秩序，保证人们的生存与发展罢了。

我们为什么需要模范？每年都要评选各种各样的"时代楷模""最美人物"，是因为我们的生活需要"明灯"指引。古代遵守礼制的人很多，为什么我们要向曾子学习？因为曾子是一个将礼制刻到骨子里的人，他就是那个时代的模范人物。

以楷模为榜样，向模范学习，从古至今，这一点都是一样的。人人遵纪守法，人人恪守礼仪，世界才会越来越好。

53. 透过现象看本质

有子之言似夫子

有子问于曾子曰："问丧于夫子乎？"曰："闻之矣。'丧欲速贫，死欲速朽。'"有子曰："是非君子之言也。"曾子曰："参也闻诸夫子也。"

《有子之言似夫子》选自《礼记》。《礼记》除了记载儒家教学经典和先朝制度，也记载了孔子及其弟子的言行。这个故事里的主角分别是有子、曾子和子游。

有子和曾子讨论夫子是否讲过"丧欲速贫，死欲速朽"这句话。有子认为夫子肯定另有所指，而曾子一直强调自己亲耳听到过，并且拉子游来为自己做证。子游夸赞有子的言行像夫子那样，确定这是夫子讲过的，并且分析"死欲速朽"是针对桓司马做了一口奢靡的棺材的事，"丧欲速贫"是针对南宫敬叔身居要职却行使贿赂这件事。

"有子之言似夫子"的意思是"有子的话确实很像夫子"。于是弟子们在夫子死后为了悼念夫子，推有子为师。一次，有子没有回答出一个问题，于是就从老师的位置上降了下来。不能否认的是，有子作为孔子的弟子，也不是普通人。

　　从三个人的对话中，我们能看出三个不同的分析问题的角度。曾子照搬照抄，听到什么就是什么，不会主动思考，有些愚钝。子游就事论事，根据已知事实来对这句话进行分析，没有简单判断问题的对错，而是分析夫子为什么要说这句话。有子不知道具体的事实，尽管曾子一直强调这句话就是夫子说的，但他却坚信这句话是夫子另有所指，始终坚持自己的看法。有子比子游更厉害的一点是，有子能根据夫子生前的行事作风、言行举止全面分析问题。

　　那有子是如何判断的呢？孔子在做中都宰时定下棺厚四寸、椁厚五寸的规矩。棺和椁有什么区别呢，其实就是棺材外面还套一个棺材，内包装和外包装的区别。把尸体包这么厚，说明孔子并不认为人死后要快些腐烂。另外一件事是春秋时期，人才流动频繁，孔子这样有才能的人也是经常跳槽的，他在鲁国失业后多次派弟子去楚国全面考察，然后才提出入楚的想法。有子从一开始就怀疑其真实性，敢于否定，不随便附和他人。

　　我们在做事情的时候，可以向有子学习看待事情的角度和方法，不能断章取义。眼见不一定为实，耳听也不一定为虚。辩证地看待事情，不要只看部分不看整体，透过现象看本质。全面客观地联系事物来看待问题，能帮助我们避免许多矛盾和冲突，提高自己的格局。

54. 把眼光放长远

公子重耳对秦客

　　子显以致命于穆公。穆公曰："仁夫，公子重耳！夫稽颡而不拜，则未为后也，故不成拜。哭而起，则爱父也。起而不私，则远利也。"

　　《公子重耳对秦客》中的主人公重耳因为被骊姬陷害在外流浪多年。他的父亲晋献公去世了。秦穆公不怀好意地派人去找重耳，慰问并传话给他。

秦穆公派人去重耳那里进行吊唁并且劝说重耳趁此机会回国夺位。重耳不知道如何处理，向舅舅子犯请教。舅舅告诉重耳："现在在外逃亡一无所有，仅有对父亲的孝心，如果此时回去，各方诸侯都会责备重耳不守孝道，失去人心。"重耳听舅舅这样一说，觉得有道理，便辞谢了秦穆公的使臣。秦穆公听到重耳这样做，便夸赞他是个仁人。

晋国的君主去世，秦穆公为什么要插一脚，并且吊唁没去晋国，而是找了流亡在外的重耳？其实，他是想趁此机会扶持重耳上位，以此来扩大秦国的势力。虽然重耳被秦穆公夸赞有孝心，但是重耳是听从了自己舅舅的意见，这说明一开始他便心动了，只是在权衡利弊后发现此时不是回晋国夺权的好时机，所以他对秦国的一套说辞有着表演的成分，并不是百分之百的孝心，这也是政客的一种行事方法。

文中有一个有意思的细节：重耳对秦穆公派来的使臣只叩头，没有拜谢，这是什么意思呢？在春秋时期，家里的前辈死了，在葬礼上，有人来吊唁，作为继承人要叩谢。而这个礼包括两部分，一个是稽颡，一个是拜。这两个礼都做完才是完整的礼节，重耳没有做完，说明他没有以继承人自居，就是此时不想回去继位的意思。

重耳这人，也是一个人才，他后来回到了晋国成为晋文公，是春秋五霸中与齐桓公齐名的第二位霸主。重耳能够听从自己舅舅的意见，也不是每个人都能做到的。

另外，秦穆公有些不够真诚。如果他真的敬佩重耳，就不应该派人怂恿重耳去夺位。子犯作为晋国的臣子可以想到的事情，秦穆公作为一国之君肯定也想得到。他为什么要这样假惺惺呢？因为他是政治家，政治家行事自然要"表演"一番。

我们在做事时，要认识自我，拿不准主意的时候应主动向他人寻求意见，客观理智地分析之后再采取处理方式。重耳就是在分析之后发现弊大于利而拒绝了秦穆公。每个人都要对自己有一个清晰的定位，并且不要拘泥于眼前的小利，要把眼光放长远，做有把握、更值得做的事情。

55. 学会让他人愿意倾听意见

杜蒉扬觯

曰:"调也,君之亵臣也,为一饮一食,忘君之疾。是以饮之也。""尔饮,何也?"曰:"蒉也,宰夫也,非刀匕是共,又敢与知防,是以饮之也。"

《杜蒉扬觯》选自《礼记》。知悼子在出使齐国的路上死了。晋平公是晋文公的儿子,虽然继承了雄厚的家业却不务正业,沉迷玩乐,剥削百姓。乐师师旷和膳宰杜蒉深得晋平公的重视。

知悼子还没有下葬,晋平公就开始饮酒作乐了,身边有师旷和李调陪着。杜蒉知道后进入寝宫,先斟了一杯给师旷喝,接着给李调一杯,最后自己在堂上朝北跪下,喝了一杯酒,然后啥也不说,甩甩袖子就跑出去了。晋平公心里好奇啊,就把杜蒉叫回来问他的用意。杜蒉回答说:"师旷和李调一个作为乐官,一个作为近臣,不对君主进行劝诫,该罚。而自己作为一个厨子,不好好做饭,却参与进谏的事情,更该罚自己。"晋平公一听,确实在理,承认自己也有过失,也喝了一杯。

晋平公喝完杜蒉拿给他的酒之后,对旁边的侍卫说自己死后不要扔掉这个杯子,以警示以后的子孙。现在,在酒桌上,大家敬酒的时候都会一起把酒杯高高举到头顶,这个举动就是"杜举"。而这个词就是从这件事里来的。杜蒉给三个人斟酒,是为了劝诫他们,但现在许多人敬酒变成了灌酒,这一点是非常不好的。酒可以调节人们的关系,但是饮酒还是适可而止比较好。

从这件事可以看出,杜蒉是个善于提意见的人。他守本分,知道自己直接劝诫不行,于是故意让晋平公好奇来问自己。他明白,如果直接指出晋平公的不是,晋平公未必会接受,于是采取了一个巧妙的方法。

很多时候,我们直截了当地指出别人的错误,对方可能会生气并对你有不好的印象。但如果先引起他的好奇,让他主动来问你,产生愿意倾听的意愿，那你的建议就很容易被他人接受。和领导进行沟通也是一样的道理，如果你直接说领导哪儿做错了，估计你的上司心里也会不舒服。

"明知不可为而为之。"杜蒉明明知道劝诫这事不是自己这样一个小厨子该干的事，却仍旧坚持这样做。如果杜蒉直接劝诫，碰上晋平公的心情不好，估计就被治罪了。当时杜蒉也知道自己会面临这样的问题，但还是敢这么做。这或许有点儿违抗天命的意思，但把这份执念当作信念，再用正确的方式处理事情，也就会少了很多麻烦。何乐而不为呢？

56. 善颂善祷

晋献文子成室

张老曰："美哉，轮焉！美哉，奂焉！歌于斯，哭于斯，聚国族于斯！"文子曰："武也，得歌于斯，哭于斯，聚国族于斯，是全要领以从先大夫于九京也！"

《晋献文子成室》出自《礼记·檀弓下》。文章讲述了晋国的赵文子新房落成，晋国的大夫前来祝贺的故事。

相比于前面的文章，这篇文章很简练，全文七十七个字，但却把事情的前因后果讲得很清楚。开头说文子的房子盖好了，晋国的大夫们前来祝贺，中间就只讲张老的祝贺和文子的回复，最后是君子对这件事情的评价。

盖了个房子别人前来祝贺，这有什么好称赞的呢？如果是普通的祝贺，诸如"恭喜恭喜""房子真好看""文子有出息"之类的陈词滥调，没有一点儿新意的祝词当然不会流传下来，更不会写入史书中了。可见张老祝词的与众不同。

怎么个与众不同？在说祝词之前，我们先来认识一下新房的主人——赵文子。他是晋国的正卿，但他的身世却有点儿特殊。有出京剧叫作《赵氏孤儿》，里面那个孤儿正是赵文子，赵武。

张老的祝词"美哉，轮焉！美哉，奂焉！"就不用解释了，成语"美轮美奂"就出自此处。这是称赞房子的，没什么特别的新意，重点是后面说的。"歌于斯，哭于斯，聚国族于斯！"不是说要在房子里唱歌寻欢作乐，而是古代祭祀需要唱词，故名"歌"，全句翻译过来就是"在房子里祭祀唱诗，在这里居丧哭泣，在这里宴请国宾，宗族聚会"。再简单一点儿就是"你，赵武，要像这座房子一样，好好活着，并且漂亮地活着"。这也符合赵武赵氏孤儿的身世，是希望赵氏一族以后能够兴旺发达。赵武也聪明，听出了其中的深意，回答："我一定好好活着，不死于非命，等寿终正寝才到黄泉跟祖先团聚。"

不得不承认，张老的祝词的确别具一格。话虽反着说，但情意却比单纯的祝福和简单的称赞更深沉。这便是说话的艺术，语言的魅力，也是我们需要学习的地方。为什么在生活中，有些人能力不如你却比你更受欢迎，往往是因为他比你更会说话，我们说人与人的交往，贵在真诚，但如果你连基本的交流都不会，别人又怎会了解你的真心呢？与其感慨自己的真心错付，不如多读点儿书，提升一下说话的本事。毕竟肚子里没点儿墨水，也说不出什么东西来。

57. 头悬梁，锥刺股

苏秦以连横说秦

> 苏秦曰："嗟乎！贫穷则父母不子，富贵则亲戚畏惧。人生世上，势位富厚，盖可以忽乎哉。"

《苏秦以连横说秦》出自《战国策》，主要讲述了战国时期纵横家苏秦向秦王献连横之策，秦王没有采纳，于是苏秦发奋学习纵横之术，最终成功说服赵王，当上赵国宰相，并以功名显耀天下的故事。

纵横家在战国时期很多，他们的主要工作就是在各国之间游说，帮助各国获取利益。苏秦是战国时期纵横家的代表人物，他生于乡野，家境贫寒，早年跟随鬼谷子学习纵横之术，深得其精髓。游说秦王失败之后，苏秦便奋发苦读，钻研纵横之术，成语"头悬梁，锥刺股"说的便是苏秦。

苏秦的什么精神最可贵？"头悬梁，锥刺股。"此外，苏秦从哪里跌倒就从哪里爬起的精神也值得称赞。很多人做一件事失败了，要么放弃，要么怨天尤人，但苏秦游说秦王失败后，既不放弃，也不抱怨，只说了一句"这一切都是我的错"，然后便开启了"头悬梁，锥刺股"的征途。

一年后，他终于领悟了纵横的要领，转变思路，连横不行就合纵，他跑去找赵王，两人一拍即合，苏秦还被拜为赵相。这说明什么？说明失败并不可怕，要懂得从哪里摔倒就从哪里爬起来，不要抱怨，因为抱怨除了消磨人的意志外，没有任何实质性的作用。人还要学会变通，有时候学会变通远比一根筋的固执更宝贵。

然而文章最令人唏嘘的地方不在于苏秦连横失败，而是成功前后家人对他态度的天壤之别，就像苏秦自己讲的"贫穷则父母不子，富贵则亲戚畏惧"。穷困潦倒的时候连父母都不把你当成儿子，当你飞黄腾达的时候连亲戚都会对你卑躬屈膝。前后差别对待的根源在哪儿？在于你是否有钱有权有势。苏秦嫂嫂的前倨后恭，归根结底只是因为"以季子位尊而多金"。可笑吗？可笑，但这就是事实。

两千多年前的战国，处于奴隶社会的人们崇尚金钱和权贵，轻视贫民和无权者。两千多年后的今天呢？很可惜，这种现象依然存在。如今人们依然追求名利和权势，较之先人，有过之而无不及。今天的社会更为发达，追求的东西也更加丰富，方法也更加多样。多少人，罔顾道德与法律，只为追求名利，在他们的潜意识中，有钱有权才叫出人头地，才能光宗耀祖，才能赢得尊重。追求功名没什么错，但千万不要将名利当作评判人的唯一标准。

58. 一举而名利双收

司马错论伐蜀

臣闻之："欲富国者，务广其地；欲强兵者，务富其民；欲王者，务博其德。三资者备，而王随之矣。"

《司马错论伐蜀》选自《战国策·秦策》，记述了张仪和司马错关于"伐韩"还是"伐蜀"的争论，最终秦王采纳司马错的提议"伐蜀"，实现名利双收的故事。

　　张仪和司马错的提议各有什么特点？张仪主张"伐韩"，一方面是因为蜀地是穷乡僻壤，即使攻打下来秦国也不会威名远扬，不如攻打韩国，还能声讨周王，"挟天子以令诸侯"，可谓是功大利近，但却无名也无利。而司马错主张"伐蜀"，一来是以当时秦国的实力去攻打蜀地简直就跟捏死蚂蚁一样，很容易；二来蜀地并入秦国的疆域，对秦国百利而无一害，一箭双雕，名利双收。

　　最终秦惠王采纳了司马错的提议，并一举攻破蜀地。

　　抛开最后的结果，换成你，你会怎么选？他俩一个强调功名，一个强调功利。一个觉得应该干一些大事，威名远扬，让其他国家也看看秦国的实力；一个觉得做事应该一步一个脚印，不能急功近利。

　　司马错认为："想使国家富裕，必须开拓国家的疆土；想使军队强大，必须使人民生活富足；想建立帝王之业，就必须广泛地实施德政。只有这三者都具备了，王业才能建立。"这也从另一个方面说明：要想成就一番伟业，就必须一步一个脚印，做好各方面的准备。如果只是单纯地追求名利的广施德政，肯定是干不成大事的。

　　试想，如果当时秦国真的如张仪所说的那样"挟天子以令诸侯"，先不要说能不能实现"天下莫敢不听"，就是连周朝的礼制也无法容忍这样的行为，在秦国的铁骑踏破六国之前，秦国就已经淹没在六国人民的唾沫中了。

　　所以，想要成就一番伟业，想要做成一件大事，就先不要想那些虚无的东西，什么功名，什么声誉，这些在你成功之后都会得到，何必为了争一时之气而置自己于不利的地位呢？不如静下心来，提升自己，细心谋划，脚踏实地地一步步向前走，这样的成功更有意义，也更有价值。

59. 交浅何以言深

范雎说秦王

  下惑奸臣之态，居深宫之中，不离保傅之手，终身暗惑，无与照奸，大者宗庙灭覆，小者身以孤危。

  范雎本来是魏国大夫须贾的门客，没有得到重用。并且范雎还被人诬陷买通齐国，差点儿被打个半死。于是他化名张禄逃到秦国。秦昭王知道他的本领很强，非常欢迎他，想要得到他的指教。
  秦昭王恭恭敬敬地接待范雎。秦昭王请教了三次，范雎都应付了事。秦昭王很疑惑："怎么先生还是不肯教我？"范雎道歉："不是这样啊！"然后他举了姜太公钓鱼遇到周文王，二人推心置腹，周文王后面成就了一番大事业的例子，他直言和秦昭王交情不深，但要说的又是推心置腹的话。另外，还举了五帝、三王、春秋五霸等贤人的例子，说自己不怕死，又把自己和伍子胥做比较，说自己不怕流亡，自己也不怕羞辱，但是担心死后带来不好的影响。他人见到自己尽忠死了，那就不会再有尽忠的人了。而秦昭王听完很是感动，他感谢范雎的教导。于是二人互相拜了拜。
  秦昭王对范雎行的礼刚开始是"跪"，跪在地上但是屁股是坐在两条腿上的，这个礼节不是很隆重。后面他看不行了，得放大招儿，于是换了一种礼节，就是"跽"。跽在跪的时候要直起身子，也是一种请求的礼节，比"跪"更加隆重。
  看完这个故事，你会说范雎好一个欲擒故纵，直接答应了没意思。如果范雎直接把自己治国理政的方法全盘说出，估计秦昭王还会衡量一下这件事，不一定会答应，而范雎也有可能会因为惹怒秦昭王，不仅工作没找到，还搭了小命。所以他和秦昭王铺垫了这么一大段，就是要吊秦昭王的胃口。范雎的沟通技巧是值得我们借鉴的。只要初心是好的，套路一下也是没问题的，甚至让事情更容易得到解决。

范雎讲姜太公和周文王头一次就推心置腹，这其实和中国的一句老话——"交浅不言深"不太一样。不过姜太公和周文王算是一个特例吧，毕竟姜太公说得很在理，周文王也需要这样一个得力的助手。打个比方，你和一个不太熟的人碰巧遇见，按照中国的礼节肯定是要寒暄一下。范雎和秦昭王一见面，秦昭王很客气，范雎就想把自己的治国策略告诉他。所以，范雎前前后后做了这么多铺垫，就是为了自己能和秦昭王交心。

在和他人交流的过程中，要记住"交浅不言深"这句老话，毕竟前人还是很有智慧的。学一学范雎，人熟悉后，在提建议时欲擒故纵，使双方更容易交流，目的更容易达到。

60. 兼听则明，偏信则暗

邹忌讽齐王纳谏

"群臣吏民，能面刺寡人之过者，受上赏；上书谏寡人者，受中赏；能谤议于市朝，闻寡人之耳者，受下赏。"令初下，群臣进谏，门庭若市；数月之后，时时而间进；期年之后，虽欲言，无可进者。

《邹忌讽齐王纳谏》是一篇说理性的文章，选自《战国策》。全文层次分明，生动有趣。文章讲的是主人公邹忌向齐王进谏，齐王广开言路的故事。

邹忌是齐国的丞相，有辩论的才能。有一天邹忌穿戴整齐之后照镜子，觉得自己长得不错，于是问妻子自己和徐公谁美。要知道徐公可是齐国赫赫有名的美男子，美貌是全国公认的。邹忌的妻子说他更美。他接着问了小妾和客人，他们都说邹忌比徐公美。邹忌晚上睡觉的时候就想：明明徐公更美，可为什么她们都说自己比徐公美？即便这样，他还是有自知之明的，于是恍然大悟，知道妻子爱自己，带了滤镜，情人眼里出西施嘛；小妾是因为怕自己；客人是因为有求于自己。邹忌这样一想，那君主齐威王比自己受的蒙骗还要多。于是他向齐威王进谏，把自己的事情告诉齐威王，说国家里没有谁不附庸王上。齐威王听完后觉得有道理，于是下令让群臣百官来给自己提意见，根据意见的形式给予不同的奖赏。大家一听，指出错误还能领赏呢，于是纷纷进谏，一年后，就没人能提出问题了。

邹忌确实很有才能，在自己身上发生的事情，可以举一反三，并且引申到君主的身上，确实是一个忠君爱国的人。他在晚上睡觉前想自己的事情的时候还担心上司。话说回来，像邹忌这样的臣子也是不多。邹忌有自知之明。虽然身边的人都夸他比徐公美，但是他心里有数，又敢向君主进谏。现在的人都喜欢听好话，很少有人会真的喜欢指出自己哪里做的不对的人。所以，邹忌很幸运，有个能够倾听下属意见并采纳下属建议的上司。

齐威王确实是个明智的君主，知道忠言逆耳的道理。"门庭若市"这个成语也是出自这里。齐威王听了邹忌的劝诫，能够从善如流，广开言路，虚心采纳意见，颁布的这道命令可以说是史无前例的。更可贵的是，不但不罚，还奖励，也难怪其他国家都纷纷效仿这一做法。

兼听则明，偏信则暗。这个道理浅显易懂，但是真正能够做到的人很少。每个人多多少少都有缺点，如果能像邹忌和齐威王那样，能够自我反思，相信会对你有所帮助。

61. 清静贞正以自虞

颜斶说齐王

颜斶辞去曰："夫玉生于山，制则破焉，非弗宝贵矣，然太璞不完。士生乎鄙野，推选则禄焉，非不尊遂也，然而形神不全。斶愿得归，晚食以当肉，安步以当车，无罪以当贵，清静贞正以自虞。"

《颜斶说齐王》选自《战国策》。当时，许多人劝说隐士在朝为官，以此来谋求富贵。有人动摇，也有人不慕名利，洁身自爱，比如颜斶，他是齐国隐士，在齐国的名声很好。齐宣王非常钦佩他，便把他召进宫来。

颜斶来是来了，但是停在殿前就不走了。齐宣王让他走到跟前来，颜斶居然说："大王你走到我跟前来。"所有人都懵了，问他怎么回事。颜斶说，他走到大王跟前就是趋炎附势，大王走到他面前是礼贤下士。齐宣王很生气地问他君主和士谁更尊贵。颜斶说自然是士尊贵，列举了两件事。一个是以前秦国攻打齐国时，秦国下令不准到柳下惠坟墓前五十步以内砍柴，又下令说谁砍下齐王的头就封为万户侯。齐宣王知道自讨没趣，表示希望能够拜颜斶为师，还会给他最尊贵的礼仪。颜斶不愿意，拜了拜齐宣王就回家去了。

当时的人估计都挺好奇颜斶的想法。齐宣王亲自承诺他可享太牢，就是用猪、牛、羊祭祀，当时最高规格的祭礼等级，允许他出门坐车，颜斶说自己慢慢走路，抵得上坐车了，还可以锻炼身体。这就是成语"安步当车"的出处，现在除了本义还有不贪慕荣华富贵、甘于贫穷的意思。颜斶在拒绝的时候做了一个比喻，说玉石经过琢磨后就不宝贵了，而自己愿意回家过并不富裕的生活，虽然贫穷，但是自己清净不染，节操正直，怡然自得。

要向颜斶学习这种干净正直、洁身自爱的高尚品质。颜斶说的道理没错，但是争辩要分人。颜斶敢和齐宣王争辩，是因为他了解齐宣王，并且无欲无求，不想要讨什么荣华富贵。

62. 市义

冯谖客孟尝君

"臣窃计，君宫中积珍宝，狗马实外厩，美人充下陈。君家所寡有者以义耳！窃以为君市义。"孟尝君曰："市义奈何？"曰："今君有区区之薛，不拊爱子其民，因而贾利之。臣窃矫君命，以责赐诸民，因烧其券，民称万岁。乃臣所以为君市义也。"孟尝君不悦，曰："诺，先生休矣！"

《冯谖客孟尝君》选自《战国策·齐策》，记叙了孟尝君礼遇食客冯谖，冯谖知恩图报，为孟尝君出谋划策，奔走效劳，经营三窟，最终使孟尝君既得美名，又得实际利益的故事。

战国是中国历史上最为动荡的一个时期，当时各统治集团为了维护和扩大自己的权益，大力搜罗人才，培植亲信，以至"养士"之风盛行一时。战国著名的养士者便是战国四公子,即齐国的孟尝君、赵国的平原君、魏国的信陵君,以及楚国的春申君。

冯谖是齐国孟尝君的门客,也是孟尝君最为器重的门客之一。这位门客在穷困潦倒的时候投靠了孟尝君,如果只看冯谖不好的一面,想必绝大多数的人都会恨得牙痒痒,恨不得将他逐出门去,但就是这样一个啥也不干,要求还多的人却受到了孟尝君的礼遇。事实证明,当你以善意待人的时候,别人也会报之以善意。受到孟尝君优待的冯谖开始为孟尝君尽心效力,也开始展示他作为谋士的才华。他四处奔走,为孟尝君经营三窟,使孟尝君重得国君重用。孟尝君可以"为相数十年,无纤介之祸",和冯谖一直在为他出谋划策是分不开的。

冯谖为孟尝君经营三窟的故事为后人津津乐道,但在这三窟中毫无疑问最为精彩的是第一窟——薛地。冯谖为孟尝君在薛地市义,顾名思义,"市"就是买的意思,"市义"就是买义。冯谖为什么要为孟尝君市义?简单来说,就是为孟尝君留了一条退路。

我们常说世事无常,你永远不知道明天会发生什么。孟尝君虽说受国君器重,家财万贯,但是他却只有薛一个封地,冯谖薛地市义,散的是财,而且那点儿财对于孟尝君来说只是九牛一毛,但是他却为孟尝君赢得了薛地百姓的拥护。事实证明,冯谖的做法很有远见,也很正确。

《大学》中说:"财聚则民散,财散则民聚。"施恩于民,善待百姓,才会受到百姓拥护和爱戴。冯谖散的是小利,收获的却是民心,这绝不是金钱可以比拟的,可以说他为孟尝君留的这条退路,后来帮了孟尝君大忙,这是千金难买的。

63. 苟无岁,何有民?苟无民,何有君?

赵威后问齐使

使者不说,曰:"臣奉使使威后,今不问王而先问岁与民,岂先贱而后尊贵者乎?"威后曰:"不然。苟无岁,何有民?苟无民,何有君?故有问舍本而问末者耶?"

《赵威后问齐使》选自《战国策·齐策》,文章记叙了赵威后与齐国使臣的一次谈话。文章通篇只记言,以问答的方式展开,通过赵威后的言语,成功刻画出了一位洞悉国内外政治民情、明辨是非、赏罚分明的女政治家的形象。

用大名鼎鼎一词来评价历史上的赵威后一点儿也不夸张。赵威后即赵惠文王的王后,赵孝成王的母后。公元前266年,惠文王去世后,由于赵孝成王年纪尚轻,刚刚三十出头的赵威后一度临朝听政。她是一个很能干的女人,她的能力可以跟唐代的武则天相提并论。她重视民生,体恤百姓,因而威信大增,在短暂的三年听政期间为赵国获取了很多利益,使虎视眈眈的秦国不敢妄动。

《战国策》中的名篇《触龙说赵太后》里的赵太后指的也是赵威后。

当然,今天我们要学习的是她的政治主张——苟无岁,何有民?苟无民,何有君?在战国那个混乱动荡的时期,很多思想家针对君主与百姓的关系提出了各式各样的主张,比如儒家的代表人物孟子就提出了"民贵君轻"的主张。思想家给君王提出建议,甚至为其制订实施的具体方案,但却无法代替君主做出决定,采纳与否,实施与否,都取决于君王个人。在统治阶级中,像赵威后这样有君民意识的人是十分罕见的。

赵威后这种民为本,君为末,不可舍本逐末、本末倒置的政治主张,也正是她对内将赵国治理得很好、对外抗击强秦的关键所在。

历朝历代的兴盛与衰败都在向我们传递一个信号:不管是赵威后"民为本,君为末"的政治主张,还是孟子"民贵君轻"的思想,抑或是荀子的"君者,舟也;庶人者,水也。水则载舟,水则覆舟",归根结底,他们都是在告诉统治者,要爱护自己的百姓,珍视自己的臣民。因为没有民众,就没有国家。没有国家,就不会有君王。

君王的使命不是劳役百姓,而是庇护百姓,让百姓有田可耕,有粮可食,有家可归。只有这样,国才为国,君才为君。

64. 居安思危

庄辛论幸臣

>　　臣闻鄙语曰："见兔而顾犬，未为晚也；亡羊而补牢，未为迟也。"臣闻昔汤、武以百里昌，桀、纣以天下亡。今楚国虽小，绝长续短，犹以数千里，岂特百里哉？

　　《庄辛论幸臣》是《战国策》中的一篇短文，记叙了庄辛与楚顷襄王之间的谈话。庄辛以浅显生动、寓意深刻的层层比喻，告诫顷襄王不能只图享乐，宠幸小人，而应励精图治，"以天下国家为事"，否则必将招致严重后患的道理。

　　战国中期，秦、楚均为大国，但之后秦愈来愈强盛，楚却在一连串的战争中受挫，国力渐渐衰弱。顷襄王在位时，重用小人，疏远忠义之士，导致楚国局势岌岌可危。

　　庄辛曾向顷襄王进言，却没有被采纳，一气之下去了赵国。后来，楚国都城郢都被秦国攻破，顷襄王逃往陈国。这时他想起了忠心的庄辛，就派人把庄辛召到陈国，便有了君臣二人这番流传千古的谈话。

　　庄辛与顷襄王谈话的核心是讨论幸臣给国家带来的危害，虽然庄辛并没有直截了当地论说幸臣的危害，而是举了几个例子，比如蜻蜓、黄雀、黄鹄和蔡灵侯不知道居安思危的事，侧面表达了他的看法。

　　幸臣就是深受君王喜欢的臣子。什么样的臣子能得到君王的喜欢？试想，如果你是君王，你是喜欢一个天天夸奖你、顺从你的臣子，还是喜欢一个天天指着鼻子说你这不对，那不好的臣子呢？君王作为一国之君的同时，也是一个普通人，他也喜欢被人赞美，被人夸奖，然而很可惜，那些幸臣十个中就有九个是小人。君王在幸臣的赞美与追捧中逐渐忘记了自己的使命，安于现状，不思进取，没有忧患意识，总觉得天下太平，歌舞升平。殊不知，在他没有察觉的地方，国力正在衰弱，民心正在涣散，国家正在走向灭亡。

我们常说的居安思危，是对自己负责的表现。作为君王，居安思危更是对国家负责、对百姓负责的一种担当。

孟子说："入则无法家拂士，出则无敌国外患者，国恒亡。"意思是如果一个国家，在国内没有坚守法度的大臣和可以辅佐君王的贤士，在国外没有实力相当、足以抗衡的国家和来自国外的祸患，那么这个国家往往会走向灭亡。所以，为君者，一要亲贤远佞，二要居安思危，三要与民休养，切不可听信谗言，劳民伤财。

65. 爱子则为之计深远

触龙说赵太后

> 左师公曰："父母之爱子，则为之计深远。"

《触龙说赵太后》是《战国策》中的名篇。文章以对话的形式讲述了触龙说服赵太后让长安君到齐国为质，以换取救兵，解除国家危难的故事，赞扬了触龙以国家利益为重的品质和善于做思想工作的才能。

公元前265年，赵国政权变更，秦国发兵攻打赵国，赵国形势危急，向齐国请求支援。齐国说："出兵可以，但长安君必须作为质子到齐国来。"长安君是谁？那是赵太后的心头肉，不管赵国的大臣们怎么劝说，赵太后就是不同意，还放出话来："谁要是再说让长安君去齐国当人质的事，就别怪我翻脸。"就是在这样的背景下，触龙却说服了赵太后。

为什么触龙可以说服赵太后？因为他的方式跟别人不一样。他不直接劝赵太后送长安君到齐国为质，而是先说自己的脚有毛病，不能快走，询问太后身体怎么样，然后说饭量，接着又说想给自己的小儿子谋个差事，最后才慢慢引出长安君做人质的事。触龙因势利导，以柔克刚，用"爱子则为之计深远"的道理，成功说服了赵太后。

父母疼爱自己的孩子，古往今来都是如此。但什么是爱？什么才是真的为孩子好呢？很多父母没有搞清楚。他们认为给孩子提供充足的物质是爱，认为保护好孩子是爱，还有一些父母认为自己做的所有事都是为了孩子好，他们常把"我做这一切都是为你好"挂在嘴边。但这些真的是爱吗？过度的保护让孩子生活不能自理，心理敏感脆弱，很难融入社会也是爱吗？真的爱孩子，就应该为他的未来做打算，"爱子则为之计深远"。

触龙的哪句话真正打动了赵太后？不是他那些话家常的说辞，也不是为他儿子谋差事，而是那句"一旦山陵崩，长安君何以自托于赵"。意思是"一旦你死了，长安君拿什么在赵国立足"。因为他对赵国而言没有任何功劳，失去倚仗后他只会任人鱼肉罢了，只有以功立世，才是真的爱他。

所以，真正的"爱子"就应该"为之计深远"，只有为孩子的未来深谋远虑，为他的未来做打算，才是真的爱孩子。孩子总有长大的一天，父母也总有离去的时刻，如果一开始就只关心当下而不考虑未来，那么等到孩子一个人直面生活与现实的时候，他的人生将会变成什么样呢？

66. 明月出海底，一朝开光曜

鲁仲连义不帝秦

> 鲁连笑曰："所贵于天下之士者，为人排患、释难、解纷乱而无所取也。即有所取者，是商贾之人也，仲连不忍为也！"遂辞平原君而去，终身不复见。

《鲁仲连义不帝秦》选自《战国策·赵策》。文章记载了辛垣衍和鲁仲连围绕"帝秦"与"抗秦"展开的一场激烈论战，以及鲁仲连在功成后不接受赏赐的行为，生动地刻画出鲁仲连不尊强秦为帝的决心和"为人排患、释难、解纷乱而无所取"的精神。

文章的篇幅很长，主要围绕"帝秦"与"抗秦"展开辩论。"抗秦"很好理解，但什么是"帝秦"呢？简单来说就是秦国想要重新称帝，赵国要尊奉秦王为帝，就是赵国要认秦国做老大。

邯郸之围解除后，鲁仲连谢绝了平原君的奖赏，他说："杰出之士之所以被天下人推崇，是因为他们能替人排除祸患，消释灾难，解决纠纷而不取报酬。如果收取酬劳，那就成了生意人的行为，我鲁仲连是不忍心那样做的。"后世文人对鲁仲连的评价也很高，说他"不帝秦，大义也；辞封爵，高节也；责辛垣衍处，风旨奕奕"。就连李白那样高傲的大诗人都写诗称赞他，并且还写了不止一首，可见鲁仲连在李白心中的分量，李白诗《古风·齐有倜傥生》云："齐有倜傥生，鲁连特高妙。明月出海底，一朝开光曜。却秦振英声，后世仰末照。意轻千金赠，顾向平原笑。吾亦澹荡人，拂衣可同调。"

诗中李白对鲁仲连"却秦"和"意轻千金赠"的行为给予高度的评价，而这两点也正是鲁仲连被后人敬仰的主要原因。李白说他是"明月出海底，一朝开光曜"，他就像一颗明珠从海底升起，散发的光芒一下照亮了天地。李白写这首诗，称赞鲁仲连的为人和精神是一方面，但更重要的是表达自己的人生理想和政治理想——想要成为像鲁仲连那样的人，如他一般事了拂衣去，功成便身退。

不为名利，不求显达，古往今来，能做到这一点的人寥寥无几，鲁仲连是一个。今天我们不需要浓墨重彩地歌颂他，称赞他，因为古人已经对他做了很完美的评价，需要做的，不过是学习他的这种品质罢了。

67. 择言而规戒

鲁共公择言

> 今主君之尊，仪狄之酒也；主君之味，易牙之调也；左白台而右闾须，南威之美也；前夹林而后兰台，强台之乐也。有一于此，足以亡其国。今主君兼此四者，可无戒与！

《鲁共公择言》出自《战国策·魏策》，记叙了梁惠王在范台设宴招待诸侯时，鲁共公在席间的一番祝酒词，表现了鲁共公卓越的政治见解。

"择言"就是择善而言的意思，就是要讲一些有意义、有价值的话，不能只是酒桌上博众一笑的玩乐之词。由此我们可看出，这篇祝酒词的与众不同。

文章虽然短小，却富含深意，独具特色。

了解战国历史的人可能会发现一个有趣的问题，就是鲁共公所举的四位君王有一个共同点，他们要么以贤能著称，比如禹，要么就是历史上赫赫有名的霸主，比如齐桓公。鲁共公用大禹饮仪狄所造之美酒、齐桓公食易牙五味之调、晋文公得美女南威、楚庄王有章华台之乐为例来告诫诸侯王们要警惕酒、味、色、乐的诱惑。鲁共公为什么要以这四人为例？一方面他们都是贤明的君主，另一方面他们都曾受到过美酒、佳肴、女色、高台陂池之乐的诱惑，但他们又能够很快有所觉悟，戒掉酒色娱乐，更好地治国安邦，成就一番伟业。

这便是这篇祝酒词的独特之处，也是它从诸多祝酒词中脱颖而出的魅力所在。

我们常说要提高自制力，自觉抵制不良诱惑。如何提高自制力？关键就在于品德的修养。只有品德提升了，人在面对诱惑的时候才能坚守底线，在误入歧途的时候才能及时醒悟，尽快纠正自己的行为。也只有品德提升了，人们才能正确看待生活中的各种诱惑，并理性地采取行动。只有品德提升了，个人的生活才会幸福，国家的兴旺才能长久。

68.（事）有不可忘者，有不可不忘者

唐雎说信陵君

唐雎谓信陵君曰："臣闻之曰，事有不可知者，有不可不知者；有不可忘者，有不可不忘者。"信陵君曰："何谓也？"对曰："人之憎我也，不可不知也；我憎人也，不可得而知也。人之有德于我也，不可忘也；吾有德于人也，不可不忘也。"

《唐雎说信陵君》选自《战国策》。信陵君即魏国公子无忌，唐雎是他的食客。当时秦王在长平之战中打败了赵军，于是乘胜追击攻打赵国都城邯郸。赵国君主就请魏国帮忙。这两国是姻亲之国，如果赵国被灭，魏国离灭国也

就不远了。虽然中间出了些小插曲，但是公子无忌还是帮助赵国击退了秦兵。

信陵君救了赵国，赵国君主便亲自到城门迎接信陵君。信陵君刚刚救了赵国，立了大功，有些沾沾自喜，认为赵国君主亲自来迎接自己也是分内的事儿。但唐雎给他泼了冷水，告诫他："事有不可知者，有不可不知者；有不可忘者，有不可不忘者。"这听着像吃葡萄不吐葡萄皮的绕口令一样，不仅你没听懂，信陵君也是一脸懵。信陵君问他是什么意思。唐雎劝诫他不要自以为有功劳，要忘记自己对赵国的恩德，不要乘机以此邀功，要保持谦逊的态度。好在信陵君从善如流，也听进去了，没有骄傲。

其实这件事发生之前还发生了一个很著名的事件，就是"信陵君窃符救赵"。这也是开头说的小插曲。当时魏国君主已经派大将晋鄙去解救赵国，但是秦昭王放话恐吓魏国，说自己早晚都要灭了赵国，不要多管闲事。魏国君主怕惹祸上身自然就不敢救赵国，持观望的态度。信陵君不忍心这样，在联合宾客劝说无果后，偷了魏国君主的兵符，杀了晋鄙，假传旨令，救了赵国。别人不敢做，信陵君做了并且成功解救了赵国，得意盖过了清醒。细细一想，信陵君虽然救了赵国，却得罪了国君，这也是信陵君不敢回自己国家的原因。

唐雎说的"事有不可知者，有不可不知者；有不可忘者，有不可不忘者"，也是对我们的警醒。做了好事不要居功自傲，对人有恩也不要太放在心上。也不仅仅是在做好事上，有任何功劳都不要骄傲。谦逊勤勉才会让自己进步，才会使自己受人尊敬。

69. 布衣之怒，流血五步

唐雎不辱使命

唐雎曰："此庸夫之怒也，非士之怒也。夫专诸之刺王僚也，彗星袭月；聂政之刺韩傀也，白虹贯日；要离之刺庆忌也，苍鹰击于殿上。此三子皆布衣之士也，怀怒未发，休祲降于天，与臣而将四矣。若士必怒，伏尸二人，流血五步，天下缟素，今日是也。"

《唐雎不辱使命》选自《战国策》。在《唐雎说信陵君》中，唐雎只是信陵君的一个食客，后来，他是安陵君非常重视的一位大臣。秦国灭了魏国之后，又打起了魏国附属国安陵的主意。

　　秦王打得一手好算盘。他说要用方圆五百里的土地和安陵君换安陵这个小地方。这其实是秦王的一个陷阱，如果安陵君答应了，那么安陵君就成了秦王的臣子，秦王就会不费一兵一卒，拿下安陵这个地方。安陵君自然知道秦王的盘算，于是委婉拒绝道："大王您对我可真好，但这是先王封给我的，您这样让我为难。"秦王听后生气了，为了避免两国之间发生冲突，安陵君便派唐雎出使秦国。秦王软硬兼施，听到唐雎还是原来安陵君的那一番说辞，便发怒道："知不知道天子之怒？"唐雎也霸气回应："那您知道什么是布衣之怒吗？"秦王说自然是摘掉帽子，赤着脚。其实就是以卵击石，自不量力的意思。

　　唐雎反驳道："那只是平庸的人发怒，有志的人可不一样。"他举了专诸刺王僚、聂政刺韩傀、要离刺庆忌的例子，表示这些平民中的有志之人一旦发怒可不得了，暗示秦王：如果还要逼迫自己交出安陵，便是横在地上的两具尸首，流血百步，百姓自然会披麻戴孝悼念秦王。秦王一听便认怂了，还说安陵国幸好有唐雎这样的能人。

　　秦王统一天下的决心很坚决，此时的秦王见到唐雎的态度如此强硬，表示恭敬的行为也是可以理解的。

　　《唐雎不辱使命》这个题目是后人编排文章时加上的，也有人认为这是编出来的故事。看这个故事时，你也许会质疑秦王听完唐雎的话后的表现。其实，抛开故事本身来说，可能是为了表达百姓遭到秦王的压迫想要起来反抗的愿望。实际上，我们需要的是唐雎那种忠诚，那种果敢、不怕牺牲的精神，而不是纠结这个故事是真是假。

　　布衣之怒听起来没有天子之怒的后果严重，但是，一旦平民中的有志之人发怒，其影响力不容小觑。如果无数有志、有才能的人联合起来，他们的决心和力量就能打败一切。所以，在秦王和唐雎的辩论中，天子之怒完败。

70. 忠臣之去，不洁其名

乐毅报燕王书

　　臣闻古之君子，交绝不出恶声；忠臣之去也，不洁其名。臣虽不佞，数奉教于君子矣。恐侍御者之亲左右之说，而不察疏远之行也，故敢以书报，唯君之留意焉！

　　乐毅本来是魏国的大臣，当时齐国偷袭燕国，差点儿让燕国亡国。燕昭王很生气，于是广纳天下能人，找齐国报仇。这时恰好乐毅出使燕国，燕昭王对他礼遇有加，他非常感动，于是就到燕昭王手下办事了。燕昭王想要攻打齐国，乐毅认为齐国太强大，需要联合其他五国才能攻打齐国。

　　眼见大仇得报，齐国还差三座城池就灭亡了，燕昭王却死了。一般情况下，此时的新君一定会因为自己的根基不稳，忌惮握有兵权的大臣。于是，燕惠王在齐国人的离间下罢免了乐毅，派了新手顶替他的位置，乐毅见大事不妙，被迫流亡到了赵国。

　　燕国大将不在了，齐国便很顺利地夺回了失去的七十座城池。燕惠王肠子都悔青了。此时燕国国力衰弱，燕惠王又怕乐毅帮助赵国，转头来攻打自己，于是写信让乐毅回国。乐毅知道自己回去前途难料，于是委婉地拒绝了燕惠王。

　　燕昭王在世时，乐毅帮助其做成了许多大事，在诸侯国里有很好的名声。他在信中没有一个字提到拒绝，也没有哪个字说燕惠王不好。乐毅在信中说昭王封赏自己土地，封自己为昌国君，从侧面责怪燕惠王夺了自己的兵权；提到燕昭王"功立而不废"，以此来说燕国好不容易打下七十座城池，却让齐国迅速夺回。看似通篇说自己没有什么本事，都是先王有能力，自己才能在他手下办事。燕惠王说自己把他的兵权夺了只是想让乐毅回去休息，没有让他走，还说他这样等同于叛国。乐毅表明自己是"怕"，怕自己回来后无颜面对先王，伤了先王的英明，也怕燕惠王杀了自己，多余的就不解释了。

从乐毅这件事来看，一个领导能不能留住人才，要看领导本人有没有能力。很多人在求职时也会考虑带领自己的人能不能行。乐毅这人也有能力，在燕国受燕昭王的信任被封为昌国君，流浪到赵国待遇也很好，还被封为望诸君。可见，一个人只要有实力，够谦逊，在哪里都能吃得开。而像燕惠王这样害怕损害自己的利益，听信谗言，不能识别人才的人，缺少智慧和胸怀。

71. 海纳百川，有容乃大

谏逐客书

是以泰山不让土壤，故能成其大；河海不择细流，故能就其深；王者不却众庶，故能明其德。

李斯，字通古。楚国上蔡人（今河南省上蔡县），政治家、文学家和书法家，是法家的代表人物。

李斯师从荀子，学成入秦，辅佐秦王统一六国。秦统一天下后，李斯制定了礼仪制度，被任命为丞相。他辅佐秦始皇废除分封制，实行郡县制，以秦篆为统一文字，制定法律，统一车轨、度量衡和货币。秦始皇死后，他与赵高合谋，伪造遗诏，立少子胡亥为二世皇帝。后为赵高所忌，于公元前208年被腰斩于咸阳，并被夷灭三族。

《谏逐客书》是李斯创作的一篇文章。文章先叙述自秦穆公以来皆以客致强的历史，说明秦若无客的辅助则未必强大的道理；然后列举各种女乐珠玉虽非秦地所产却被喜爱的事实，劝说秦王不应该重物而轻人。

战国末年，秦国强大，逼凌侵略六国。韩国首当其冲，于是就派水工到秦国兴修水利，以此消耗秦的国力，使其无力对韩用兵。秦王嬴政发觉后，接受宗室大臣的建议，下令逐客。李斯也在被逐之列，于是他向秦王写了这封谏书。

秦王看后幡然醒悟，撤销了逐客令。

李斯说："夫物不产于秦，可宝者多；士不产于秦，而愿忠者众。"虽非本国人，但愿效忠该国国君的，也该得到重用。李斯不仅有宽广的胸怀，也有对国家未来发展的关心与责任担当。孔子云："有朋自远方来，不亦乐乎？"朋友尚无国别之分，何况是贤才呢？李斯为秦国的深谋远虑，他诚恳地劝谏秦王应该广纳贤才，亲近贤才，远离小人，国家方可久远。

法国著名作家雨果曾言："世界上最广阔的是海洋，比海洋更广阔的是天空，比天空更广阔的是人的胸怀。"李斯曰："今取人则不然。不问可否，不论曲直，非秦者去，为客者逐。然则是所重者在乎色乐珠玉，而所轻者在乎人民也。此非所以跨海内、制诸侯之术也。"李斯豁达的胸襟，不计前嫌遍求各方贤才，苦口婆心地劝说秦王，他关心的并非个人的利益，而是国家的利益，这难道不正是"天下兴亡，匹夫有责"的真实写照吗？他希望秦王轻物重人，不断地摆事实，举例子，让秦王知道贤者的重要性。

读史使人明智。短短数百字的《谏逐客书》至今仍熠熠生辉。见贤思齐焉，见不贤而内自省也。做人也当如此，要以开放、包容的态度待人待事，这样才能使人际关系和谐，各方资源为我所用，从而成就自己的事业，开创自己的成就。

72. 尺有所短，寸有所长

卜居

詹尹乃释笑而谢曰："夫尺有所短，寸有所长。物有所不足，智有所不明。数有所不逮，神有所不通。用君之心，行君之意。龟筴诚不能知此事。"

所谓"卜居"即通过问卜来指示自己如何做人、如何处世。屈原被逐三年没能见到楚怀王，尽忠报国反被谗言所害，心烦意乱，于是前去问卜。屈原连设八问，以"宁……将……"的句式，正反两方面反复对照，表面上看，似乎是他对人生道路和处世原则选择的疑惑，实际上表达了他对是非颠倒的混浊世界的震惊与愤慨。

屈原被放逐，"三年不得复见"，为此心烦意乱，不知所从，就前去见太卜郑詹尹，请他决疑。屈原先述世道不清、是非善恶颠倒的一连串疑问，对这些疑问詹尹表示："不能回答，你就按照自己的心意来行了。"与其说屈原请詹尹帮他占卜决疑，不如说他去寻找一个人倾诉苦闷。

屈原用"正言不讳""廉洁正直"等褒义词来形容自己的处世态度，用千里马和展翅高飞的黄鹄等形象来比喻自己，说着说着，开始抨击起时政来——"世溷浊而不清，蝉翼为重，千钧为轻；黄钟毁弃，瓦釜雷鸣；谗人高张，贤士无名"，最后得出结论："我就安安静静的，谁知道我有多么高尚廉洁的品质呢？"屈原满腔热血，一心报国却遭流放，心中的愤懑不平难以将息。最后他责怪自己太过清廉。

詹尹放下筮草辞谢说："尺有所短，寸有所长。"任何事物都会有不足之处，手指伸出来都会有长有短，智者也有迷惑不解的时候，神明也有不能洞察的地方。所以，有些事情能想通就好，不必执意去做。"出淤泥而不染，濯清涟而不妖"便是屈原一生的真实写照。屈原看到自己的国家腐朽和没落，一心想要报国却奈何不被楚王重用，所以他焦虑，他感叹。但是，以他个人的力量根本无法改变国家的命运，这让屈原更加忧心忡忡，希望自己能够被楚王重用，救国家于危难之际。后来屈原不忍直视国家的衰亡，投汨罗江而亡。屈原把自己的希望寄托在楚怀王身上，这是不可靠的，也是他的悲剧所在。

73. 志趣绝俗，超然独处

宋玉对楚王问

夫圣人瑰意琦行，超然独处，世俗之民，又安知臣之所为哉？

本文以对问的形式，表现了宋玉超然独处、不同流俗的情怀，反映了他在仕途上的失意潦倒，以及楚襄王时朝政日非、贤能人士受谗毁的现实。写作上宋玉运用了比喻手法，先以曲与和做比照，再以凤凰与鷃、鲲鱼与鲵做比照，从而引出自己志趣绝俗、超然独处的品德与情操。

宋玉表面看似在政治上受压制，到底是自身的问题，还是舆论所致？事实上，作者虚设楚王的责问，曲折而委婉地表露出他在仕途上不得志的愤懑之情。

宋玉先是讲一个故事：一位歌手在郢都唱歌，唱《下里》《巴人》这样低级通俗的歌时，唱和者有数千人；唱《阳阿》《薤露》较高级的歌时，应和者有数百人；唱高雅的《阳春》《白雪》时，能和唱的不过数十人；最后唱高难度、变化无穷的歌时，能和者只有几人。

曲高而和寡，说明品格高尚的人不容易被世俗之人理解。

接着以凤、鲲鱼与鲵做对比，说明渺小的鲵之类的小人，不会理解凤、鲲鱼一类大智者的胸怀与能力。最后以圣人与世俗之民做对比，归结到"世俗之民，又安知臣之所为哉"。尽管宋玉没有对"遗行"进行辩解，但答词一完，"遗行"之诬便不攻自破，从而有力地反驳了楚王的责问，真是风行水上，水到渠成。

用现在的话说，宋玉的人际关系糟透了。不仅同僚中伤他，非议他，打他小报告，就连"士民众庶"都说他不好。后来楚襄王亲自过问，面对楚襄王的责问，宋玉为自己辩护，但是，应对之词中却没有一句直接为自己申辩的话，而是引譬设喻，借喻晓理，分别以音乐、动物、圣人为喻。先以曲与和做比照，说明曲高和寡；继以凤与鹨、鲲与鲵相提并论，对世俗再投轻蔑一瞥；最后以圣人与世俗之民对比，说明事理。

总之，把雅与俗对立起来，标榜自己的超凡脱俗，卓尔不群，其所作所为不为芸芸众生所理解，不足为怪。"世俗之民，又安知臣之所为哉！"既是对诽谤者的有力回击，也表现了自己孤傲清高的情怀。

在历史的长河中，很多知识分子，或多或少都具有和宋玉相似的性格特征。他们才高但命薄，正直但软弱，对社会的黑暗与丑恶十分敏感，却又无能为力。他们大都想出仕，想为国为民做一番事业，但他们常常在仕途上失意潦倒，最后只落个自命不凡，自命清高，怀着不被人理解的痛苦和愤慨而孤芳自赏。

坚持初衷，孤芳自赏固然重要，但如果将其绝对化，容易走入死胡同。问题都有两面性，我们不能只看到问题的一个方面，而看不到问题的另一个方面。宋玉过于强调自己清高不被世人赏识，却没有检讨自己，改正自己的缺点。

74. 人皆可以为尧舜

五帝本纪赞

予观《春秋》《国语》，其发明《五帝德》《帝系姓》章矣，顾弟弗深考，其所表见皆不虚。《书》缺有间矣，其轶乃时时见于他说。非好学深思，心知其意，固难为浅见寡闻道也。

《五帝本纪》是《史记》的第一篇，作者是西汉文学家、史学家司马迁。全文记载的是远古传说中被后人尊为帝王的五个部落联盟首领——黄帝、颛顼、帝喾、尧、舜的事迹，同时也记录了当时部落之间频繁的战争，部落联盟首领实行禅让制，远古初民战猛兽、治洪水、开良田、种嘉谷、观测天文、推算历法、谱制音乐舞蹈等多方面的情况。

《五帝本纪》中记载的绝大多数事件都属于传说。但从人类历史发展的规律和地下文物的发掘来看，有些记载亦属言之有征，它为我们了解和研究远古社会提供了某些线索或信息。

中华民族的悠久历史就是从远古的传说开始的，黄帝和炎帝两个部落或联合或发生战争，最后融为一体，在黄河流域定居繁衍，从而构成了中华民族的主干，创造了中国远古时代的灿烂文化。

这篇文章在叙写方式上，开头对黄帝、颛顼、帝喾的记叙，都是以叙述的方式娓娓道来。到了文章的中心部分，又采用了叙议结合的方式，叙事中穿插对话的形式，突出了尧、舜知人善任、从谏如流的政治家风范，烘托为历代儒家学者所不断赞颂的自由、民主、君臣和睦、天下大同的祥和政治环境。

在艺术方面，材料安排巧妙是这篇文章的突出特点。如黄帝与蚩尤的涿鹿之战，黄帝与炎黄的阪泉之战，并非不能用重笔加以描绘，但都平平带过，而将笔力集中到尧、舜二帝身上。这或许与史料不足有一定关系，但其效果是突出了黄帝开创基业，由尧、舜继承并最终发扬光大，又使全篇的结构显得紧凑。

《五帝本纪》在记事上梳理了历史发展的整体脉络，在写作上为《史记》后面各篇的铺展埋下了伏笔。司马迁采用连锁叙写的方式，环环相扣。如在写尧时会提到舜，而重点在于尧的知人善任；写舜时继续紧扣对尧的叙写，又突出了对舜的深入刻画，同时还带出了禹、契、后稷等人，为此后的各篇打下基础。

五帝的传说，几千年来深深扎根于华夏子孙的心里，被当作贤君圣主的楷模代代传颂。"人皆可以为尧舜""六亿神州尽舜尧"，也早已成为鼓励人们贤能为善的有力口号。

虽然不是人人都可以成为圣人，但是我们都可以争取做一个贤能的人，作为龙的传人，我们应该有自己的风骨，继承先人好的风气，培养向善向美的德行。

75. 英雄的光辉和悲剧

项羽本纪赞

然羽非有尺寸，乘势起陇亩之中，三年，遂将五诸侯灭秦，分裂天下而封王侯，政由羽出，号为霸王，位虽不终，近古以来未尝有也。

《项羽本纪》为《史记》的名篇，项羽是司马迁重点刻画的历史人物之一。这篇赞语作为《项羽本纪》的结尾，用极为简洁的文字，对项羽的一生作了总结，颇具权威性。

项羽乃是一位传奇性的人物，为此这篇赞语也就从传奇处入手：虞舜和项羽本来没有血缘关系，然而两个人都是双瞳孔，司马迁以两个人在相貌上的这种共同特征将项羽和虞舜联系起来，从而提出自己的疑问：难道项羽是虞舜的后代吗？这就更突出了项羽这个人物的神秘色彩。

项羽，本无尺寸之地，却凭借一腔热血和过人的才智，在短短的三年时间里，从草野之中崛起，成为天下霸主。这一成就，不仅令人叹为观止，也让我们看到了历史变迁中的机遇与挑战。项羽抓住了机遇，顺应了历史潮流，以非凡的勇气和决心，推翻了暴虐的秦王朝，为天下百姓赢得了片刻的安宁。

然而，英雄的光环并未能掩盖项羽性格中的缺陷。他自矜功伐，奋其私智，不师古法，最终导致了他的失败。太史公指出，项羽杀义帝而自立，使得王侯怨叛，这是他失败的一个重要原因。另一个原因则是他过于依赖个人的智慧和力量，而忽视了历史的经验和教训。这些性格上的弱点，使得项羽在权力的巅峰上摇摇欲坠，最终走向了灭亡。

事实上，项羽失败的根本原因在于他失去了民心。得民心者得天下，这是一条颠扑不破的真理。项羽虽然勇猛过人，但他生性残暴，对待百姓缺乏仁爱之心。他不听谋士范增的建议，一错再错，最终导致了众叛亲离的局面。哪怕他重回江东，也因为失去了民心，而无法卷土重来。

项羽的失败，给我们留下了深刻的教训。一个人无论有多么杰出的才能和勇气，如果失去了民心，那么他最终只能走向失败。民心是历史的创造者，是推动社会进步的力量。只有顺应民心，关心百姓的疾苦，才能赢得天下的拥护和支持。

同时，项羽的故事也告诉我们，成功和失败往往只是一步之遥。在权力的巅峰上，更需要保持清醒的头脑和谦逊的态度。只有不断学习和进步，才能跟上历史的步伐，不被时代所淘汰。

《项羽本纪赞》不仅是一篇对项羽一生的历史总结，更是一篇充满智慧和启示的佳作。它让我们看到了英雄的光辉和悲剧，也让我们深刻认识到了民心的重要性。

76. 盖一统若斯之难也

秦楚之际月表

秦起襄公，章于文、缪，献、孝之后，稍以蚕食六国，百有余载，至始皇乃能并冠带之伦。以德若彼，用力如此，盖一统若斯之难也！

《秦楚之际月表》收录于《史记》中。"表"是司马迁在《史记》中创立的一种史书体例，是以表格的形式表现某一时期的史事、人物，年代无从考证的称为"世表"，可以考证的叫作"年表"，所述的历史阶段变化十分剧烈的就是"月表"。秦楚之际是指秦二世在位时期和项羽统治时期。时间虽短，但世事变化多端，所以按月来记述，称为"月表"。

本文是司马迁在《秦楚之际月表》前面所写的序言。这篇序言概括了秦楚之际政治形势的特点以及发生的重大事件，即陈涉发难、项羽灭秦、刘邦称帝，而这些又都是在很短的时间内发生的。本文所述的就是秦汉之际的历史剧变。

自项羽灭秦至刘邦建立汉朝，不过短短五年光阴，中间却经历了三次政权嬗变：秦亡，楚兴，汉立，此文表达了在战乱纷争之际，唯有圣人才能承命而一统天下的道理。文章回顾了历史上一些帝王统一天下的艰难历程，分析了秦楚之际"号令三嬗"，而汉高祖终于称帝的原因，结论有独到之处。

此文结构清晰，语言简洁。这篇文章虽短，却是对历史剧变的高度概括，既讲清了演变的脉络，又突出了重点人物，文字鲜活而生动。接下来，追述夏、商、周、秦的历史，得出了"盖一统若斯之难也"的结论。这段文字的作用在于为末段做铺垫。末段写秦朝不施行仁政，结果导致群雄并起，最终得到天下的是起于闾巷的刘邦，以此说明汉朝得天下之容易，也与次段"盖一统若斯之难也"做比较，突出了圣人的作用。

从古至今，统一天下就是个大难题，历史上的统治者用不同的方式将天下统一，但总的来看，能统一天下并稳定社会才是最难的，这就对统治者的个人品质提出了高要求，所以说要想做大事必须先修养自己才行。

77. 当世得失之林，何必旧闻

高祖功臣侯年表

居今之世，志古之道，所以自镜也，未必尽同。帝王者各殊礼而异务，要以成功为统纪，岂可绲乎？观所以得尊宠及所以废辱，亦当世得失之林也,何必旧闻?

《高祖功臣侯年表》选自《史记》。西汉建立初期,汉高祖刘邦为了奖励功臣,分封萧何等一百四十多人为诸侯,司马迁考察了这些人的经历以及他们的后代的情况,编成了《高祖功臣侯者年表》,本文就是这篇表的序。

序文中,司马迁分析了这些功臣当初被封而后来衰微的原因,他认为主要有两点:一方面是汉朝的法律体系日益严密;另一方面是这些功臣的子孙后代因富贵而逐渐骄横,不能自我管束,违法乱纪。

俗语说"富不过三代"。那些诸侯的子孙后代自出生起就享受祖荫,自小养尊处优,没什么忧患意识,自然也就变得骄横跋扈了。就如文中司马迁所说的"子孙骄溢,忘其先,淫嬖",意思是后代子孙骄纵奢侈无度,忘记了祖先建立家业的不易,变得淫乱而邪恶。圣贤的家族可能会持续千百年,但是骄横奢靡的家族往往都逃不过衰落灭亡的命运。我们常说"成由勤俭败由奢",不管家境殷实还是家徒四壁,都应该做到勤俭节约,戒骄戒躁。

今天,当我们读这篇文章的时候,感谢司马迁,如果没有他的细致观察也就没有这篇表了,更不会有这篇序。司马迁看到诸侯们在受封的时候都曾发誓要捍卫江山稳固,保持基业长青,但最后都不可避免地走向衰微。司马迁从这种社会现象出发,试图分析其中的原因,这种精神即使在两千年以后的今天仍然值得人们学习。

学习是一方面,但发现问题后勇于指出又是一方面。自秦始皇统一六国之后,我国就成了一个中央集权的封建制国家。它同奴隶社会有什么区别呢?最重要的是它强调加强中央政权,也就是尽可能地将权力集中在统治者手里。汉代各诸侯的衰落除了法制体系的建立和子孙骄横的原因外,也不排除中央集权的进一步发展削弱了诸侯的权力。

司马迁用亲身经历告诉我们一个道理:现象无处不在,关键在于要有一双善于发现它的眼睛。既然发现问题,就应该积极应对。此外,对于古人或是名人的言语也应该辩证地去看待,"人非圣贤",他说的、做的,有可能对,也有可能错,因此要辩证地去看待。

78. 高山仰止，景行行止

孔子世家赞

天下君王至于贤人众矣，当时则荣，没则已焉。孔子布衣，传十余世，学者宗之。自天子王侯，中国言六艺者，折中于夫子，可谓至圣矣！

《孔子世家》是《史记》三十世家之一，是为孔子编写的传记，记录了孔子的生平和思想。本文是《孔子世家》末尾的赞语部分，是司马迁对孔子的评论，表达了司马迁对孔子的敬仰之情。

司马迁对孔子到底有多仰慕呢？从"世家"二字便可知一二。司马迁在写《史记》的时候给王侯们留了一席之地，这块地就叫作"世家"。孔子不是王侯，司马迁却把孔子列入"世家"，和那些王侯平起平坐，还在文章末尾写了一篇赞词，可见司马迁对孔子的敬仰之情。

司马迁为何敬仰孔子？诸子百家的学说那么多，为什么只有儒家学说一直被世人推崇，且延绵数千年呢？这与孔子的三重身份有关。

孔子的第一重身份是思想家。他思想的主要内容是"仁"和"礼"。"仁"，体现的是人道精神；"礼"，则体现的是礼制精神，即我们现在说的秩序和制度，是用来维持社会稳定、调整人与人之间关系的。孔子还提出"己所不欲，勿施于人"的主张，他是最早提出换位思考原则的人。孔子的思想就是为人处世的基本原则。

他的第二重身份是教育家。他创办私塾，使"学在民间"成为可能，他一生培养了三千多名学生，其中出类拔萃的就有七十余人。他提出的"因材施教"、启发式教学、重视学习后复习等教育思想，在今天的教育中仍发挥着重要作用。

第三重身份是他是儒家学派的创始人。自汉武帝"罢黜百家，独尊儒术"后，儒家学说就成了我国古代的正统思想，孔子创立的儒家学说以及在此基础上发展起来的儒家思想，对中华文明产生了深刻的影响，是中国传统文化的重要组成部分。

古往今来，圣主先贤数不胜数，但像孔子一般能够影响两千余年的，除他之外，再无一人。

我们常说要树立文化自信，何为文化自信？就是对自己本民族的文化充满信心。怎样树立文化自信？那就探访古今，同圣人交谈，与贤者同行。如何交谈？查阅典籍。如何同行？以贤者为榜样。

79. 夫妇之际，人道之大伦也

外戚世家序

夫乐调而四时和。阴阳之变，万物之统也。可不慎与？人能弘道，无如命何。甚哉，妃匹之爱，君不能得之于臣，父不能得之于子，况卑下乎！

《外戚世家序》出自《史记》，是司马迁为《外戚世家》创作的一篇序文。在这篇序文中，司马迁陈述了夏、商、周三代的得失，论证了后妃对国家治乱的影响。

外戚是指帝王的母族、妻族，因为与皇族有着千丝万缕的联系，所以外戚的身份和地位非常特殊。外戚的地位和权势能在一定程度上反映皇族内部权力斗争的状况，尤其是皇帝年纪小还不能执掌大权的时候，皇帝往往需要倚仗母亲外族的辅助，以巩固自己的地位。但是如果过分倚仗，又会使得外戚势力膨胀，造成外戚擅权。因此，司马迁认为，自古以来的帝王，或成就非凡功业，或丢失天下，都与外戚有着密切的关系。

司马迁引用六经典故来说明"夫妇之际，人道之大伦也"，意思是夫妇之间的关系，是最重大的伦常关系，并强调应该重视婚姻问题。文章最后更是将夫妻关系上升到阴阳天命的高度，认为夫妻关系是天地阴阳变化、万物生长的源泉，言外之意就是帝王要慎重选择婚姻。

在上篇文章中我们说过，自汉代"罢黜百家，独尊儒术"以后，儒家思想就成了中国古代的正统思想。儒家思想的一个弊端就是提倡"男尊女卑"，在封建男权社会里，母以子贵，只有生了儿子，成为皇家的继承人，女人才能成为太后，才能出人头地。而另一个现实是子以母贵，就是立嫡不立长，所以，女性只有家室高贵，才能通过政治联姻成为皇后，通常皇后生下的孩子最显贵，才是皇位继承人。这里就强调了女性家族的政治影响力，是可以影响到朝堂，甚至是子嗣的。然而在这些争斗中，最为悲哀的却是女性，她们成为政治斗争的工具，甚至还会成为政治斗争的牺牲品。

80. 道不同，不相为谋

伯夷列传

子曰："道不同，不相为谋。"亦各从其志也。故曰："富贵如可求，虽执鞭之士，吾亦为之。如不可求，从吾所好。"

《伯夷列传》选自《史记》，是其列传之首。这篇文章的写作方式打破了常规。议论文通常是层层推进，加上举例子等方法来使文章有理有据。司马迁这篇文章，没有这么做，但是仍旧气势恢宏。

司马迁以孔子的言论为主线，用许由、务光的事情为陪衬，没有花太多的篇幅写伯夷的事情，而是简单地叙述了伯夷、叔齐在自己父亲死后让位逃跑，谁也不想继承王位的事情。接着劝阻武王伐纣，认为臣子去夺君主的位子是不对的。天下都是周王朝之后，他们两人认为这样的做法是耻辱的，表示不会吃周王朝的粮食，并且跑到首阳山，最后饿死。

王位能者上，为什么这两个人一个也没有继位？当时叔齐是被他父亲指定的继承人，但是他认为按照当时的礼制应由长子继位。而伯夷作为大哥，认为父亲要传位给弟弟叔齐，自己上位违背了父亲的意愿。就这样，两个人索性一起逃走了。他们听说西伯姬昌这人不错就准备投奔他，结果姬昌死了，他的儿子武王还没有埋葬父亲就要去打仗，他们二人劝诫武王，认为这样做不仁义，但是没劝住。所以，他们为了自己的高尚节义，去了首阳山吃野菜度日。

作为史官，司马迁有自己独特的写法。他开头先肯定说"六艺"是最经得住考究和信任的，后面又对"六艺"持怀疑态度，否定了"善有善报，恶有恶报"的说法，他想独立思考，用自己的方式来写历史，辩证地看待史实。

在这篇文章中，司马迁提出的两个问题值得我们思考。一个是为什么许由、务光这些贤人被记载得很少，但是伯夷、叔齐的记载却很详细。孔子本来就是广为人知的贤人，名声很大，他提起过伯夷，于是伯夷就很有名气。引申到司马迁身上，他想要实现自己的志向，也就需要依靠像孔子这样的贵人。另一个是善有善报的问题。不论是司马迁生活的那个时代，还是现在，总会有和这句话相反的例子。好人被坏人害死了，坏人却逍遥法外，人们会因此感叹天道不公。但是，"善有善报，恶有恶报"并不是刻在哪里的条例，人们选择相信，或许是想要以此给自己树立道德标准来规范自己的行为。《易经》说"积善之家，必有余庆；积不善之家，必有余殃"也是想引人向善。

81. 君子重知己

管晏列传

> 公子纠败，召忽死之，吾幽囚受辱，鲍叔不以我为无耻，知我不羞小节而耻功名不显于天下也。生我者父母，知我者鲍子也。

《管晏列传》选自《史记》。题目中的"管晏"指的是齐国政治家管仲和晏婴。这是这两人的合传。这篇文章没有写他们二人如何治国理政，而是介绍了管仲和知己鲍叔牙的事情，以及晏子的几件小事。

管仲和鲍叔牙年轻时就交往，后来管仲去辅佐公子纠，鲍叔牙辅佐公子小白。后来小白做了君主，也就是大名鼎鼎的齐桓公。公子纠死了，管仲被囚禁。鲍叔牙向齐桓公推荐了管仲，管仲帮助齐桓公完成了大业。过了一百多年，齐国有了晏子。晏子这人也很厉害，他是齐国的三朝元老。他解救了贤明的越石父，把他接到家里后，晏子就不理他了。越石父为此很生气，想要和他绝交，因为他认为晏子没有给他知己的礼遇。不过后来，晏子把他奉为了上宾。另外，晏子家的马夫被妻子责备，说他不如晏子谦逊，司马迁也表示自己是晏子的崇拜者。

司马迁举这些例子想要表达什么呢？山河不足重，重在遇知己。熟悉司马迁的人都知道，他一直没能遇到知己。他在描述管仲的时候，让人觉得鲍叔牙才是主角。在现实中，管仲有着丰功伟绩，根据管仲说的话，我们知道鲍叔牙善知人也会教化人。外人看来，管仲总是多占利益，出仕失败，作战逃跑，但是鲍叔牙知道他多拿钱是因为贫穷，出仕失败是因为时机还不到，逃跑是因为有年迈的母亲。不用管仲多做解释，鲍叔牙就知道原因，并且他也不认为管仲不行，而是认为他还没有遇到有利的时机。他知道管仲的才华，才会把管仲推荐给齐桓公。不负所望的是，管仲确实干得很好。

俗话说，物以类聚，人以群分。管仲和鲍叔牙，晏子和越石父都找到了知己，而司马迁却始终没有等来知己。朋友不在多，重要的是遇到和自己志趣相投的人，一旦遇到就要牢牢把握住。白手起家的管仲因为鲍叔牙干了一番事业，晏子也因有越石父的帮助，成为一代贤相。

如果你能遇到知己，双方之间有秘密要相互告知，不能欺骗和隐瞒，也不能嫌弃对方出身，应该做到有福同享，有难同当，相互帮助，相互提携。这样，知己之间才能相互成就。

82. 举世皆浊我独清

屈原列传

人君无愚智、贤不肖，莫不欲求忠以自为，举贤以自佐。然亡国破家相随属，而圣君治国累世而不见者，其所谓忠者不忠，而所谓贤者不贤也。

屈原是战国时期楚国的爱国诗人。他受过很好的教育，在治国理政方面很有自己的见解，受到楚怀王的重用。后来遭到小人嫉妒，又因为楚怀王不分是非，最终屈原自投汨罗江。端午节就是用来纪念屈原的。

　　这篇文章介绍了屈原的生平事迹以及文学创作情况。屈原在楚国帮助楚怀王治理国家，做得风生水起，和他职位相当的上官大夫就很嫉妒他。楚怀王让屈原制定国家法令，还没等屈原起草，上官大夫就跑到楚怀王面前说屈原的坏话，结果楚怀王相信了，把屈原撤职了。屈原因此感到非常委屈，写了流传千古的名作《离骚》。后面楚国和联姻的齐国一起对抗秦国，秦惠王用了离间计，让张仪去骗楚怀王，如果楚国和齐国绝交就送他土地六百里。这和《唐雎不辱使命》中骗安陵君的套路一模一样。结果呢，楚国和齐国断交之后楚怀王发现自己被骗了，生气地自个儿带兵去攻打秦国，终究还是不自量力，打了败仗。后面楚国和秦国讲和，楚怀王说自己要张仪做大臣，张仪到楚国又贿赂楚国的大臣，最后又回到了秦国。后面秦国又要和怀王联姻，怀王不听屈原的劝告，在儿子子兰的怂恿下去和秦国会谈，结果死在了秦国。长子顷襄王继位后任用了子兰。子兰又指使人在顷襄王面前讲屈原的坏话，屈原被流放了。

　　屈原的死是屈原自己的选择。他非常痛恨君王听信小人的谗言，也恨子兰害了楚怀王。屈原的爱国之心似乎比其他人都要强烈。即使楚怀王昏庸，即使自己被流放，但他还是非常爱自己的祖国。他准备自尽时来到江边，遇到的渔夫劝诫他，既然整个社会都是混乱的，自己干吗不顺应这个潮流非要和自己过不去呢？如果屈原听从了他的话，那他就不是屈原了。这个渔夫像社会中的大多数人：只要你不侵犯我的利益，即使你做违反道德伦理的事情都行，因为与我无关。

　　司马迁的经历很像屈原。屈原为人正直，但是被流放，可他始终坚持高洁的操守不妥协。而司马迁一直不受汉武帝刘彻的赏识，为李陵仗义执言后被处以宫刑。两人的心境是一样的。司马迁想要借此来表达自己的怨气，想要表达自己有正直的精神和坚定的意志。

　　在屈原生活的那个时代，贤人为国捐躯往往是君子的做法。轻生也不是一种明智之举。虽说人生不是一帆风顺的，但总要有面对挫折的勇气。你也许会遇到被人诽谤，不受上司信任的情况，甚至有更大的不幸，但是，珍惜自己的生命才是最符合现代价值观的。有时候，一条路走不通，就换一条路走。和这一群人不合，就去找和你一样品性的人。总之，不要轻易和自己过不去。

83. 治国在德，不在严法

酷吏列传序

　　汉兴，破觚而为圆，斫雕而为朴，网漏于吞舟之鱼，而吏治烝烝，不至于奸，黎民艾安。由是观之，在彼不在此。

　　"酷吏"指执法严酷、为害臣民的官吏。本篇出自《史记》，为记载汉初十名酷吏的《酷吏列传》的序言。序言引用孔子、老子的言论，对秦末与汉初的吏治加以分析，阐明严刑峻法的危害。

　　孔子说："用刑罚来治理国家只是暂时的，要用道德、礼数来规范人民的行为习惯。"老子说："有道德的人不会说自己有道德，没有道德的人天天说自己有道德，所以没有德，法令越严厉，盗贼越多。"太史公说："这些话说得没错，法令只是治理国家的工具，但不是政治是否清明的基准。"从上面这几句话中我们可看到，孔子、老子、太史公这三位有智慧的人，都持这样的观点：首先是肯定了刑罚法令可在一定范围内规范社会秩序，但是，不能把它们作为治世的唯一方法和手段，德和礼的全民化，才能从源头上解决问题。在面对严厉的刑法惩治时，很多人不服气，会一犯再犯。但是没有刑法又是不行的。通过对百姓行为的规范和道德的教化，然后制定适当的刑法，张弛有度，如此治理国家，方可国泰民安。

　　秦朝的法律体系非常完备，法律严格要求百姓必须遵守法律，违法者会受到严罚。刑罚又是如此残忍，过度用法来约束人民，以至于秦朝社会很快变得混乱。由此可以看出严法不是治国的有效措施，只是缓兵之计而已。与秦朝相比，汉朝更注重道德的教化作用。汉初，刘邦在叔孙通和萧何等人的帮助下，梳理了秦朝的法律，去掉了一些特别烦琐严苛的部分，形成了汉朝的礼仪和律法。汉文帝时，进一步去掉了连坐等比较残酷的刑罚。结果汉朝的经济得到发展，百姓安居乐业，国家从而更持久。从上面两个例子中我们看出，严法不是治国安邦的有效手段，道德才是国泰民安之本。所以司马迁做出了结论：治理国家的关键是道德而不是法律。

　　治国不可能只依赖一种方法，必须是多种手段结合起来运用。胡适说："一个肮脏的国家，如果人人讲规则而不是谈道德，最终会变成一个有人味儿的正常国家，道德自然会逐渐回归。一个干净的国家，如果人人都不讲规则却大谈道德，谈高尚，天天没事儿就谈道德规范，人人大公无私，最终这个国家会堕落成为一个伪君子遍布的肮脏国家。"

　　因此，治国之道，必须以法为主，否则失去法律保护的道德将一无所用。同样，如果没有道德作为前提和基础，法律也必将成为统治者奴役人民的工具。只有法德并用，以德为先，以法为主，才是保证国家长治久安的根本大计。

84. 儒生可畏，侠义可敬

游侠列传序

　　今游侠，其行虽不轨于正义，然其言必信，其行必果，已诺必诚，不爱其躯，赴士之厄困，既已存亡死生矣，而不矜其能。羞伐其德。盖亦有足多者焉。

　　游侠是民间一群除暴安良、讲信义、救危扶难的英雄好汉。本篇出自《史记》，是《游侠列传》的序言，指出游侠品行的可贵，反对世俗重儒轻侠，体现了强烈的平民性。

　　儒士和侠客无疑是被众人奉若神明的存在，满腹经纶的儒生，快意恩仇的侠客，两者听起来都很"高大上"。然而，在韩非子看来，一个是乱法的，一个是犯禁的，说得直白一点，两者都不是什么好人。

　　但是，司马迁对游侠们有着很高的评价。他说，历史上不少大人物都遭受过窘境。昔日虞舜在浚井和修理粮仓时，曾陷入困境；伊尹曾背着鼎和砧板给人家当厨子；傅说曾因罪隐匿在傅岩，以筑墙为生；吕尚曾穷困潦倒于棘津；管仲曾被戴上手铐脚镣，成为囚犯；百里奚曾替人放牛；孔子曾在匡

103

地受到惊吓,曾遭陈、蔡两国发兵围困而饿得脸色发黄。这些人都是儒者所说的有仁德的贤人,还要遭到祸害,更不要说普通人和处于社会底层的弱势群体了。

老百姓的看法是很朴素的,他们认为:"怎么知道是不是仁义,就看他能不能给百姓带来好处。只要他能给百姓带来恩惠,便认为他是有德之人。"但各个群体的利益是不同的,因此伯夷认为周武王伐纣为不仁,并不影响周文王、周武王称王;盗跖和庄蹻,是古代两个著名的大盗,但他们的追随者却依然称颂他们。"窃钩者诛,窃国者侯,侯之门,仁义存。"

那些"言必信","行必果",解人之难,救人之危,却"不矜其能"的下层侠义人物,他们有着舍己为人的高尚品质。司马迁对他们所遭受的不公正待遇表达了强烈的不满,也揭露了社会的黑暗与不公。这篇文章反映了司马迁的唯物史观和同情下层百姓的进步立场。

85. 酒极则乱,乐极则悲

滑稽列传

王曰:"此鸟不蜚则已,一蜚冲天;不鸣则已,一鸣惊人。"

滑稽人物,是指那些凭借幽默、善于讽喻的语言和不受拘束的行为来劝谏君王的人物。本篇节选自《史记·滑稽列传》,仅选了关于淳于髡的传记,记述淳于髡三次用隐语向齐王进谏的事,人物形象呼之欲出。

淳于髡,齐国黄县(今山东省龙口市)人,战国时期齐国政治家、思想家,齐之赘婿,齐威王拜其为政卿大夫。淳于髡身长不满七尺,滑稽多辩,数度出使诸侯,未尝屈辱。

其中,齐威王八年(公元前 349 年),楚发兵伐齐。齐王使淳于髡至赵国请救兵,赵王予之精兵十万,革车千乘,楚国闻之退兵。淳于髡博学多才,善于辩论,曾经辅佐过魏惠王、陈轸等人,是稷下学宫中最具有影响力的学者之一。他长期活跃在齐国的政治和学术领域,上说下教,不治而议论,曾对齐国新兴封建制度的发展和巩固、对齐国的振兴与强盛、对威宣之际稷下之学的发展做出了重要的贡献。

司马迁认为淳于髡是个机智幽默的人，能言善辩，而且能够借物喻人，善于讽谏君王，从而达到善政的目的。

淳于髡通过三件事劝谏齐威王。

第一件事，淳于髡借鸟喻人，使齐威王醍醐灌顶，使齐国重振国威，更为我们留下了"不蜚则已，一蜚冲天；不鸣则已，一鸣惊人"的千古佳句，不知道鼓舞了多少低调内敛，又有雄心壮志的人。

第二件事，齐王想要赵国帮忙打仗，却又不肯给赵国多少好处，淳于髡借农夫祈祷丰年的例子来讽谏齐王。"所持者狭而所欲者奢"，意思就是拿着芝麻绿豆大点儿好处，就想牵着别人的鼻子走，是不现实的。幡然醒悟的齐王果断提高价码，赵国欣然出兵，唬得楚国连夜引兵而去。

第三件事，淳于髡拿自己颇具弹性的酒量来说事。国君在朝，有司旁站，饮酒不过一斗而醉。而到飨宴之时，男女不分，杯盘狼藉，兴之所至，一石也未必能醉。淳于髡指出："酒极则乱，乐极则悲，万事尽然，言不可极，极之则衰。"

重点是第三件事，淳于髡用喝酒的事来告诫齐王，喝酒应该有度，不然就会乐极生悲。现在很多人一高兴就约朋友去喝酒，借酒发疯，做出不该做的事，败坏社会风气，且损害身心健康。

86. 重商求富

货殖列传序

渊深而鱼生之，山深而兽往之，人富而仁义附焉。富者得势益彰，失势则客无所之，以而不乐。夷狄益甚。谚曰："千金之子，不死于市。"此非空言也。故曰："天下熙熙，皆为利来；天下壤壤，皆为利往。"夫千乘之王，万家之侯，百室之君，尚犹患贫，而况匹夫编户之民乎！

《货殖列传序》出自《史记》，是司马迁《货殖列传》的序文。文章驳斥了老子"老死不相往来"的观点，肯定了人民追求物质财富的合理性，说明了发展生产、互通有无既符合社会发展规律，又利国利民，表达了司马迁的经济观点。

　　"货殖"就是靠贸易生财求利的意思，就是做贸易。司马迁写的这篇序言在今天看来，说得很合理，其中包含的一些道理，至今还有借鉴的价值，还会有振聋发聩的感觉。但是在古代，两千多年前的汉朝，就不得了了。据说因为这篇文章，司马迁没少被骂。古时候主张重农抑商，提倡的是自给自足的小农经济，就是文章开头老子说的"老死不相往来"那种生活，这句话在今天其内涵发生了很大变化，但在那时却是理想的"小国寡民"应有的样子。

　　对于老子的这种观点，司马迁给出的评价是"则几无行矣"，意思就是说这种观点过时了，行不通。我们应该与时俱进，发展生产，互通贸易，这才是正道。为此，司马迁从社会风气和自然物产两个方面说明重商、重富的原因，但是光说没有实例别人也不信啊，于是司马迁又拿齐国举例，写齐国从姜太公时开始发展生产，发展贸易，使得国富民强，称霸诸侯。这就叫以事实为依据，令人信服。

　　司马迁说："故善者因之，其次利道之，其次教诲之，其次整齐之，最下者与之争。"这是讲政府与民间经济的关系，意思是："最好的做法是顺其自然，其次是因势利导，再次是教育，最后是用法令制度规范约束，而最坏的做法是与民争利。"在今天，我们仍要遵循这个原则。好的经济制度和法律条文能够促进社会发展，而"与民争利"的做法只会伤害民情，引起社会混乱。

87. 于逆境中奋起

太史公自序

　　夫《诗》《书》隐约者，欲遂其志之思也。昔西伯拘羑里，演《周易》。孔子厄陈、蔡，作《春秋》。屈原放逐，著《离骚》。左丘失明，厥有《国语》。孙子膑脚，而论《兵法》。不韦迁蜀，世传《吕览》。韩非囚秦，《说难》《孤愤》。《诗》三百篇，大抵贤圣发愤之所为作也。

《太史公自序》是《史记》的最后一篇文章。原序共有三个部分，本文节选的是第二部分的内容。文章以对话的方式记叙了司马迁编撰《史记》的过程和宗旨，揭示了作者忍辱负重的博大胸襟和强烈的历史使命感，抒发了郁结于胸的悲愤不平之气。

鲁迅称《史记》是"史家之绝唱，无韵之《离骚》"。

司马迁撰写《史记》是子承父业，他的父亲是太史令，掌管天文历法、起草文书、策命诸侯卿大夫、记载史事、编写史书和兼管国家典籍等。公元前108年，司马迁从他父亲的手中接过了编撰史书的重任，四年后，他开始创作《太史公书》，也就是后来的《史记》。后来他因为为李陵战败投降匈奴的事情向汉武帝申诉被关入大牢，还遭受了酷刑，在身体和精神的双重打击之下，司马迁忍辱负重，最终完成了这部巨作。《太史公自序》既是《史记》的序文，也是司马迁的自传，被编排在全书的最后一卷。

司马迁写《史记》的初衷是什么？在这篇序言中他表达了自己以继承周公、孔子的中华道统为己任的伟大抱负，他在文中极力赞颂《春秋》，"上明三王之道，下辨人事之纪，别嫌疑，明是非""《春秋》辨是非，故长于治人""拨乱世反之正，莫近于《春秋》"……可以说《春秋》之义，便是《史记》之义。

文章结尾处，司马迁列举了很多人，他们跟司马迁都有一个共同点——人生不如意，但是不屈服。"西伯拘羑里，演《周易》。孔子厄陈、蔡，作《春秋》。屈原放逐，著《离骚》。左丘失明，厥有《国语》。孙子膑脚，而论《兵法》。不韦迁蜀，世传《吕览》。韩非囚秦，《说难》《孤愤》。《诗》三百篇……"他们在逆境中不屈服，不放弃，忍辱负重，创作出了绝世作品，最终名垂青史。

我们要像司马迁那样在逆境之中不放弃，不抛弃，坚持走下去，为所追求的理想奋斗终身。

88. 或重于泰山，或轻于鸿毛

报任安书

人固有一死，死或重于泰山，或轻于鸿毛，用之所趋异也。

《报任安书》选自《汉书》，是司马迁写给朋友任安的一封回信，在信中司马迁叙述了自己蒙受耻辱的过程，倾吐内心的痛苦和悲愤，说明自己"隐忍苟活"的原因，表现出历经磨难仍坚持理想的顽强精神。

与其说是给任安的回信，不如说这是一篇给汉武帝看的文章，因为文中跟任安有关的内容少得可怜，基本是在讲述司马迁自己的经历和感受。司马迁叙述了自己因为替李陵辩护而惨遭宫刑的过程，揭示了汉武帝的是非不分、喜怒无常，同时谴责官场的冷漠无情，倾诉自己的痛苦与愤怒，更是发出了"人固有一死，死或重于泰山，或轻于鸿毛"的怒吼，他没有选择像屈原一样蒙受耻辱就自我了结生命，因为他觉得如果就那样死了，他的才华就浪费了。既然不能在仕途上一展宏图，就选择著书立说，他的这番事业就是写作《史记》。

"人固有一死，死或重于泰山，或轻于鸿毛。""泰山"比喻有意义、有价值的人或事，"鸿毛"则是指微不足道的事物。人生在世，谁都无法规避死亡，但死亡的意义却是不同的，有的比泰山还重，有的却比鸿毛还轻。

既然生命的长度是有限的，但意义是无穷的，那就应该在有限的生命里多做一些有价值有意义的事。雷锋在自己的日记中写道："人的生命是有限的，可是，为人民服务是无限的，我要把有限的生命，投入到无限的为人民服务之中去……"雷锋虽英年早逝，但他的死却比泰山还重。

什么样的人生才有意义？是飞黄腾达，还是大富大贵？其实很多人都把这个问题理解错了，认为物质上的富有才能体现人生的意义，但往往"重于泰山"的人生命的意义不在于物质财富的多少，而在于对社会、对人类的贡献。

89. 求贤若渴

求贤诏

布告天下，使明知朕意。御史大夫昌下相国，相国酂侯下诸侯王，御史中执法下郡守。其有意称明德者，必身劝，为之驾，遣诣相国府，署行、义、年。有而弗言，觉，免。

《求贤诏》选自《汉书·高帝纪》，是汉高祖刘邦发布的一道意在征集人才的诏书。

汉高祖十一年（公元前196年）二月，刘邦颁布了这篇求贤若渴的诏书。诏书开头先写周文王姬昌和齐桓公用贤成就功业，然后写自己用贤平定天下，最后表达他希望天下安定而急需求取能人贤者的诚意与急迫心情。文章短小，却把刘邦求贤若渴的心情描写得淋漓尽致，同时极具气势，显示出刘邦高瞻远瞩、不输古人的进取精神。

当年刘邦争夺天下时，如果单论战斗力，刘邦还稍逊于项羽，但是最后夺得胜利的却是刘邦。两人真正的差距在哪儿？就在于用人上。刘邦出身平民，但在争夺天下的过程中逐渐认识到：夺取天下和巩固江山，离不开能人志士，作为统治者，要懂得知人善任，任人唯贤。

看看刘邦身边的智囊团，有"运筹策帷帐之中，决胜于千里之外"的张子房；有"镇国家，抚百姓，给馈饷，不绝粮道"的萧何；还有"连百万之军，战必胜，攻必取"的韩信。对于这三个人，刘邦的评价是："他们都是人才，因为有了他们我才能夺得天下。"

再来看看项羽，他身边没有能人吗？并不是，他有亚父范增，范增是一位很有才能的谋士，但无奈项羽刚愎自用，不听范增的建议，最后兵败乌江，自愧无颜再见江东父老。

可见，人才对于帝王成就霸业有多重要。然而，"打江山容易，守江山难"。霸业虽然已经成就，但想要"世世奉宗庙"，使江山永固，基业长青，仍旧离不开贤者能人的辅佐，这也就是刘邦颁布《求贤诏》的主要目的。

人才在任何年代、任何国家都是十分宝贵的资源，中国更是将人才培养作为国家的一项战略措施，大力发展教育事业，培养创新驱动型人才。这是因为人才是国家发展、社会进步的基础。只有知人善任，任人唯贤，国家才能稳定，企业才能发展，个人才能一展宏图。

90. 察民情，忧民忧

议佐百姓诏

意者朕之政有所失而行有过与？乃天道有不顺，地利或不得，人事多失和，鬼神废不享与？何以致此？将百官之奉养或费，无用之事或多与？何其民食之寡乏也？

《议佐百姓诏》选自《汉书·文帝纪》，是一篇诏令类的古文。文章表现了汉文帝刘恒对百姓疾苦的关心。

刘恒是高祖刘邦的第四个儿子，汉朝的第五位皇帝，他在位期间正好是汉朝由建立逐步走向繁荣的过渡时期。在汉朝建立以前，社会一度处于动荡之中。汉朝建立初期，国家贫困，人口减少，农业生产恢复缓慢，而且连年天灾，粮食十分紧缺，就是在这样严峻的形势下，汉文帝刘恒发布了这道诏书，要求百官建言献策，解决百姓所面临的难题。

在诏书中，刘恒一连用了七个反问，他从自身言行的得失、天时地利的顺通与否、百官俸禄的多少，以及百姓从事职业的偏好等几个方面思考，表现了他体察民情，忧民之忧，迫切想要解决百姓吃饭问题的心愿。

唐代大臣魏征说民如水，君如舟，水可载舟，亦可覆舟，奉劝君主要体察民情，关心百姓。自古得民心者得天下。纵观历史，王朝的兴盛与落败都与民众有着直接的关系，爱民如子的王朝往往可达到鼎盛，而那些漠视民众的帝王或将相无一例外最后都走向了灭亡。

由此可见，忧民之忧，想民所想，不惧风雨，负重前行，这便是中华民族经久不衰的原因所在。

91. 各司其职，各尽其能

令二千石修职诏

不受献，减太官，省繇赋，欲天下务农蚕，素有畜积，以备灾害。强毋攘弱，众毋暴寡，老耆以寿终，幼孤得遂长。

《令二千石修职诏》是汉景帝刘启为了防止高级官员贪污腐败而颁布的一道诏令。汉景帝的父亲汉文帝刘恒很厉害，因此汉景帝在位期间努力向父亲看齐，励精图治，勤俭治国，政治清明。当时他主张推行"削藩"，通过削减各诸侯的封地来巩固自己的地位，实行"与民休息"的政策，减轻了百姓的赋税。

汉景帝强调农桑是人们生活的基础。他以身作则，亲自带领皇后养蚕，不接受贡品，克制宫里人的消费，减轻赋税。他认为如果某一年的收成不好，那就是因为有官员借着职位之便，以权谋私，欺压百姓。于是要求薪俸两千石的官员都要安分守己，如果还有官员徇私枉法，一定会严惩不贷。

汉景帝是一个比较有远见的君主，毕竟贪污腐败是一直存在的政治问题。但是他能够看到有些官员为非作歹，蛇鼠一窝，不能各司其职，给百姓的生活带来了很大的影响。于是他以身作则，给各官员做表率，严禁官员收受贿赂。

汉景帝在执政期间，勤俭节约。他原来想要搭建一个用来休闲娱乐的露台，等官员计算之后发现花费太多，他就打消了这个念头，而他要求自己宠幸的慎夫人穿的衣服也不能长到拖地，以便节约布料。这是一个廉明的君主，他做到了以身作则。

"以身作则"在大事小事上都是通用的。因而，在要求别人做某件事时，要反省自己是否做到了，是否在自己的岗位上尽到了自己的职责，自己的行为是否符合自己的身份。

111

92. 盖有非常之功，必待非常之人

求茂材异等诏

盖有非常之功，必待非常之人。故马或奔踶而致千里，士或有负俗之累而立功名。

《求茂材异等诏》选自《汉书》。武帝刘彻就是汉景帝的儿子。"茂材"指的是优秀的人才。"茂材"原来是指"秀才"，后来为了避刘秀的名讳改为"茂材"。而"异等"是指"同辈中的佼佼者"。这篇文章是汉武帝用来招揽人才为国效力的诏令。

汉武帝在这篇诏令里说：要建立不平凡的功绩就要依靠不平凡的人。那些不被世俗接受的非常之人，往往拥有出众的能力。汉武帝要求各个地方考察和推荐优秀的人才为朝廷效力。

汉武帝在位期间，国力强盛，但是他没有因此松懈，拥有雄才大略的同时爱惜人才、招揽人才。并且，他不介意那些举动有悖于世俗、行为放荡不羁、不符合礼法的人才。这样宽广的胸襟和深远的认识，非常值得后世帝王学习。汉武帝不拘一格，不计较门第，将察举制用到极致。在董仲舒的建议下，朝廷坚持让各地方每年向朝廷推荐人才，一种是守孝道的人，一种是有才能的人，这就是我们所说的"举孝廉、茂材"。他刚颁布这些诏令的时候，有些地方官员并没有执行，使得诏令有名无实，之后才强制执行。这样的推荐机制是很有效的，但是，又因为给了许多地方官员推荐人才的权力，于是某些官员徇私舞弊，推荐门第高的子弟，但这些子弟并不满足相关要求，这是机制的一个弊端。

"非常之人"和"有常之士"是每一个国家、企业、组织所需要的人才。在现在，有常之士就是一个企业所需要的，能够听从命令，有相应的专业能力，能够按时完成任务、遵守纪律的人才。除了这样的人才，国家、企业、组织还需要非常之人。他们有自己敏感的直觉，敏锐的观察力，在某一方面

有非凡的能力。更重要的一点是，他们能够打破常规，勇于创新。所以，领导在识人、知人和用人方面显得至关重要。而个人，也要学会发现自己的闪光点。学会自我发现，自我挖掘，并长期坚持在这方面学习。

93. 仁义不施而攻守之势异也

过秦论（上）

然秦以区区之地，致万乘之权，招八州而朝同列，百有余年矣。然后以六合为家，崤函为宫；一夫作难而七庙隳，身死人手，为天下笑者，何也？仁义不施而攻守之势异也。

《过秦论》是贾谊的政论文集《新书》中的代表作。贾谊是西汉的政论家，文学家。《过秦论》分为上、中、下三篇。《古文观止》选的是上篇，主要回顾秦国统一天下的过程以及对其的批评和总结。

贾谊在上篇中，先称赞秦国的强盛、完成统一天下的大业。秦国能够取得天下是因为拥有优越的地理位置、变法图强的主张、正确的政治战略以及几代秦王的苦心经营。但是秦王嬴政吞并六国之后却不能够用仁义来治理天下，仍旧坚持暴力治理国家。

"仁义不施而攻守之势异也"的解释是不能实行仁义，所以攻守的势态也就变化了。秦王嬴政能够打下天下是因为他自己，失去天下也是因为他自己。说明只有仁义并施，才会受到人们的拥戴。

在打败其他诸侯国之前，秦孝公高瞻远瞩，志向远大，占据了天时、地利、人和。后来继承君位的君主们也都谨遵他的遗志。但是，在实现这个远大的志向之后，秦始皇残暴无道，不再执行先王的治国之道，而是残害忠良，焚书坑儒，想要从思想上让百姓愚钝。天下不是一个人的天下，而是百姓的天下。秦始皇不能施行仁政、不厚待百姓，自然不能得民心。失去了民心，就会有许多后起之秀得到百姓的拥戴，反抗暴君。所以，贾谊举了陈涉一个农民也能够得到民心来反抗秦朝残暴统治的例子。贾谊写这篇文章，就是想要警醒后人，要吸取秦朝灭亡的教训。

"仁政"是孟子所推行的政治理念，即宽厚待民，施以恩惠，顺从民意，感化民心。

94. 众建诸侯而少其力

治安策（一）

> 欲天下之治安，莫若众建诸侯而少其力。力少则易使以义，国小则亡邪心。

《治安策》又名《陈政事疏》，选自《汉书·贾谊传》，是贾谊献给汉文帝的一篇治理国家的奏疏。他建议汉文帝实行"众建诸侯而少其力"的措施，以保证中央政权的稳固和统一。

西汉初年，曾经跟随高祖刘邦建立汉朝的那批人中出了叛乱者，虽说最后都被朝廷镇压了，那些异姓王侯的割据势力也遭到了沉重的打击，但是汉文帝时期，同姓诸侯王依旧势力强大，封地广阔，中央政权依然面临威胁。针对这种情况，贾谊便向汉文帝献了一条计策——多分封诸侯，削弱他们的势力。但是汉文帝并没有完全采纳他的提议，只是采纳了部分措施。

为什么贾谊说想要使国家安定就必须"众建诸侯而少其力"？因为同样一块封地，如果只封给一个人，那么封地上的所有人口、财产就只属于这个人，但是如果多封给几个人，那么他们每人所得到的人口还有财产都会减少，诸侯王的势力也就随之被削弱了。贾谊的这个治国之策很有远见，只可惜没有得到汉文帝的采纳，如果当时汉文帝采纳了贾谊的提议，之后的"七国之乱"可能也就不会发生了。

毛泽东对贾谊《治安策》的评价很高，称它为"西汉第一雄文"，这不仅是在赞扬贾谊的文笔，更是对贾谊治国安邦策略的肯定。那么，贾谊的《治安策》给了后世治国者什么启示呢？对于西汉以后的封建王朝统治者，贾谊给他们的启示肯定是加强中央集权，不管是隋唐时期的三省六部制，还是元朝的行省制，都是在削弱地方，加强中央集权，清朝雍正设立的军机处更是将中央集权制度发展到极致。

95. 粟者，王者大用，政之本务

论贵粟疏

粟米布帛，生于地，长于时，聚于力，非可一日成也。数石之重，中人弗胜，不为奸邪所利，一日弗得而饥寒至。是故明君贵五谷而贱金玉。

《论贵粟疏》出自《汉书·食货志》，是汉代大臣晁错写给汉文帝的一封奏疏。他希望皇帝能够重视粮食的储备和农业的发展。

"贵粟"就是重视粮食的意思。汉文帝即位以后，继续奉行"与民休养"的政策，重视农桑，促进了农业和商业的发展，但不知从什么时候开始，商业的发展使人们变得贱谷伤农，有钱有权的大地主、大商人开始变本加厉地剥削农民，致使农民流离失所，生活苦不堪言。这时候大臣晁错站了出来，言简意赅地指出要重视农业的发展，抑制商业的发展，就是"重农抑商"。

晁错用尧、禹时期顺利度过九年的水灾，商汤时期虽有七年的大旱百姓也没有流离失所、饥民遍野的现象与当时的汉朝做对比，说明了"不农"的危害。用"珠玉金银，饥不可食，寒不可衣"来说明"务民于农桑"的重要性。通过分析农民的生活境遇并和商人进行对比，指出农民流离失所、生活困苦就在于商人对他们的掠夺。最后提出了解决问题的具体措施——"使民以粟为赏罚"，也就是百姓可以依靠粮食谋取官位，依靠粮食免除刑罚。

为什么要重视农业的发展？晁错说："粮食是君王最需要的资财，粮食生产是国家最根本的政务。"在古代，很多帝王为保证农业的发展实施"重农抑商"的政策，今天虽然鼓励经济贸易的发展，但依然重视农业的发展，因为农业是国家的根本，不管是对国家还是对个人，农业都至关重要。

115

96. 众口铄金，积毁销骨——人言可畏

狱中上梁王书

秦信左右而亡，周用乌集而王。何则？以其能越挛拘之语，驰域外之议，独观乎昭旷之道也。今人主沉谄谀之辞，牵帷廧之制，使不羁之士与牛骥同皁，此鲍焦所以愤于世也。

《狱中上梁王书》是西汉文学家邹阳在狱中给梁孝王写的一封书信，旨在劝说梁孝王不要轻信他人的谗言。文章表现了邹阳正直的品格，也透露了人言可畏的道理。

可以认为这是一封邹阳为自己写的申冤信，但是信中却没有一句话提到自己的遭遇，邹阳列举了大量的历史事实，反复强调君王与臣子之间的忠信问题，指出只有君臣同心、亲密无间才能成就大业，揭示了"人主沉谄谀则危，任忠信则兴"的道理。

文章开头说"忠无不报，信不见疑"只是一句空话，为此他列举了荆轲和太子丹、白起与秦昭襄王的故事，他说荆轲和白起这两个人对主上的忠心感动了上天，但是他们的君王却不相信他们。接着邹阳又列举了其他一些人物，借此表达对梁孝王的忠心，他希望梁孝王能明白他的心意，看出他的委屈，对他能有一点儿怜悯之情。

"忠无不报，信不见疑"是很多人的心愿，但是这个愿望实现起来却很困难。这句话的意思是忠心不会得不到报答，诚实不会遭到怀疑。这是一种很理想的状态，但在现实中，它却要面临很多挑战。

史书中说邹阳这个人很有智谋，为人慷慨不苟合，但是他却因为别人的诋毁而被关进大牢，险些丢了性命。历史上像邹阳这样因为谗言而蒙冤的人不计其数，比如比干，他是一位不折不扣的忠臣，但却因为纣王听信谗言被挖心而死。相比比干，邹阳算是幸运的，但实际上，历史上多的是比干，却很少有像邹阳这样幸运的。

在现代社会，人言可畏变得更加普遍和复杂，一点小的过错，经过人们的加工，经过互联网的传播，在短时间内就会尽人皆知。我们提倡言论自由，但不是无所忌惮地网暴，正所谓"众口铄金，积毁销骨"，言语的力量丝毫逊于最先进的武器。

因此，对于当代人而言，我们比以往任何时候都需要加强自我的修养，一方面要加强言语的修养，不妄言，讲话实事求是，客观公正；另一方面要加强明辨是非的能力，不随意听信他人的言语，有自己的判断，不被他人左右。

97. 家累千金，坐不垂堂

上书谏猎

> 盖明者远见于未萌，而知者避危于无形，祸固多藏于隐微，而发于人之所忽者也。故鄙谚曰："家累千金，坐不垂堂。"

《上书谏猎》选自《汉书》。作者司马相如是西汉著名的辞赋作家，代表作有《子虚赋》《上林赋》等。本文是司马相如给汉武帝的一封奏章。

汉武帝喜欢打猎，喜欢追逐熊和野猪，司马相如认为这样不好，于是就给汉武帝呈了一封奏章，规劝他不要打猎。文章看似是在规劝汉武帝不要迷恋狩猎游戏，实际上是在说汉武帝荒废朝政，有失德行。但司马相如并没有直接指出汉武帝存在的问题，而是从汉武帝打猎时的人身安全入手。他说人群中有身怀绝技的人，那么野兽中肯定也有这样的，用存在特别勇猛、有力、敏捷的人推理野兽中存在特别凶猛的动物，况且那些猛兽在被捕猎而又无处躲藏的情况下，体内容易爆发"洪荒之力"，如果它们突然反抗，皇上又没有做好准备，就好比"是胡、越起于毂下，而羌、夷接轸也"，其危险程度一点儿不亚于战争啊。

如果光凭这一点想要说服汉武帝是远远不够的，汉武帝虽然有雄才大略的一面，但在贪恋女色、沉迷猎兽等方面却能跟昏君相比，因此劝说汉武帝放弃他的癖好。

司马相如说："聪明的人能在事情发生之前就预见到它的出现，有智慧的人能在祸害还没有形成之前就避开它。大多数祸患都隐藏在暗蔽之处，发生在人们疏忽的时候。"言外之意就是说："你是不是聪明有智慧的人，就看你的选择了。"

最后他说："家累千金，坐不垂堂。"意思是有钱的人不会坐在中堂里，为的是避免瓦片落下砸伤自己。

据说汉武帝看了这篇奏章后很赞赏。在文中，司马相如对汉武帝的关心溢于言表。正论对英明之主不起作用，那么以情动之就是更佳的途径。

给别人提意见、纠正错误是一门很有艺术的学问，为什么很多人给领导或朋友提意见，轻则被批评，意见不被采纳，重则被厌烦，就是因为提建议的方式不对。试想如果司马相如直截了当地责骂汉武帝荒废朝政，可能他的脑袋早就"搬家"了。所以，给别人提意见，即使出发点是好的，也要讲究方法。首先，对于不同的人要采取不同的方法，有些可以直截了当，有些却需要婉言相告；其次要分清对象，提建议也要因人而异；最后，要注意自己的身份地位，不能因为自己是提出者就高高在上，也不能因为对方身份比自己高贵就唯唯诺诺，要与对方平等沟通，坦诚相待。

98. 文情并茂

答苏武书

然陵不死，有所为也。故欲如前书之言，报恩于国主耳。诚以虚死不如立节，灭名不如报德也。

《答苏武书》收录在萧统编的《文选》中，原题为《李少卿答苏武书一首》。作者李陵，是汉代名将李广的孙子。这封信旨在为自己投降匈奴的行为作辩解，同时也在一定程度上揭露了当时政治的黑暗。

天汉二年（公元前99年），李陵率领五千步兵攻打匈奴，结果寡不敌众，兵尽粮绝，不仅没有支援，自家还出了一名叫管敢的叛徒，最终李陵被迫投降匈奴，为此汉武帝勃然大怒，下令杀害了李陵的家人。李陵投降匈奴后见到了被匈奴扣留的苏武，就是在北海放了十九年羊的汉朝使臣。后来苏武回到汉朝，写信给李陵叫他归汉，李陵便写了这封长信。

后世有人说汉代有两封书信感人至深，流传千古。一封是司马迁的《报任安书》；另一封虽颇有争议，但又几乎可以和《报任安书》相媲美的就只有《答苏武书》了。文章写得很委婉也很生动，将文采与情感交融在一起，文情并茂，尤其是对战争场面的描绘更是细致，充分表明了自己被迫投降匈奴的原因和沉重的心情。

李陵为什么不选择回归汉朝？毕竟那是自己的国家，养育自己的地方。一方面，在信中李陵说："我虽然辜负了汉朝的恩情，但汉朝也辜负了我的功劳。"汉朝的统治者忽视了他的功劳，怪他没有以身殉国，还杀害了他的家人。另一方面，他听说了苏武回去后所遭受的不公正对待，更是让他对汉朝的统治者感到心灰意冷。他不是不爱自己的国家，也不是不想回去，只是汉朝的统治者伤透了他的心。因此，他宁愿死后葬在异乡，也不愿再弯腰下拜，回到汉廷，听凭那帮刀笔吏舞文弄墨，随意讨伐。

汉武帝代表狂躁易怒的一种人，单于代表攻心为上、以理服人的一种人。李陵投降匈奴以后，受到了单于的礼遇，不仅封他为右校王，还将女儿嫁给了他，李陵之所以不愿回国，跟两边君主对他的态度密切相关。

99. 尚德缓刑

尚德缓刑书

故天下之患，莫深于狱；败法乱正，离亲塞道，莫甚乎治狱之吏，此所谓一尚存者也。

《尚德缓刑书》选自《汉书》。作者路温舒是西汉时期的大臣，学识渊博，举孝廉。本文是路温舒呈给皇帝的一封奏章，目的是想趁汉宣帝即位之初，借机改变狱吏肆虐，危害社会的现实状况。文章指出秦汉以来狱吏的种种罪恶，建议汉宣帝放宽刑罚，崇尚道德教化。

"狱吏"是在监狱里看守罪犯的官吏。文中路温舒指出了秦朝以来狱吏的种种罪状。他说秦朝之所以灭亡，就是因为没有整顿狱吏，使得忠良恳切的言辞不被采纳，而称赞阿谀的声音却天天响彻耳边，虚伪的赞美迷住了心窍，而实际存在的祸患却被掩盖住了。秦朝的这一弊病在汉朝依旧存在，所以路温舒说太平盛世之所以还没有到来，就是因为还有这些狱吏存在。

"故天下之患，莫深于狱；败法乱正，离亲塞道，莫甚乎治狱之吏。"意思是说天下的祸害，没有什么比得上法官判案这件事。败坏法纪，扰乱正道，使亲人分离，道义不明，没有谁比负责判案的官吏更恶毒的。可见"尚德缓刑"的重要性。

路温舒将"尚德缓刑"的重任寄托于国君的开明有一定的局限性，要知道两千多年前他能提出这样的主张已经非常不错了。

暴力与德育哪一个更有力？为什么现在警察在审讯犯人的时候几乎不采取暴力的方式？而那些在监狱里的犯人平时也会接受思想教育？以理服人，以德教人的效果更好。

100. 勇敢可嘉，送死不必

报孙会宗书

君子游道，乐以忘忧；小人全躯，说以忘罪。窃自私念，过已大矣，行已亏矣，长为农夫以没世矣。

《报孙会宗书》选自《汉书》。作者杨恽是司马迁的外孙。杨恽继承祖业，在朝为官，为人正直，敢于揭发他人的过失。他和朝中的太仆戴长乐不和，被戴长乐抓住把柄后弹劾，于是回家购置田产，逍遥自在。他的朋友孙会宗觉得他太过招摇，于是写信劝诫他。

杨恽回信的内容大致分为四个部分。首先说明自己回信的目的，对于孙会宗的劝诫他有不同的想法。接着将自己贬低，说自己自甘卑贱，甘愿回家弄弄田产，责怪孙会宗不知道事情原委就来责怪他。古时候父母去世要守孝三年，而自己在过去的三年里的惩罚已经结束了，现在的田园生活很是幸福。然后，他承认自己现在没有关在家里表示忏悔，生活过得滋润些，但是自己已经不是朝中大臣，甘愿做普通百姓，质问孙会宗为什么还要拿大臣的标准来约束自己。最后表明人各有志，祝孙会宗前程似锦。

　　写完这封信后不久，有人看不惯杨恽被贬了还如此招摇。古时候发生什么自然现象都会认为和君主有关。当时日食是不吉祥的征兆，有人借此说这是杨恽对君主的怨恨招致的。当时，杨恽侍奉汉宣帝，汉宣帝并不想治杨恽什么大罪，但是搜家之后发现了这封信，汉宣帝非常生气，于是把杨恽腰斩了。在这封信里他把自己的不满和嘲讽都写出来了。更重要的是，因为杨恽提到了自己在家中会唱《田彼南山》，这是写劳苦人家自娱自乐的诗，三国魏人张晏说："山高而在阳，人君之象也；芜秽不治，言朝廷之荒乱也。一顷百亩，以喻百官也；言豆者，贞实之物，当在困仓，零落在野，喻己见放弃也。其曲而不直，言朝臣皆谄谀也。"这让汉宣帝认为杨恽真的大逆不道。而这事也让孙会宗遭到了牵连。孙会宗只是想要规劝自己的朋友，没想到朋友不仅不领情指责自己，还被牵连，估计心中多少有些委屈。

　　杨恽虽然没有太突出的政治才能，但是有些学识。《史记》也是因为他向汉宣帝进谏，才让世人有机会阅读。但是，杨恽的缺点和优点也一样明显。他的遭遇和自己的外祖父司马迁很像，但是他比司马迁幸运，但是性子没有司马迁沉稳。司马迁受了宫刑但是仍旧正直公正，坚持把《史记》写完。而杨恽能够回乡过自在的日子是很幸运的，但是他为人自负，性情高傲，不反省自己的过失，也听不进朋友的忠告。他做事招摇，不能收敛自己的行为，招致杀身之祸。

　　一个人有才能、正直是好事，但是高傲、自负、锋芒毕露会给自己带来灾祸。而杨恽就因为性格，把一手好牌打烂。只有能做到自省，善于采纳他人好的意见，才能保全自己。

101. 有志者事竟成

光武帝临淄劳耿弇

张步前亦杀伏隆，若步来归命，吾当诏大司徒释其怨。又事尤相类也。将军前在南阳，建此大策，常以为落落难合，有志者事竟成也。

《光武帝临淄劳耿弇》选自《后汉书》。耿弇是东汉的一名大将，他跟着光武帝刘秀起兵打仗，为光复汉室立下了赫赫功劳。刘秀原是刘姓贵族，但是家道中落，带着"云台二十八将"重兴汉室，建立东汉政权。这篇文章记录了军队打胜仗之后，他来到前线慰问耿弇和士兵们的事。

光武帝来到临淄后，将耿弇和韩信相比，说他的功绩超过了韩信。韩信是汉高祖时期的一个重臣，他平定了临淄。光武帝的意思是，韩信当时拿下临淄是因为对手已经投降了，而耿弇却降伏了强大的敌人，并表示自己会对张步采取怀柔政策，只要他投降汉朝，汉朝将不追究他的过错。光武帝对耿弇的功绩做出了肯定，并夸赞他是"有志者事竟成"。

"有志者事竟成"，就出自此文。光武帝刘秀是个忍辱负重的人。他的起点并没有比其他人高出多少。但是他胸怀大志，懂得如何用人。耿弇二十一岁的时候投奔刘秀，在刘秀称帝时，耿弇才二十二岁，还是个大将军。刘秀在"云台二十八将"的协助下完成了大业。他所说的南阳大策是平定齐地的三步走战略。先收服三心二意的渔阳太守，消除内部的隐患，接着消灭农民军，最后平定齐王。而此时就处于最后一个步骤。

事情难不难，不能只是看事情本身，还要看个人是否有信心，能不能坚持做下去。刘秀只是个没落的贵族，在还没有崭露头角的时候，谁输谁赢并不知道。后来哥哥又被对手杀了，那时只有他一人，形单影只，如果是一般人，可能已经承受不了亲人离世带来的苦痛了，而此时，他不但不能表现自己的痛苦，还要一个人肩负起责任。所以，光武帝在说"有志者事竟成"时，可能也是对自己以往经历的一种感叹吧。

在我们的一生中，会有许许多多的挑战和坎坷。很多人在一开始都有理想和愿望。小时候老师总会问小朋友长大后想要干什么，大家回答的都很美好，但是能够实现的人并不多。所以，当我们看到身边非常优秀的人才时，要知道他们背后承受了很多痛苦。若想实现理想，必须得坚定信念，不断修炼自己的心性，磨砺自己的意志，提升自己的能力。

102. 耳可得闻，口不可得言也

诫兄子严敦书

援兄子严、敦并喜讥议，而通轻侠客。援前在交趾，还书诫之曰："吾欲汝曹闻人过失如闻父母之名，耳可得闻，口不可得言也。"

《诫兄子严敦书》是一封家书。"严敦"指的就是马严和马敦，写信人马援是他俩的叔叔。马严和马敦身世可怜，他们的父亲马余在他们小的时候去世了，第二年母亲也跟着去了。无父无母，在马严十三岁的时候，马援就把两个人带到身边养着，并且视如己出。

写这封信时马援正跟着光武帝刘秀打仗，但是他听说两个侄子喜欢说他人的短处，结交了一些轻浮的江湖游侠，就对他俩平日的作风很是担忧，于是在百忙之中，写下了这封家书。

马援首先告诫两个侄子，不要再妄自议论他人的长短。接着让他们学习龙伯高的敦厚谦逊，不要学习杜季良。全篇只有寥寥数语，但是用举例论证的方法，句句恳切，苦口婆心，体现了马援对这两人的关切。

马援是东汉初年光武帝刘秀重用的大将军，名将后裔，跟着刘秀立下了赫赫战功，位列九卿。在当时，百姓小心翼翼地生活，而这些贵族也如履薄冰，规范自己的言语和行为，担心哪里没做好，就会被其他人告发，因此获罪甚至祸及家门。在这封信送给两个侄子之后，就有人根据信中说到的杜季良的事大做文章，接着，杜季良便因此获罪，也因为这封信，皇帝才对马严和马敦从轻发落。可见，在当时要时时刻刻提醒自己注意言行。

为什么马援希望他们向龙伯高学习，却不希望向杜季良学习？杜季良和龙伯高都是两个侄子的朋友，两人都有良好的品德，但性子截然不同。龙伯高为人忠厚，不议论人是非，待人谦逊，事事谨慎。杜季良为人豪爽，热心肠。但是，良好的品性可不是那么容易就学到的。向龙伯高学习，即使没有学到精髓但是为人还是会谦虚谨慎。而向杜季良学习难度更大，一不小心就会成为缺乏礼数、轻浮、做事不沉稳的人，这和马援的初衷是相悖的。

在这个世界上，每个人都有自己的缺点和优点，通常都不喜欢别人议论自己，像马严和马敦喜欢议论他人、夸夸其谈的作风在当时和现在都是大忌。为人谦逊、低调，不说别人的长短，要规范自己的行为，提升自己的修养，才会让自己成为一个德行高尚、受人尊重的人。

103. 亲贤远佞

前出师表

> 亲贤臣，远小人，此先汉所以兴隆也；亲小人，远贤臣，此后汉所以倾颓也。

《前出师表》选自《三国志·蜀书·诸葛亮传》。建兴五年（227年），诸葛亮准备出兵北伐，临行前向后主刘禅献上此表，表达自己审慎勤恳、以伐魏兴汉为己任的志向和劝谏后主采纳忠言、亲贤远佞的愿望。

南宋诗人陆游在《书愤》中写道："出师一表真名世，千载谁堪伯仲间。"这不仅是对《出师表》行文的赞美，更是对诸葛亮忠心赤胆的称赞。"亲贤臣，远小人，此先汉所以兴隆也；亲小人，远贤臣，此后汉所以倾颓也。"王朝的兴盛离不开贤良臣子的辅佐，帝王如果亲近奸佞小人而疏远贤良忠臣，则会令国家走向衰落。因此诸葛亮向后主刘禅举荐了很多人才，包括文官和武将，他希望刘禅能够继承刘备的遗志，广开言路，赏罚分明，亲贤远佞，奋发有为。

"佞"是指巧言谄媚的人，"亲贤远佞"是说要亲近有才能的贤人，疏远阿谀奉承的小人。它适用于一个国家或一个企业的管理，也适用于我们日常的社交活动。

对于一个管理者而言，"亲贤远佞"是极为重要的。在管理中，亲近贤良的人，可以获得正面的能量，得到好的建议，领导者不好的行为也会得到纠正，使国家或集体步入正确的轨道。而佞臣只会顺从领导者的喜好，不但会影响法令的执行、社会的公正，也会使贪图享乐的恶习难以制止。

对于个人而言，"亲贤远佞"则意味着在社交的时候要擦亮眼睛，要先了解一个人的品行，知道他的特点，再决定要不要与之交往。跟品德修养高尚的人交往，在不知不觉之中你的品行也会得到提升。跟一个爱读书的人在一起，久而久之，你也会爱上阅读。但如果你一直跟游手好闲的人在一起，那么他们身上的恶习会慢慢出现在你身上。这就是不同品行的人对他人的影响，这种影响是潜移默化的，但又至关重要。

交友是一门学问，不是每一个人都能成为你的朋友，也不是每一个人都会对你坦诚相待。奉承讨好你的人未必是真的朋友，但是能大胆指出你问题的人，一定是真心待你的人。

104. 鞠躬尽力，死而后已

后出师表

臣鞠躬尽力，死而后已，至于成败利钝，非臣之明所能逆睹也。

《后出师表》见于《三国志·诸葛亮传》裴松之注，一般认为是诸葛亮的作品，是《前出师表》的姊妹篇。相比之下，《后出师表》的针对性很强，是诸葛亮专为批驳那些主和苟安派而作的一篇文章。

《前出师表》写于北伐之前，表明诸葛亮北伐的决心。第一次北伐失败后，蜀汉朝廷中出现了一些反对北伐的声音，于是诸葛亮再次上表，即《后出师表》，指出敌强我弱的严峻现实，同时阐明北伐的必要性和迫切性，表达自己的决心。

　　诸葛亮为了蜀汉朝廷可以说是用心良苦，他一次又一次主张北伐，是因为他知道蜀汉与北边的魏国之间迟早会有一场大战，一山尚且不能容纳二虎，更何况是两个国家呢？刘备在白帝城托孤，托付给诸葛亮的不只是一个"扶不起的阿斗"，还有整个蜀汉王朝和他未了的夙愿。用诸葛亮自己的话来说："臣鞠躬尽力，死而后已；至于成败利钝，非臣之明所能逆睹也。"意思是："臣下只有竭尽全力，至死方休，至于伐魏兴汉究竟是成功还是失败，是顺利还是困难，那就不是臣下的智力所能预见的。"如此赤胆忠心，千古能有几人能与之媲美呢？

　　"鞠躬尽力，死而后已"几乎是敬业精神的最高境界，"鞠躬"是恭敬谨慎，"尽力"是竭尽心力，"已"是停止。"鞠躬尽力，死而后已"就是指为了一项事业兢兢业业，为了一种理想夙夜在公，为了一份信念投入一生。

　　中华民族的发展离不开那些"鞠躬尽力，死而后已"的人。许多股肱之臣都是为国为民忠贞不渝。先有诸葛亮为蜀汉朝廷竭心尽力，后有范仲淹高呼"先天下之忧而忧，后天下之乐而乐"。

　　当代，"鞠躬尽力，死而后已"的榜样也不少见。比如，焦裕禄担任河南省兰考县委书记时，强忍肝癌的病痛艰苦奋斗，被誉为"人民的好公仆""共和国的脊梁"，将工作热情奉献到了生命的最后。再如，曾任阿里地委书记的孔繁森，把职业生涯贡献在西藏阿里地区，远离家乡，建设雪域，最后殉职于青藏高原的苍茫蓝天下。正如他所写的一句自勉之语所说："青山处处埋忠骨，一腔热血洒高原。"

　　热爱国家和人民，热爱自己的工作，乐在其中地坚持，在平凡的岗位上成就不凡的自我，在有限的生命中发挥无限的力量，这就叫"鞠躬尽力，死而后已"。

105. 孝之道

陈情表

> 臣无祖母，无以至今日；祖母无臣，无以终余年。母孙二人，更相为命，是以区区不能废远。

《陈情表》是李密写给晋武帝的奏章，被认定为中国文学史上抒情文的代表作之一，有"读诸葛亮《出师表》不流泪不忠，读李密《陈情表》不流泪者不孝"的说法。

李密是三国两晋时期著名的文学家，是从寒门中走出来的一位贵子。他从小家境贫寒，父亲早逝，母亲改嫁，由祖母刘氏抚养长大。他为人正直，学识渊博。在晋国灭了蜀国之后，晋武帝多次向李密发出邀请，希望他能到朝廷为官，并封他做了太子"洗马"。"洗马"是辅佐太子，教太子政事、文理的一个官职。但李密以祖母年迈多病需要照顾为由拒绝了晋武帝的邀请。

李密说："臣密今年四十有四，祖母刘今年九十有六，是臣尽节于陛下之日长，报刘之日短也。"意思是说："我今年四十四岁，但是祖母刘氏已经九十六岁了，我在陛下面前尽忠尽节的日子还很长，但在祖母刘氏面前尽孝尽心的日子却很短。"自古忠孝两难全，在忠和孝之间，李密选择了后者。

孝是中华民族的传统美德，帝王以孝治天下，做人则以孝为根本，一个"孝"字贯穿了整个中华民族的历史。

什么是孝？孔子说如果不能恭敬地对待父母，而只是给他们一些吃的，那赡养父母跟养骡子养马没有什么区别？孝道讲究的是心，而不是事，如果把给予父母的生活条件是否优越作为判定是否孝顺的标准，那穷人家就永远不会有孝子了。但事实恰恰相反，自古寒门出孝子，国难显忠臣。越是贫穷的人家，越容易出现孝子贤孙；越是富贵的人家，越容易出现违逆父母的不肖子孙。比如李密，就是一位寒门出身的孝子。

"孝"是一件很简单的事吗？为什么很多人听到"常回家看看"这句话

时，要么面露难色，要么黯然落泪，就因为对于他们而言"常回家看看"是一件很奢侈的事，他们忙于生活，忙于工作，忙于学习，或是忙于游乐，很少有时间能回家陪陪自己的父母。"树欲静而风不止，子欲养而亲不待。"当他们终于醒悟过来的时候，却发现一切都已经晚了。

孝是一个人的立身之本，也是我们生存的根基。我们在父母无微不至的关爱里长大，等他们老了，两鬓斑白的时候，也应多陪陪他们，在他们身边尽尽孝道。

106. 人生苦短，及时行乐

兰亭集序

虽取舍万殊，静躁不同，当其欣于所遇，暂得于己，快然自足，曾不知老之将至。及其所之既倦，情随事迁，感慨系之矣。向之所欣，俯仰之间，已为陈迹，犹不能不以之兴怀。况修短随化，终期于尽。古人云："死生亦大矣！"岂不痛哉！

《兰亭集序》又名《临河序》《禊序》《三月三日兰亭诗序》等，是永和九年（353年）三月三日，时任会稽内使的王羲之与友人谢安、孙绰等四十一人在兰亭修禊时所写的一篇诗序。

修禊是古时候人们在暮春之际到水边嬉戏，以消除不祥之气的一种象征性的活动，实际上是一些文人雅士们到那里去游山玩水，欣赏大自然的美景。《兰亭集序》记叙了兰亭周围的山水之美和聚会的欢乐之情，抒发了作者对于生死无常的感慨。

王羲之被誉为"书圣"，其书法造诣极高，唐太宗李世民就十分喜爱他的书法，还令人把王羲之的字作为自己的陪葬品。其实王羲之在文学方面的成就也很高，《兰亭集序》便是王羲之的代表作，文章仅有三百多字，却将兰亭之美景、聚会之欢乐以及人生之短长、生死之无常描写得淋漓尽致。

为什么王羲之会感到忧伤？在某一时刻喜爱的事物随着时间的推移发生

变化，以前感到欢快的事物在顷刻之间成了往昔，能不让人心生感慨郁闷惆怅吗？更何况生命长短不一，完全听凭造化，最后一切都会化为乌有。这又岂是一句"痛哉"可以表述的吗？所以，人生苦短，贵在及时行乐。

及时行乐意思是抓住时机，及时享乐。这个成语出自乐府诗歌《西门行》，在后世的应用也很普遍。《大宋宣和遗事》中说："人生如白驹过隙，倘不及时行乐，则老大徒伤悲也。"意思是说人生过得很快，如果不抓住机会享受乐趣，那么到老的时候后悔都来不及了。所以，及时行乐可以看作是一种生活态度，但是不是所有的及时享乐都是及时行乐呢？及时行乐并不意味着随心所欲，为所欲为。只有在一定范围内的及时行乐，才能真正体会到乐的趣味。

活在当下，开心地过好每一天，做自己喜欢的事，爱自己所爱的人，多和关心自己的人在一起。花有重开日，人无再少年。认真地活着，生命中的每一天都是唯一的一天，过去了就再也寻不回来。

所以，人生苦短，贵在及时行乐。

107. 要有挣脱束缚的勇气

归去来兮辞

归去来兮，田园将芜，胡不归？既自以心为形役，奚惆怅而独悲？悟已往之不谏，知来者之可追。实迷途其未远，觉今是而昨非。

《归去来兮辞》是陶渊明辞去彭泽县令，回归田园生活后写的。逃离官场后，他感觉田园生活很惬意，于是以这篇文章表达自己的心情。

陶渊明为什么要辞官回乡呢？因为他厌恶官场的阿谀奉承，不愿为五斗米而折腰。其实一开始陶渊明当官是为了改善生活，因为得到俸禄就能让他喝上足够多的酒，于是他就去彭泽县工作。可是，上任不久，他非常想念自己的故乡，加上官场并不如他想象的那样，所以干脆就辞官了。

陶渊明坐船回家的路上，天刚刚亮，他回想起在官场的生活，总觉得自己被束缚了,只有回归田园才会让自己活得自由自在。回到家后,他十分感慨:外界的一切都和我志趣不同,现在的生活才是我想要的。体验到田园生活的快乐后,他只想顺其自然、无欲无求地生活。

读这篇文章时,或许有人觉得陶渊明矫情,说他受不了官场阿谀奉承的生活,只会一味地逃避现实。但也有人欣赏他敢于冲破牢笼的勇气,向往他笔中的田园生活。个人的经历和背景不同,心境也就不一样。

现在,很多人都向往自由自在的生活,但无法像陶渊明一样,放弃功名利禄,回家种地。世界的发展日新月异,无尽的欲望给人们带来越来越重的压力。有人不满足当下的生活,追求更多的钱财;有人想要权力,追求官场的功与名;有人奔波劳碌却一事无成……无尽的欲望化成无数的枷锁,我们的身心被束缚,不敢企及诗与远方。对于大多数人来说,很难舍弃钱财,舍弃名利,过简简单单的生活。

虽然不是每个人都可以像陶渊明那样洒脱,但我们也不用将自己束缚得太紧,适当的羁绊可以催促自己奋进,过度羁绊只会适得其反,后果不堪设想。当今社会,确实有很多外在的条件约束了我们的手脚,但是更多的痛苦是自己内心的欲望带来的。梭罗说:"一个人抛下的越多越富有。"试试给自己的心灵减少束缚,给生活做减法,体验"断舍离"之后的轻松与惬意吧。

108. 每个人心中都有一片世外桃源

桃花源记

> 土地平旷,屋舍俨然,有良田、美池、桑竹之属。阡陌交通,鸡犬相闻。其中往来种作,男女衣着,悉如外人。黄发垂髫,并怡然自乐。

《桃花源记》是陶渊明的代表作。许多人读过之后,都会被文中描述的那个安详、惬意的世外桃源吸引。

陶渊明所在的时代是东晋末年到南朝宋初期,那时社会动荡,政治非常黑暗。在这样的背景下,陶渊明写了这样一篇文章,描述他心中极其理想的生活，既表达了对当时社会的不满与批判，又抒发了自己对美好生活的憧憬之情。

《桃花源记》讲东晋太元年间，武陵一个渔夫偶然迷了路，来到一片非常漂亮的桃花林。他走到桃花林尽头，发现有一个小洞，进去后发现有一片世外桃源。在那里，土地平坦广阔，房屋排列整齐，人们来来往往，辛勤耕作。渔夫看到这种景象后，感觉非常惬意。而且桃花源里面的人都热情地招待他。他询问过当地人之后得知，那里的人为了躲避秦时的战乱，带着家人来到这个地方，于是和外面的人断了联系。他们不知道此时外面是什么朝代，发生过哪些事情。在那里安闲地住了几天后，渔夫便准备走了。离开之前，桃花源里的人们叮嘱他不要和外人说起这些事，但渔夫并没有听从，一出来就立马向当地的太守禀告了这件事情。太守等人听了渔夫的话，半信半疑，带着人去寻找那片桃花源，最终没有找到，后来的人也不知道桃花源在哪里。

桃花源不仅是一种理想的生活状态，更是一种精神寄托。它所表达的是现实生活的安宁，以及人们精神世界的宁静。在动荡的年代，抑或是高速发展的今天，这样的境界是很多人难以实现的。

陶渊明当时追求的是出世，偏安一隅，他想有属于自己的一片净土，做自己喜欢的事情，不被世俗干扰，这和很多人提倡积极入世的理念相悖。陶渊明将自己的这个想法用文字表达出来，他就是想要和世俗的喧嚣对抗到底，如果说他逃避现实，选择了消极的人生，但是有多少人有他那样的勇气呢？

所以，我们需要思考一个问题：我们到底想要什么样的生活？也许，每个人的心中都有一片纯净、不受外界干扰的桃花源，只是我们没有勇气踏入那片桃花源罢了。不是所有人都可以像陶渊明一样，选择避世的生活，我们的生活也许没有诗和远方，但是一定要积极面对现实。

虽然，我们大多数人无法像陶渊明一样选择归隐田园的生活，但是我们仍可以给自己留一些理想生活的空间，比如繁忙的工作结束后，回家看一看电影，还可以选择去旅游，尝试给自己松绑。

人生不过百年，对很多人来说，生活已经很苦了，偶尔去属于自己的那片世外桃源逛一逛，也不失为一种好的选择。

109. 接受自己的平凡，也是一种不平凡

五柳先生传

赞曰："黔娄有言：'不戚戚于贫贱，不汲汲于富贵。'其言兹若人之俦乎？衔觞赋诗，以乐其志，无怀氏之民欤？葛天氏之民欤？"

《五柳先生传》是陶渊明的自传。陶渊明的一生中，有两种截然不同的处世态度：从积极入世到淡然出世。

陶渊明从小就勤奋好学，心中有着远大抱负。他二十岁的时候就开始做官了，但是因为当时的政治混乱，他渐渐对仕途失去了信心，于是放弃做官这条路，回归田园生活。

五柳先生具体是谁，一开始没有人清楚。齐国隐士黔娄说："不为贫贱而忧心忡忡，不为富贵而奔波劳累。"大概指的就是五柳先生这样的人。

人们大多知道陶渊明的这篇文章是虚构的，但也都知道五柳先生就是陶渊明。文中描写了五柳先生的特点：爱喝酒，一喝酒就要尽兴；爱读书；闲散宁静，沉默寡言；不慕荣华富贵。这不就是陶渊明本人吗？

或许有人说，陶渊明的一生是平凡的，离开了官场，他就没什么作为了。实际上，回归田园生活的他确实不富有，文中说其家徒四壁，可他并没有因此而自怨自艾。不得不说，有些人虽然物质上并不富足，即使贫穷也会享受生活，对自己选择的生活甘之如饴。这就是陶渊明和很多人不一样的地方：他明白自己想要的是什么样的生活，他抛弃世俗的那一套，毅然放弃了仕途，甘愿过着平凡的生活，勇于接受自己的平凡。

那么，作为千千万万个平凡人中的一员，你到底想要什么样的生活呢？

每个人的人生态度不同，追求不同，但是能够甘于平凡的又有几人？我们总幻想自己能在某一行有大成就，总觉得自己与别人不同，活在别人的眼光里，一边自卑一边自负，要知道这个世上大多是平凡人，不是每个人都能有大作为的，就连陶渊明这样的文学大家过得也很贫苦。

所以，要学会接受自己的平凡，这也是一种不平凡，还要努力创造不平凡。

110. 假隐士，真君子

北山移文

昔闻投簪逸海岸，今见解兰缚尘缨。于是南岳献嘲，北陇腾笑，列壑争讥，攒峰竦诮。慨游子之我欺，悲无人以赴吊。

《北山移文》是南朝文学家孔稚珪写的一篇骈文，是六朝骈文中的杰出之作。作者通过对假隐士、真官迷两面性格的描写，揭露和讽刺了那些伪装隐居以求取功名利禄的人。

移文是古代文书中的一种，主要在各有关官署之间流通，作为公文发往平行机关。作者借用这个词是为了达到晓谕众人和责备假隐士的目的。北山就是钟山，即紫金山，位于今天南京的北面。山的南面有个草堂，有人把这篇移文刻在草堂前的山石上，以便于保存。

作者借用拟人化的手法，虚构山林的口吻，对假装隐居山林，实则真心向往荣华富贵的假隐士周子给予尖锐的讽刺。的确，人人都有权利去做自己想做的事，有人选择了自我修行、莫管他人的方式，而有的人却很重视运用文体、舆论维护高洁的品行。

因此，也有不少人认为这篇文章印证了作者狷介不屈、赞颂和维护高洁品行的真君子精神，而不是仅仅为了维护一个毫无用处的"隐士"之名。

"昔闻投簪逸海岸，今见解兰缚尘缨。"意思是说昨天还听说有人脱去官服逃到海滨隐居，今天却见到有人解下了隐士的佩兰而为尘世的绳缨所束缚。这种行为叫什么？说虚伪一点儿也不为过。除了虚伪，还有什么是我们所不齿的呢？是言而无信，言行不一。社会需要孔稚珪这样的人，他们极力维护高尚情怀、高洁品行和社会公德。

111. 思国之安者，必积其德义

谏太宗十思疏

诚能见可欲，则思知足以自戒；将有作，则思知止以安人；念高危，则思谦冲而自牧；惧满盈，则思江海下百川；乐盘游，则思三驱以为度；忧懈怠，则思慎始而敬终；虑壅蔽，则思虚心以纳下；惧谗邪，则思正身以黜恶；恩所加，则思无因喜以谬赏；罚所及，则思无以怒而滥刑。总此十思，宏兹九德。

《谏太宗十思疏》是魏征于贞观十一年（637年）呈给唐太宗的一封奏章，意在劝谏太宗居安思危，戒奢以俭，积其德义。

唐太宗年轻时跟随父亲打天下，艰苦创业。继位以后，他励精图治，发誓要做一代贤君。但是随着功业的积累，太宗开始追求享乐，生活也逐渐奢侈起来。于是魏征就写了这篇奏章，给李世民提出十个需要经常思考的问题。概括起来就是礼贤下士、虚心纳下、赏罚公正、知人善任、在生活上厉行节俭、不轻易动用民力等。

据说这封奏章不仅得到了李世民的采纳，还被李世民拿来时刻警醒自己。

李世民作为中国历史上最有成就的开明君主之一，其功绩的建立离不开魏征那样敢于直谏的忠臣。魏征去世以后，李世民曾亲自去吊唁，还失声痛哭。他说："以铜为镜，可以正衣冠；以古为镜，可以知兴替；以人为镜，可以明得失。"可见，帝王需要正直勇敢的臣子，而普通人同样需要这样的人常在身畔。

魏征跟唐太宗说，想要国家安定，就必须积累德义。国君积累德义就跟树根要深扎，泉水要通源是一个道理，根深才会叶茂，源通才会流水，只有行德义之行，积累德义之气，国家才会稳定。

为什么国君要积累德义？《荀子》说："君者舟也，庶人者水也，水则载舟，水则覆舟。"统治者爱护百姓，以仁德道义去管教百姓，百姓自然顺服他，拥护他，这样国家才会稳定长久，但倘若施以暴政，统治者为所欲为，奢侈享乐，不顾百姓生死，那么国家必然陷入混乱，甚至还会走向衰落和灭亡。

历史上的君王，前期励精图治的很多，但到了后期就多开始居功自傲，我行我素了。魏征说出现这种情况的原因不是"取之易，守之难"，而是统治者不能一直"竭诚以待下"。

尽管这篇奏章写在一千多年前，但它在为人、治国、安民等方面依然具有重大借鉴价值。那十个需要经常思考的问题，不管是对国家还是对个人都颇有意义，人们要学其要义，戒骄戒躁，宽容豁达，积极提高自我修养，增强历史使命感和民族责任感。

112. 笔枪纸弹

为徐敬业讨武曌檄

> 班声动而北风起，剑气冲而南斗平。暗鸣则山岳崩颓，叱咤则风云变色。以此制敌，何敌不摧！以此图功，何功不克！

《为徐敬业讨武曌檄》是唐代文学家骆宾王跟随徐敬业起兵讨伐武则天时，代表徐敬业起草的一篇声讨武则天的檄文。

檄是古代用来声讨、征召或晓谕的文告，主要用于军事行动之中。檄文的一大特点是先声夺人。通常一篇檄文由三个部分组成：一是声讨对象的罪行，二是声讨方的力量，三是必胜的信念。这篇檄文也不例外。

文章开头便开始数落武则天的种种罪行，说她非法执政，身份卑微，淫乱污秽，心狠手辣，还说她祸国殃民，篡权夺位。这样的罪名比天大，比地厚，应该人人得而诛之。然后，说徐敬业起兵的正义性和他们的军事力量。徐敬业是唐代开国功臣徐世勣的孙子。徐世勣因为辅佐唐太宗建立唐朝有功，被封为英国公，并赐姓李，所以，徐敬业也被称为李敬业，这篇檄文也称《为李敬业讨武曌檄》。

徐敬业起兵的正义性在于：一来他是功臣的后代，继承的是先人留下的事业,享受过唐朝的恩遇;二来是因为武则天的种种罪行。"因天下之失望,顺宇内之推心,爰举义旗,以清妖孽。"这是说依随着天下的失望情绪,顺应着举国推仰的心愿,于是高举正义之旗,发誓要消除害人的妖物。因而徐敬业的起兵具有正义性,是一种出师有名、大义凛然的军事行动。最后,再动之以情,晓之以理地尽可能多地争取朝臣,尤其是权臣们的支持。

文章写得理直气壮、气势磅礴的同时也声情并茂,具有很强的感召力。据史书记载,当武则天读到文章结尾处"一抔之土未干,六尺之孤何托"的时候,还责怪丞相:"这样的人才你不招揽到朝廷为官,真的是你做丞相的失职。"

虽说最后这次起兵失败了,但我们仍不得不赞叹骆宾王的文采和勇气,这篇檄文被称为"千古第一檄文",是一篇艺术性和思想性兼备的佳作。骆宾王只是一个文人,他认为武曌篡权天理难容,徐敬业起兵在他看来是顺应天意的正义之举。他以文章为武器,真真正正地做到了以笔为枪,以纸为弹。这样的举动,用壮士断臂、热血沸腾来形容也不为过。

113. 东隅已逝,桑榆非晚

滕王阁序

所赖君子安贫,达人知命。老当益壮,宁知白首之心?穷且益坚,不坠青云之志。酌贪泉而觉爽,处涸辙以犹欢。北海虽赊,扶摇可接;东隅已逝,桑榆非晚。孟尝高洁,空怀报国之心;阮籍猖狂,岂效穷途之哭!

《滕王阁序》是唐代文学家王勃的一篇骈文。滕王阁是唐高祖李渊的儿子李元婴建的。当时王勃要去交趾探望父亲,经过江西南昌的滕王阁时,刚好都督阎公正在宴请宾客,王勃作为一代文学名流,自然也在被邀请之列。

《滕王阁序》首先介绍洪府的地理位置和人才济济,简述了自己参加宴会的缘由。接着,花了大量笔墨来描写滕王阁,由近及远描写滕王阁附近的景色，有色彩，有动态，有远近，错落有致。这个画面美轮美奂，让人叹为观止。谈完了景色，又开始抒情，文章用了大量的典故，如冯唐、李广、贾谊、梁鸿、孟尝、终军、宗悫、谢玄、司马相如、钟子期等人，表达自己怀才不遇的悲凉，以及历经磨难仍旧保持积极心态的情感。

人们每每读到《滕王阁序》，都会被文章的心思缜密、情感丰富打动。王勃六岁便下笔如有神，是个神童。在各地漫游期间，他写下了许多风景类的文章，和杨炯、卢照邻、骆宾王共称"初唐四杰"。他的仕途不顺，好不容易赢得沛王李贤的欣赏，却因为《檄英王鸡》这篇文章而被皇帝贬官，又因为藏匿了罪犯曹达而遭到牵连。或许只有命运多舛的人才会写出这样富有情感的文章吧。

如果说《滕王阁序》仅仅是写景，那是不准确的。似乎流芳百世的文学大家往往都有一颗比较敏感的心，更容易伤春悲秋，兴尽悲来，借景抒情。王勃在这篇文章中先描写滕王阁的风景，后又用了大量典故来抒发自己的情感。人们比较熟悉的如"冯唐易老，李广难封"，说的是西汉大臣冯唐侍奉三朝，在汉文帝、汉景帝时都没有得到重用，一直到汉武帝时才被重用，但是此时的冯唐已经九十岁高龄，显然已经力不从心了。李广一生战功赫赫，但是在和匈奴作战时迷了路，为了不被匈奴俘虏而自杀了。

有才能的人竟然落得如此下场，王勃用这些典故就是想要说明自己和他们一样空有才能却不能得到皇帝的重用。"东隅已逝，桑榆非晚"体现了他积极向上的心态。少年的时光虽然已经逝去，但是珍惜未来的时光还来得及。我们往往认为早晨比黄昏更好，因为它代表着新生和开始。所以，王勃认为自己虽然怀才不遇，但是仍旧把握剩下的时光，坚定自己的青云之志。这样的心境不仅让《滕王阁序》的立意更有高度，也更值得我们学习和借鉴。

现在许多人总是感慨时光易逝，当初许下的愿望还没有实现，于是自我放弃。其实，不要总是懊悔过去的时光，应该吸取教训，珍惜现在所拥有的，把握以后的每一分每一秒。

114. 虽长不满七尺，而心雄万夫

与韩荆州书

> 十五好剑术，遍干诸侯。三十成文章，历抵卿相。虽长不满七尺，而心雄万夫。皆王公大人许与气义。此畴曩心迹，安敢不尽于君侯哉！

《与韩荆州书》是李白写给韩荆州的一封自荐信。韩荆州就是韩朝宗，当时他在荆州任职，所以被称为韩荆州。古时人们称呼人的名字是有讲究的，和朋友打招呼不用本名，认为太过于冷漠，用别名会更加亲切。当时，韩朝宗是唐朝的高层政治人物，非常受皇帝和其他人的敬重。李白是一个空有才能而报国无门的人。所以，他写给韩朝宗的是一封推荐自己的信。

在信中，李白先恭维韩朝宗，说："生不用封万户侯，但愿一识韩荆州。"韩朝宗确实对于大多数人来说是伯乐，李白夸赞他能像周公一样礼贤下士，欣赏贤者。接着，介绍自己的经历、才能和气节。最后用典故来表达自己非常希望得到韩朝宗提拔的迫切心情。

李白的这封自荐信非常值得人们学习。读了这封自荐信，许多人能够感受到李白是个非常有个性、有趣的人。李白在文章开头先夸赞韩朝宗，并没有阿谀奉承，因为韩朝宗的确有知人善任的优点。所以人们自荐时可以适当地夸赞对方。

李白吹捧韩朝宗之后开始推荐自己，说自己是毛遂二号，这是非常自信的一种表现。我们也可以看出李白的傲气，但是他的写作方式却不会让人排斥，而是令人想知道这人为什么这么自信。接着，他说自己虽然是一介平民，但是自己拜访过许多名人。这也是一种可以使用的方式。"蹭流量""蹭热度"可以从侧面来表现出自己也是一个比较优秀的人才。接着，他嗔怪说自己这么优秀，韩荆州你一定要引荐"我"啊。

李白诗歌方面的文学成就给他带来了自信，而且他的表达方式不会让人觉得他是一个自负的人，接着用了王子师担任豫州刺史的时候征召了荀慈明，到任后又征召孔文举，山涛做冀州刺史时选拔的三十余人个个都是人才的典故。又说起韩荆州过往推荐了很多人才的事情，暗示韩荆州快来推荐"我"，你推荐了这么多人也不差"我"这一个呀。

从整篇文章来看，我们大概会忍俊不禁，感慨原来李白也是这么可爱的一个人。全篇坦率单纯，不矫揉造作，有"虽长不满七尺，而心雄万夫"的气概，有"日试万言，倚马可待"的自负，以及不卑不亢的态度，非常自信，又不过分张扬。

韩朝宗在看到这篇自荐信时确实被打动了，他也了解了李白这个人，但是，毕竟二人并不相熟，韩荆州也怕砸了自己的招牌。另外，当时唐朝选拔人才的体制已经成形，李白用这样的方式在当时无疑是走后门。虽然，李白在文学方面有所成就，但是官场不一定适合他。

像李白一样，自信一点也没有什么不可以的。我们胸怀远大抱负，可以为自己的天赋和成就感到自信，骄傲但不自负。

115. 人生在世，及时行乐

春夜宴桃李园序

夫天地者，万物之逆旅；光阴者，百代之过客。而浮生若梦，为欢几何？古人秉烛夜游，良有以也。况阳春召我以烟景，大块假我以文章。

李白是流芳百世的浪漫主义诗人，他所写的诗歌无一不令人拍案叫绝。刚三十而立的李白在求职过程中暂居安陆，和自己的堂兄弟度过了一段吟诗作乐的生活。他们在春夜宴饮，作了几首诗后，李白创作了一个宴集序，即《春夜宴桃李园序》。

某个春天的晚上，李白和众兄弟在桃李园聚会，饮酒赋诗，他感叹人生苦短，欢乐的时光总是短暂，但更多地流露出自己热爱生活、热爱自然、及时行乐的情感。

初读这篇序的时候，或许有人会觉得李白的人生态度未免有些消极。细细品味后又能够体会到李白对生命的极度热爱,所以才会格外不舍和珍惜生活中那些美好的时光。或许古人都有伤春的默契,不论是李白还是其他文人,在春天总是会感慨时光易逝。像在序中的"夫天地者,万物之逆旅;光阴者,百代之过客"常常被人用来表达对时光易逝的不舍和感慨。

天地是万物的旅馆,而不是家,我们都不过是匆匆过客,"浮生若梦,为欢几何"这句话充满了哲学意味,也有一种值得深思的含义。

李白没有一味地表达自己的悲伤。他更想说的是:人生苦短,及时行乐。李白在《将进酒》中说:"人生得意须尽欢,莫使金樽空对月。"李白当时并没有实现自己想要报效朝廷的人生理想。可是不论他的愿望实现没实现,他骨子里就是一个放荡不羁、及时行乐的人。对于大多数人,三十岁的时候还没有实现自己的目标,似乎就会苦闷不堪,但是李白的心态很好,人们要学习他对待生活的态度,用一种乐观向上的态度去对待生活,选择自己喜欢的生活方式。

116. 守在四夷

吊古战场文

> 鸟无声兮山寂寂,夜正长兮风淅淅。魂魄结兮天沉沉,鬼神聚兮云幂幂。日光寒兮草短,月色苦兮霜白。伤心惨目,有如是耶!

《吊古战场文》是唐代著名散文家李华写的一篇文章。文章通过对古战场的细致描写揭示了战争的残酷以及战争给人民造成的灾难,指出只有推行仁政才能制止战争,表达了作者渴望和平的美好愿望,以及对人民尤其是对战士的无限同情。

唐玄宗在位前期,励精图治,国泰民安,百姓富足,开创了著名的开元盛世。但是到了后期,唐玄宗好大喜功,贪图享乐,不顾朝政,使得民族矛盾激化,边关战事不断,士兵伤亡惨重,人们生活苦不堪言。唐玄宗天宝十年(751年)十一月,李华奉命出使巡查边境地区,目睹了古战场环境的恶劣、将士征战的苦寒，不由得触景生情，写下了这篇流传千古的佳作。

战争何其残酷，从古战场的环境就能想象战斗的激烈与残酷。那里万里黄沙，空无一人，风声凄厉，野草枯萎，如同人间地狱一般。那里埋葬着多少冤魂，又埋葬了多少英烈？他们在战场上杀敌报国，但他们也有父母，有爱人，有儿女，在家中还有翘首以盼他们归来的亲人啊。戍守边疆固然重要，但需要如此劳民伤财，需要那么多人家破人亡吗？就如作者说的，让老百姓活着，难道就是一种恩德？把他们杀了，他们又犯了什么罪呢？他们只是不幸生活在那个年代，不幸成了统治者征战四方的牺牲品罢了。和平，对于他们而言，不过是一种奢望罢了。

要想救民众于水火，尤其是那些可怜的士兵们，就必须终止战争，而终止战争的唯一方法就是"守在四夷"。"守在四夷"出自《左传·昭公二十三年》："古者天子，守在四夷。"这是说要用仁德使四方归服，都来为天子守卫国土，就可避免战争。以仁德治国远胜于刀光剑影，心悦诚服远胜于道路以目。

读了这篇文章，我最大的感想是：我生活在和平年代，没有战争的硝烟，有家人的陪伴，真心希望"鬼神聚兮云幂幂"这样的场景永远不要重现。

珍惜来之不易的和平，珍惜现在拥有的生活。

117. 斯是陋室，惟吾德馨

陋室铭

谈笑有鸿儒，往来无白丁。可以调素琴，阅金经。无丝竹之乱耳，无案牍之劳形。

《陋室铭》是唐代著名文学家刘禹锡写的一篇骈体铭文，通过对简陋居室的描写，表达了作者安贫乐道、洁身自好、不与世俗同流合污的生活态度。

铭是古代刻在器物上用来警诫自己或者称述功德的文字，后成为一种文体，具有篇幅短小、文字简约、寓意深刻等特点。刘禹锡的这篇《陋室铭》属于器物居室铭、座右铭文体。

为什么文章描写陋室却以山、水开头？作者说"山不在高，有仙则名。水不在深，有龙则灵"到底有什么深义呢？其实，作者在这里是借用有仙人居住的高山和有龙存在的深水来阐明自己心中的居室——房屋的精华不在于它有多大多华丽，而是要看住在里面的是什么人。

陋室也是一样，如果是有德行的人住在里面，就算房屋再小再破旧，也不会觉得它简陋。作者身居陋室而不觉，关键就在于他"惟吾德馨"。自己的品行高尚了，加之往来的宾客各个温文尔雅、博古通今、品德高洁，生活在陋室中反而多了一份淡泊与娴静。

为什么同一朵玫瑰，有的人看到花的艳丽，而有的人却只看到花下的根根尖刺？问题就在于他们看待事物的角度不同，有人看到了乐观欣喜的一面，有人却看到了悲观残酷的一面。造成他们看待事物角度不同的是心态，是自我的品德修养。

如果一个人能够做到淡泊名利，安贫乐道，不与世俗同流合污，像刘禹锡一般"德馨"，陋室不陋，那么他就会非常幸福，尤其是在今天。

我们生活在一个物欲横流的时代，大多数人都在渴望得到金钱与名利，但在收入与社会地位上，人与人之间的差距却很大。有的人含着金汤匙出生，而有的人打拼一辈子也只能勉强糊口，如果一直关注这种差距，可想而知，生活将会多痛苦。

"德不配位，必有灾殃。"金钱名利有没有好处，关键在于德行是否与位置相匹配。古人常说钱财乃身外之物，生不带来，死不带去，人们获取钱财的根本目的是生存，在满足生存的前提下，适当地享受生活乐趣，这就是幸福。

118. 一人之心，千万人之心也

阿房宫赋

灭六国者，六国也，非秦也。族秦者，秦也，非天下也。嗟夫！使六国各爱其人，则足以拒秦。使秦复爱六国之人，则递三世可至万世而为君，谁得而族灭也？秦人不暇自哀，而后人哀之。后人哀之而不鉴之，亦使后人而复哀后人也。

《阿房宫赋》是唐代诗人杜牧的名篇，目的是借秦亡的教训来规谏唐敬宗。

阿房宫被誉为"天下第一宫"，是秦始皇兴建的一座宫室，以奢靡宏丽闻名于世，但可惜宫殿尚未完工就被项羽一把火烧了个精光。杜牧在写这篇文章的时候很多地方都是自己想象出来的，但有一点却是肯定的——秦朝的灭亡与大兴土木致使民不聊生有关。

君主奢侈，搜刮民脂，肆意挥霍，不顾百姓疾苦，这天下又怎会安稳呢？要明白"一人之心，千万人之心也"，秦始皇奢侈无度，但老百姓也都顾念自己的家业啊！所以，灭亡秦国的不是六国的人民，而是他们自己，这就叫自作自受，自取灭亡。

当看到唐敬宗大兴土木，游宴无度，不问朝政，沉湎于声色的时候，杜牧愤然写下了这篇文章，并在《上知己文章启》中写道："宝历间大起宫室，广声色，故作《阿房宫赋》。"就是希望统治者可以吸取秦亡的教训，让亡国的悲剧不再上演。

元曲作家张养浩在《山坡羊·潼关怀古》中写道："兴，百姓苦；亡，百姓苦。"意思是如果天下安定，统治阶级定要大兴土木，劳民伤财，百姓不好过；如果国家灭亡，灾难四起，战祸不断，百姓也会受苦。

纵观历史，无论是和平年代还是战火纷飞的年代，老百姓的生活都是痛苦的。百姓生活在水深火热之中，自然就会奋起反抗。秦国经过六代君主的励精图治，才最终统一六国，却在短短数十年的时间内走向灭亡。如果统治者不以天下人之心为心，暴取民财只为一人淫乐，那么亡国就是必然的。

学习历史，总结前人的经验教训，不管是秦朝的灭亡，还是后世历代王朝的兴替，都在印证一个道理——要关注民生。民生是关系到国家生死存亡的大事，国家的所有方针政策都要以民生为出发点，以民生为落脚点。民如水，君如舟，水能载舟，亦能覆舟。

119. 尊重不同的声音

原道

博爱之谓仁，行而宜之之谓义，由是而之焉之谓道，足乎己无待于外之谓德。仁与义为定名，道与德为虚位。故道有君子小人，而德有凶有吉。

《原道》是"唐宋八大家"之首韩愈写的文章，是韩愈的"五原"之一。原是探究、追根溯源的意思，针对某种理论、主张、社会制度，理论性比较强。随着道教、佛教的盛行，儒家思想渐渐失去主导地位，而韩愈从小深受儒家思想的熏陶，看到人们推崇道教、佛教，认为百姓沉迷道教和佛教会给社会带来不好的影响。

文章开头，韩愈提出自己对儒家的仁、义、道、德的理解，批判推崇道教的老子，他举了先秦以来杨、墨、佛、老等人的异端思想危害社会发展的例子，还举了大量例子证明推崇儒家思想才有利于社会发展。再用儒家的正心诚意、修身齐家、治国平天下的人生理想和道教、佛教做对比，强调了儒家思想在维系社会安定、促进国家发展上的积极作用，批判了佛、老两家置天下于不顾的主张是非常自私的。

韩愈这篇文章具有很强的说理性，在阅读此篇文章时，也会感受到韩愈对于道教、佛教两家思想的强烈抵制。文章开头，韩愈就说"博爱"叫作"仁"，恰当地去实现"仁"就是"义"，沿着"仁义"之路前进便为"道"，使自己具备完美的修养，而不去依靠外界的力量就是"德"。古往今来，对于仁义道德，很多思想大家都有不同的理解。

对于韩愈提出的质疑和批判，我们应该表示尊重，其实，世界应该是具有包容性的，如果世界上只允许一种思想存在，不免会有消极的影响。虽然儒家思想对社会发展有益，但是道教也有可取的一面，所以说，各种思想应该互相尊重，互相包容。或许，韩愈没有考虑到的是为什么道教、佛教会得到皇帝和百姓的推崇，他不知道百姓们的想法，只从自己的角度出发，可能会显得有些过激了。

现代社会中，主流文化和亚文化需要互相包容，我们的世界应该具有包容性，要尊重不同的声音。

120. 怠者不能修，而忌者畏人修

原毁

古之君子，其责己也重以周，其待人也轻以约。重以周，故不怠；轻以约，故人乐为善。

在韩愈生活的那个时代，小人嫉妒君子的现象非常严重。士大夫们普遍嫉贤妒能，对他人求全责备，对自己松懈宽容。韩愈有真性情，他注重君子的德行，看不惯这样的作风，于是抨击士大夫们"责人也详，待己也廉"的歪风邪气，以便让当权者看到黑暗的一面并且采取措施纠正。

韩愈剖析当时的不良风气，用古之君子和今之君子来对比，最后得出结论：毁谤大多是因为懈怠和嫉妒。他先说古代的君子有着严格而周密、宽容而简少的良好品德，因此会毫不懈怠地修养自己的道德，被宽容以待的他人都乐于为人们做好事。君子会向尧、周公这样人人称赞的先贤学习，剖析自己，时刻反省自己。又说现在的人和以前的君子行事相反，用一般人的标准要求自己，却用圣人那样高的标准要求别人。而这样的人，往往是懒惰和善妒的，自己不能督促自己进步，却见不得他人进步。

韩愈在当时的不良风气中遭受了不小的祸害,这也是他仕途一直不顺利的原因之一。当时他身边的许多读书人,因为嫉妒比自己有才能的人,于是加以诽谤。

韩愈的文章,抨击当时的不良社会现象,对现代社会也有警示作用。嫉妒其实是一种负面的情绪,放任这种心理的发展就会让人变得极端自私。每个人多少都会有一点儿嫉妒心,有的人能够因此激励自己,而有的人却太过懒惰不能化为动力,同样是嫉妒,结果却截然不同。

每个人的起跑线不一样,有的人是天才,有的人天生就很漂亮,有的人一出生就腰缠万贯……这样的人不少,但是平凡的人更多,即使出身普通、相貌平平,也不要因为和他人有差距就嫉妒他人,而要通过努力,不断缩小和优秀的人的差距,调整好自己的心态,走好自己的人生路。

121. 要敢于讲真话,更要讲好真话

获麟解

又曰:"麟之所以为麟者,以德不以形。"若麟之出不待圣人,则谓之不祥也亦宜。

《获麟解》中的"麟"就是麒麟,人们一直都把它作为仁人和吉祥的象征。韩愈以麒麟自比,借物喻人,表达自己生不逢时、怀才不遇的思想感情。

文中,韩愈围绕麒麟"祥"还是"不祥"进行探究。先说麒麟是吉祥的,这是家喻户晓的,接着说没有人知道麒麟到底长什么样,所以人们就算看见了麒麟也不认识它,说它不吉祥也是有道理的。有麒麟出现,就必然有圣人在世谋政,麒麟是因为圣人才现形于世。圣人一定能认识麒麟,那么,麒麟就不是不祥之物。但另一种说法是:如果圣人不能认出麒麟,那麒麟就是不吉祥的了。

韩愈为什么要讨论麒麟到底吉不吉祥呢?可以从韩愈的人生经历说起。他的一生比较坎坷,三岁的时候父亲就去世了,他的哥哥和嫂子抚养他成人,

后来哥哥也去世了，于是他只能和寡嫂相依为命。为了改变命运，他刻苦读书，在文学方面有了一定的造诣。但是，他的仕途并不顺利。他四次参加科举才中进士，后来三次参加吏部的博学鸿词科考试都落榜了，无奈之下只好去当了幕僚。之后，韩愈终于通过了吏部的考试，有了官职，可是一路磕磕碰碰，官职也不高。

他人生中最大的贬谪就发生在当监察御史的时候。监察御史这个官职很低但权限高，他可以利用权力来对付那些贪官污吏，加上韩愈这人非常正直，非常容易得罪人。有一年大旱，一个叫李石的县长封锁消息，说自己管理的地方没有问题。韩愈发现后写了奏折《御史台上论天旱人饥状》，把这件事禀告了皇帝。李石非常生气，于是想法子让韩愈贬了官。

韩愈的一生几乎没有什么顺利的事情，在这样的命运下，他也非常不甘，于是写下这篇文章感慨自己的仕途。

从韩愈的文章来看，我们发现韩愈是一个敢说真话的人。在《原道》中，他批判了老子。在唐宪宗不理朝政，沉迷佛教，炼制丹药，追求长生不老的事上，他也进行劝诫，"迎佛骨"事件在当时掀起了信佛的潮流，韩愈见此，写了《论佛骨表》，劝诫唐宪宗。唐宪宗自然非常生气，要不是众人求情，才减轻了对韩愈的责罚。

做人要真诚，要敢于讲真话，但同时也要用对方法，讲真话不意味着要直接戳对方的痛点。小孩子童言无忌，说了真话，我们会觉得可爱。大人说了真话，可能会被人认为是口无遮拦。中国的文化博大精深，要懂得说话的艺术，要用正确的方法讲真话，才容易被人接受。

122. 相辅相成

杂说一

云，龙之所能使为灵也。若龙之灵，则非云之所能使为灵也。然龙弗得云，无以神其灵矣。失其所凭依，信不可欤？

《杂说一》又名《龙说》，是唐代杰出的文学家韩愈写的一篇议论文。作者用云和龙之间的关系来比喻君臣之间的关系，认为君臣一体，相辅相成，缺一不可。

　　杂说是一种内容、形式都比较自由的随感式的议论文，《韩昌黎集》一共收录了韩愈的四篇杂说，本文是其中的第一篇。

　　龙吐出来的气形成云，云虽然没有龙的灵气，但龙却可以靠着云气遨游宇宙，接近日月，大显神通。龙的能力使云具有了灵异色彩，而龙如果没有云也就不能表现出它的灵气了。这就好比君臣关系——贤君是龙，贤臣是云，两者相辅相成，缺一不可。

　　君臣本为一体，就好像飞鸟的双翅一样。贤臣的作用十分重要，但贤臣要发挥作用就必须依靠贤君。如果龙没有让云具有灵气，那么这团云对于龙而言也就没有任何价值了。"给予灵气"的过程在君臣关系里就是发现和重用贤臣。所以，君臣遇合、治国平天下的关键就是靠贤君识别贤臣、重用贤臣。

　　历史上君臣同心共筑大业的例子有很多，比如秦始皇和李斯。从秦始皇广纳天下贤才于秦到吞并六国，再到车同轨书同文、设置郡县、废除分封等一系列重大措施，均有李斯的参与。可以说，秦朝的政令都有李斯的谋略在其中，李斯对秦国乃至当时社会的发展都有极其重要的作用。秦始皇也很推崇信任他，君臣融洽。

　　当然，历史上也不缺乏失意的贤臣，比如伍子胥、范增等，他们忠君爱国，但是他们的君主要么刚愎自用，要么昏庸无德，有眼无珠，这不得不令人扼腕叹息。

　　对于现代的人们，上下一心显得尤为重要。在一个企业中，员工跟老板一条心，就能把业务办理好，使企业发展壮大；在一个家庭里，夫妻和孩子一条心，就会其乐融融；在一个国家里，军民同心，上下一体，就能抵御外敌的入侵，使国家富强，使人民生活幸福。

123. 千里马常有，而伯乐不常有

杂说四

　　世有伯乐，然后有千里马。千里马常有，而伯乐不常有。故虽有名马，只辱于奴隶人之手，骈死于槽枥之间，不以千里称也。

　　《杂说四》又名《马说》，是韩愈四篇杂说的最后一篇。文章表面上是为千里马得不到应有的礼遇而抱不平，实际上是抨击当时不合理的用人制度，为埋没的人才抱不平。

　　文章第一段写千里马的悲惨遭遇，第二段写千里马被埋没的原因，第三段则是抨击统治者的无知。

　　"千里马常有，而伯乐不常有。"如果没有伯乐，就算是千里马也只能辱没在仆役的手中，跟普通的马一样死在槽枥之间，不能叫作千里马。伯乐指的是那些善于发现、推荐、培养和使用人才的人。千里马则是指人才。可见，伯乐的作用非常重要，他能够知人善任、唯才是举，不论是对个人，还是对国家、对社会都是非常有利的。

　　有的人失意惆怅，便埋怨："为什么没有伯乐发现我的才华？"也有一些人默默无闻，与世无争，因为他们坚信是金子就一定会发光。然而他们中的很多人到最后都没有遇到伯乐，更没能施展自己的才华与抱负。是伯乐太少，还是另有原因呢？的确，世上的伯乐太少了，尤其是要找到一位真正赏识你的伯乐那更是难上加难，但也正因如此，真正的人才就更需要抓住机会表现自己，展现自己的才华。虽说是金子总会发光，但如果没有人发现它的存在，那最后这块金子也只会落入尘土中，跟一般的瓦砾石块又有什么区别呢？

　　如果没有一个好的舞台给他展示，没有一片广阔的天空任其翱翔，就算是再优秀的舞者，再勇猛的雄鹰，到最后也都很难大显身手。所以，人，尤其是有才华有能力的人，一定要学会抓住机会展现自己。

　　作为伯乐，尤其是一个国家的统治者，抑或是其他身居高位的人，就更需要有一双善于发现他人才华与能力的眼睛，同时，还需要有一颗爱惜人才的心，能够广纳人才，举荐人才，知人善任，唯才是举。

只有人才与伯乐一起努力，才能减少人才被埋没的概率。我们需要千里马，也需要伯乐，伯乐与千里马同行，能够行得远，行得正。

124. 道之所存，师之所存也

师说

> 吾师道也，夫庸知其年之先后生于吾乎？是故无贵无贱，无长无少，道之所存，师之所存也。

《师说》是唐代文学家韩愈创作的一篇议论文。文章阐述了从师求学的道理，讽刺耻于相师的世态，教育青年，起到转变学风的作用。

说是古代议论文的一种形式，可以就事论理，也可以夹叙夹议。韩愈强调"文以明道"，与柳宗元等人一起发起了历史上著名的"古文运动"。当时科场黑暗，朝政腐败，吏治弊端重重，以至于不少学子对科举入仕失去了信心，因而放松学业；而上层社会的人又看不起教书人，在士大夫阶层中存在着既不愿求师，又羞于为师的观念。韩愈对此痛心疾首，就借着回答李蟠的提问撰写了这篇文章，用来澄清人们在"求师"和"为师"上的模糊认识。

人并不是生下来就懂得道理，有疑惑是很正常的，如果有了疑惑而不跟着老师学习，那么那些疑难问题就得不到解决。所以，从古至今，学习都需要有老师作为领路人，来传授知识，解答疑难问题。"师者，所以传道授业解惑也。"传授道理、讲授学业、解答疑难问题，是一个老师的本职工作，是作为师者必须具备的品质。

在世人眼中，师者必定是博学多才的，他们要么知识渊博，要么才华出众。然而就算是像孔子那样的圣人，也依旧需要向别人学习。因为"术业有专攻"，学问技艺各有专长罢了，在某个方面优秀的人未必在其他方面出众。因此，师者、圣人同样需要不停地向别人请教、学习，以提升自己的学识与涵养。

作为师者，世人看中的还有他们的资历，尤其是在今天的社会中。如果有两位教师，一位是拥有二十年教龄的老教授，一位是刚步入教师行业的新教师，相信多数人会倾向于选择那位老教授作为自己的老师，因为他更有资历，更有经验。然而"道之所存，师之所存也"，资历并不能代表一切，道理存在的地方，才是老师存在的地方。真正的师道，应该是"无贵无贱，无长无少"的，只要有真理存在，就有老师。

125. 业精于勤，行成于思

进学解

> 国子先生，晨入太学，招诸生立馆下，诲之曰："业精于勤荒于嬉，行成于思毁于随。"

《进学解》是韩愈四十六岁在国子监做博士时写的。"进学"是用来勉励学生们努力学习，求得进步的意思。"解"是解说和分析的意思。读者阅读时会发现，这篇文章相较韩愈的其他说理性文章，故事性、趣味性更强。韩愈的这篇文章叙述了老师劝学，学生发问，老师再给予回答的情节。

老师来到课堂上，和学生们说要勤奋专精，不要玩物丧志，叮嘱他们要好好学习，天天向上；不用担心自己学习之后无用武之地，现在是圣君和贤臣的组合，有一技之长的都会得到赏识；只管努力读书，修养品行，别担心会得不到赏识。接着，学生就反驳老师的话，觉得老师欺骗了自己。为什么呢？学生解释道，虽然老师有常人不能比的钻研精神和满腹的才华，在儒学上也有自己的独特见解，但是在国子监当了三年的博士也没有什么建树，无人赏识和提拔，这就和老师所说的相悖了。接着，老师用孟子、荀子不得志的例子来表达自己德行高尚，不与世俗同流合污的情操。

初读这篇文章时，不少人会有这样的疑惑：怎么学生还能当场取笑和反驳老师呢？其实，这位老师就是韩愈自己。可以肯定的是，韩愈通过自己和学生的对话，从侧面来表达自己郁郁不得志，十分愤懑的心情。何以见得？老师在劝学的时候，一般会说：当朝者都懂知人善任，求贤若渴，所有有一技之长的人都会得到重用，更别说那些才华横溢的人了。清楚韩愈遭遇的人都知道，韩愈这一生几乎就没有得到过重用，即使是当上吏部侍郎后也很快就被贬官了，他的经历和自己说的话完全不一样。学生说的话其实就是韩愈自己最想表达的愤懑。自己读百家书，钻研儒学，忘寝废食，满腹才华，志向远大，但是在朝廷中却得不到重用。最后的回答也充满了反讽的意味，说自己动不动就遭到诽谤贬谪，是"名声远扬"；说自己有大材却被小用，也是没有什么可"抱怨"的。

人们对韩愈在开头提到的"业精于勤荒于嬉，行成于思毁于随"的论述耳熟能详。俗话说"活到老学到老"，这个道理还要烂熟于心。现在的社会总是渴望有才的人，没有一点儿文化，没有一技之长的人很容易就被社会淘汰，所以，即使道理听得多了，厌烦了，还是要精修自己的学业。现在，真正有才能的人在哪里都会受到重用。

126. 穷则独善其身，达则兼济天下

圬者王承福传

然人不可遍为，宜乎各致其能以相生也。故君者，理我所以生者也。而百官者，承君之化者也。任有小大，惟其所能，若器皿焉。食焉而怠其事，必有天殃。

《圬者王承福传》中的"圬者"指的是泥瓦匠。大名鼎鼎的文学家韩愈为什么要去写处在社会底层的泥瓦匠呢？其实，韩愈是想用这样身世的一个人和他的人生态度表达自己对社会分工、对为人处世的态度。

泥瓦匠王承福，世代是农民。天宝年间，战乱不断，无奈之下他从军去了，当了十三年的兵。期间，他立了点儿功劳，但是他放弃了赏赐，决定退伍回老家，后发现退伍军人没有福利，为了生计，他做了泥瓦匠。

泥瓦匠王承福虽然穷，但他乐善好施，有多余的钱还会拿给流浪汉。他做着普通的体力活，满足于自己当下的生活。他曾经为那些富贵人家工作，不过后来那些富贵人家都落魄了，他觉得那是不懂得知足常乐、过于贪心造成的。韩愈认可王承福这样的人，虽然一个人生活，但是他能独善其身，不过他也认为王承福为自己考虑得多，很少顾及别人。

王承福只是一个泥瓦匠，是一个身份卑贱的人，但他的觉悟却是大多数人没有的。也许有些人会对他的人生观、价值观表示质疑，比如他不娶妻生子这件事。韩愈刚开始觉得他独自生活、不想为家庭劳心劳力的想法有些自私，但对于当时的形势，何尝不是一种好的选择呢？可见，王承福并不是愚民，这样做是他自己的想法，因为他对自己有非常清楚的认识。

韩愈写泥瓦匠王承福究竟有什么用意呢？人们对小人物的描写往往都具有多面性，他们之中，没有绝对的善与恶，好与坏。当我们在看一本书时，如果一个小人物被刻画得非常生动，我们会印象深刻。比如杨绛先生写的《老王》，她将人物刻画得非常生动，其中的"几年过去了，我渐渐明白：那是一个幸运的人对一个不幸者的愧怍"很耐人寻味。韩愈用他的表达方式，让更多的人认识了位于社会底层的泥瓦匠，带我们了解了那样一个小人物，用意很好。

穷则独善其身，达则兼济天下。每一个小人物都有自己的闪光点，也都有权利做自己，当我们明白有多大能力就做多少事，选择自己能力范围内的事情来做的道理，人生会过得更幸福一些。

127. 做人要学好

讳辩

今世之士，不务行曾参、周公、孔子之行，而讳亲之名，则务胜于曾参、周公、孔子，亦见其惑也。夫周公、孔子、曾参卒不可胜，胜周公、孔子、曾参，乃比于宦官宫妾，则是宦官宫妾之孝于其亲，贤于周公、孔子、曾参者邪？

《讳辩》是唐代文学家韩愈写的一篇议论文。当时著名诗人李贺因避父亲的名讳而不能参加进士科考像其他读书人一样取得功名，以致前途受到影响。韩愈对此十分愤慨，于是写下这篇文章来论述此事，表达他反对将避讳搞得太泛滥的主张。

　　在封建社会，不能直接说出或直接写出君主与尊长的名字，这就叫作"避讳"。在唐朝，避讳成了一种极坏的社会风气，成了人们言行的精神枷锁。李贺是一位很有才华的青年诗人，但因父亲名晋肃，"晋"与"进"同音，父名应避讳，所以不能参加进士科的考试。韩愈向来致力于培养和推荐有学识的青年，便写信劝说李贺参加考试，同时，激烈抨击当时腐朽的社会风气，将假卫道者的面目揭露无遗。可以说，《讳辩》不仅是为李贺而写，更是为拨正社会不良风气而写。

　　在古代，避讳的形式有两种。一种是"二名律"，即"二名不偏讳"，听上去很难理解，但其实很简单，举个例子，孔子的母亲名"征在"，所以孔子在说话书写时，说"征"就不说"在"，说"在"就不说"征"，也就是说，只要避讳其中的一个字就行了，没有必要两个字都避讳。另一种是"嫌名律"，即"不讳嫌名"，就像"禹"同"雨"，"邱"和"丘"，读音一样，但没有必要在避讳"禹"字的同时避讳"雨"字。所以韩愈问："请问李贺是犯了这两条中的哪一条了？为什么他就不能参加考试了呢？"又说："父亲叫晋肃，儿子就不能参加进士考试，那么如果父亲叫仁，儿子是不是就不能做人呢？"

　　对此，韩愈严厉批评了当时的文人，认为他们不好好学习经典，不好好效仿古代圣贤，而是偏偏在一些没有必要的小事上大做文章。当时的文人为什么这么做？究其根本，是由于嫉妒，嫉妒李贺的才华，嫉妒李贺的学识，因为"打不过"，所以干脆直接不让他参加考试，这是何等的可笑和荒谬！

　　所以说，做人要把心和精力放在有意义的事情上，而不是在一些芝麻小事上大做文章。

128. 在其位谋其职

争臣论

  夫天授人以贤圣才能,岂使自有余而已?诚欲以补其不足者也。耳目之于身也,耳司闻而目司见。听其是非,视其险易,然后身得安焉。圣贤者,时人之耳目也;时人者,圣贤之身也。

  《争臣论》的作者是韩愈,作者采用主客问答的方式层层展开,在对客人的回答和辩驳中,逐渐阐明了自己的观点。作者认为在其位就应该谋其职,在其位就应该尽其责。

  争臣又叫"诤臣",即古代的谏议大夫,是专门给皇帝提意见的一个官职。"争臣论"就是议论如何做一名合格的谏议大夫。

  阳城是唐德宗时的进士,后来到中条山隐居,因为富有贤德的美名,就被德宗召到朝廷为官,做了一名谏议大夫。他在这个位置干了五年,他的德行还是像隐居的时候一样被人们称赞,但是韩愈却认为他不是一个有道德的人,因为他从来就没有尽到一个谏议大夫应尽的义务——"未尝一言及于政"。在韩愈看来,这就叫尸位素餐,没有做到尽职尽责。为了俸禄而做官,他说:"以所居之时不一,而所蹈之德不同也。"也就是说,今时不同往日,如果他没有入朝为官,在乡野之中依然保持美好的德行,那便是圣人,是君子,是有道德的人。但是如今,他既入朝为官,做了君主的谏议大夫,拿着君主给的俸禄,就应该尽到自己应尽的职责,规劝君主的过错,谈论政事,为君分忧,为民着想,这样才能说他是一个有道德的人。

  在其位就应该谋其职,尽自己应尽的义务。耳朵是用来听的,眼睛是用来看的。通过听,我们能够明辨是非;通过看,我们能够识别安危。身体机能如此,为人处世更应如此。恪尽职守,这是我们每一个人都应该做到的事。

129. 方法比心意更重要

后十九日复上宰相书

　　愈之强学力行有年矣。愚不惟道之险夷，行且不息，以蹈于穷饿之水火，其既危且亟矣，大其声而疾呼矣，阁下其亦闻而见之矣，其将往而全之欤，抑将安而不救欤？

　　《后十九日复上宰相书》是韩愈写给当朝宰相的第二封求仕书信。在信中，韩愈将自己的艰难处境比喻为如同深陷水深火热之中，他希望以此来打动宰相，获得赞赏和提拔。

　　在今天，如果还想通过攀附权贵的方式获取仕途，那肯定是行不通的。但是在古代，一个地位低下的读书人，为了能进入仕途、获取更大的现实利益，有时就必须走攀附权贵的道路。韩愈给宰相写信时距离他考取进士已经有四年的时间了，然而在这期间他一直没有进入仕途，所以他便给当时的宰相写了一封信，想通过文章打动宰相，来求得宰相的引荐和提拔。距离第一封信寄出去已经有十九天，依旧没有任何消息，韩愈惶恐不安，于是便写下了第二封求仕信。

　　韩愈有才华吗？有，毕竟他还是一名进士。古代的进士有多难考呢？有句谚语是这么说的："三十老明经，五十少进士。"三十岁考取明经科是年龄比较大的了，而五十岁考取进士却很年轻。这句话表达的意思是，明经很容易考，但是进士很难得。所以韩愈的才华不用多说。韩愈求仕的心意绝对真诚。

　　韩愈说，即使憎恨对方，但如果不想置对方于死地，还是会选择营救他，因为形势紧急，情况让人觉得可怜。如今他的艰难处境宰相已经知道，宰相能救而不救，那便是在说宰相并非仁人君子。在信的结尾处他又列举宰相以前推荐的人，说他的才华不比那些人差，宰相既受君王的器重就更应该不拘一格地使用人才。韩愈在不经意间将宰相置于道德的制高点——如果你帮了我，你就是个大好人；如果你不帮，你非但不是个仁人君子，还辜负了君王的器重。

这便是韩愈失败的原因。此外，既是求职信，就应该说一些跟你应聘的职位有关的内容，人家需要什么，你便说什么，而不能脱离主题。

总而言之，如果希望别人帮助自己，就不应该将别人置于道德的制高点，让别人进退两难。既然是求取职位的，那就应该有针对性地说一些别人需要的，而不是自己想说啥就说啥，否则失败就是在所难免的。

130. 多反思，少抱怨

后廿九日复上宰相书

今天下一君，四海一国，舍乎此则夷狄矣，去父母之邦矣。故士之行道者，不得于朝，则山林而已矣。山林者，士之所独善自养，而不忧天下者之所能安也。如有忧天下之心，则不能矣。

本文是继《后十九日复上宰相书》二十九天以后，韩愈再次给当朝宰相写的一封求仕信，要求宰相对自己加以任用。

这是韩愈写给宰相的第三封信，此时距离寄出第一封信已经有四十多天了，但依然没有得到任何回复，可想而知韩愈的心情是何等急切。在引经以告、陈情以感都未奏效的情况下，在第三封信中，韩愈一反常态，带着失望甚至是愤慨之情，言辞激烈地陈述了内心的愤怒，甚至是对当朝宰相的嘲讽。

后世也有很多人同情韩愈，觉得是当朝管理者埋没了人才。然而是否有人想过，包括韩愈是否进行过反思，为什么寄出去的求仕信总是石沉大海？在上一篇文章中，我们说韩愈的失败跟他所使用的方法有关系，他哭诉自己的悲惨境遇，却在无意间将对方置于道德制高点，用道德相逼迫。然而从第三封信看来，韩愈并没有认真反思，他的思想没有发生转变，依然没有认识到自己的不足。

韩愈在这封求仕信中，依然采取锋芒毕露的办法，丝毫没有给对方留回旋的余地。他先是以周公一沐三捉发，一饭三吐哺为例，指出周公在人才举用及国家治理等方方面面的功劳，为后世树立了崇高的管理典范。然后，韩愈笔锋一转，马上将枪口对准当朝宰相，发出一系列的拷问，如狂风骤雨一般，几乎不给对方任何喘息的机会。问完之后，韩愈说，你们现在即使达不到周公的高度，也应该引进人才，考察他们的德行然后决定取舍，而不应该不理不问，默然了之。也许是真急了，韩愈在文章中几乎是以火山喷发般的激烈方式，如机枪一般迅捷地发问。这下子，韩愈倒是痛快了，但他有没有想过宰相的感受呢？

我们在向别人推荐自己时，不仅要表明自己会什么，而且要知道对方需要什么，尤其忌讳说得太多，言多必失，否则很容易招致对方的反感。如果一次不成功，就要反思问题出在什么地方，然后及时修正，以争取下次机会。

131. 圣贤与富贵名望无关

与于襄阳书

士之能享大名、显当世者，莫不有先达之士、负天下之望者为之前焉。士之能垂休光、照后世者，亦莫不有后进之士、负天下之望者为之后焉。

《与于襄阳书》是韩愈写给节度使于襄阳（于頔）的一封信。当时，韩愈在国子监做博士。这里的博士可不是现在的研究生的一种学位，而是一种官职，并且这种官职很闲散，施展才能和晋升的空间不大。韩愈三次写自荐信给宰相也没有成功，于是他转向了求助这位节度使。

韩愈在这封书信中，解释"先达之士"与"后进之士"之间的依存关系，不依靠厉害的人物难以有所成就，称赞于襄阳是当时的英才，自己希望得到他的举荐，并把自己现在的困境透露给了于襄阳。

《古文观止》收录的韩愈的文章大都是他希望他人举荐的信件。这封信沿袭了他求举荐的套路。读书人想要显达于世，都得依靠有地位的人，如果后生没有前人的举荐，就算再有能力，也很难出名，没有前辈的指引，后辈也难以将前人的功业继承和发扬下来。这里，韩愈非常会说道。后面又说这是自己想了很久才和于襄阳说的，就只和于襄阳说过。接着又夸赞于襄阳不随波逐流、进退有度。从开篇论述开始，韩愈其实就是在变相地巴结他。

韩愈求人的信件某些地方其实并不值得人们去学习。就像他所说的"没有听说过后辈有得到您的赏识和礼遇的，难道是您寻求而没能得到吗？还是您注重建功立业，太忙了，所以遇到人才也没有空闲举荐吗？"这样的揣测不是人们在有求于人的恳求的方式。用逼问的方式去提醒于襄阳来举荐自己，非常不礼貌。于襄阳读到这里可能会有些生气吧？此时，韩愈的心态已经不稳定了，因为所写的信件没有起到效果，这里已经有些强词夺理，让人觉得有些道德绑架，非常功利了。

虽然并不知道于襄阳有没有举荐韩愈，但是可以肯定的是，一个人的才能和后辈的传承和他们是否富贵、是否有名望无一点关系。像孔子一生也没有得到什么高官厚禄，但是因为他的思想和才学影响广泛且深远，他的学生也能够得到人们的认同，而孔子则流芳百世。

132. 赢得尊重的前提是有资本

与陈给事书

其后，阁下位益尊，伺候于门墙者日益进。夫位益尊，则贱者日隔，伺候于门墙者日益进，则爱博而情不专。

《与陈给事书》是韩愈写给陈给事的一封信笺。在信中，韩愈叙述了与陈给事旧时曾有过的交往和后来疏远的原因，婉言表述了对陈给事的不满。同时也表达了希望陈给事重新了解自己，举荐自己的愿望。信中处处体现了韩愈诚惶诚恐的心态，同时字里行间又透露出其不甘低眉的情感。

陈给事，即陈京，唐代宗大历元年（766年）进士。给事，即给事中，唐代的官职，是中央机构门下省的重要官职，仅次于门下省的长官侍中、副长官侍郎，掌管驳正政令的得失。

803年关中地区大旱，粮食歉收，民间饥馑，韩愈上书奏请减免徭役租赋，本是爱民的举措，却不料得罪了朝中权贵，由监察御史贬为阳山县令。而陈京却在这年得到了升迁。原因就是，古代但凡遭遇什么天灾，都会认为是天神发怒，因此要举行祭祀大典，就需要特别懂礼法的人来主持大典，而陈京就是凭借这一点得到了皇帝的赏识，从考功员外郎一直升迁到了给事中，可谓宦海扬帆，春风得意。而此时的韩愈，在穷山恶水之间，极为苦闷，茫然若失。但他仍对仕途充满了幻想，希望能有人荐举，重返京师做官。

后来，韩愈终于回到了京师，但此时陈京对他的态度早已发生了一百八十度的转变，对此，韩愈甚为迷惘，但经过一番思考之后，他觉得陈京还是念旧情的，他之所以对自己漠然，完全是因为自己不勤于登门，惹得人家不悦。

难道陈京对韩愈的冷漠只是因为韩愈不经常拜访他吗？当然不是，这只是韩愈在自欺欺人，自我安慰罢了。文中，韩愈说地位越高，门客越多，与贫贱之人就会日益疏远，这才是陈京冷落韩愈的真正原因。此时的韩愈，已经不是原来的那个朝廷大员，只是一个被贬后重返京师，还不被重用的小官员而已。当年苏秦说秦失败，回到家中连父母都不把他当儿子，更何况是当时的韩愈与陈京也不过是旧友罢了。

133. 摇尾乞怜，非我志也

应科目时与人书

其不及水，盖寻常尺寸之间耳。无高山、大陵、旷途、绝险为之关隔也，然其穷涸，不能自致乎水，为獱獭之笑者，盖十八九矣。如有力者，哀其穷而运转之，盖一举手、一投足之劳也。

《应科目时与人书》是唐代文学家韩愈写给韦舍人的一封信，因为是在参加博学宏词科考试时写的一封求荐信，所以叫作"应科目时与人书"。

793年，韩愈考中了进士，但是按照当时的规定，考中进士后不能直接授予官职，还要参加分科考试才能授予官职。但是，考生可请官员为自己写推荐信，以扩大自己的名声，提高考试通过的概率。于是，韩愈就给韦舍人写了这封信，希望对方能够帮自己宣传一下。

信中韩愈一开始并没有写明自己的处境和抱负，而是讲了一个怪物的故事。说这个怪物不是一般的动物能比拟的，它应天地时运而生。如果能够得到水，这个怪物便能够驰骋千里，上天入地都不在话下；但如果得不到水，也就平平无奇，甚至还会被低级生物嘲笑。如果有人帮它迁徙，它也不会同意，因为要让它俯首称臣，它宁愿死在泥土里。如果哀号使它得到帮助，那这就是命运使然。但如果哀号了，也没有人可怜它，那这也是命运的安排。韩愈觉得自己就和这个怪物一样，他希望有能力的人帮助他，但又不想"摇尾乞怜"，因为韩愈觉得这"非我志也"。

他的这封自荐信，生动而活泼，引人入胜，他没有指责世道的不公，而是通过故事表达自己的抱负，同时表明自己想要得到韦舍人引荐的愿望。当时，韩愈所考的博学宏词科是所有科目中最难、最受重视的，他已经考了三次，但都没有考上。在795年，他还给当朝的宰相写了三封举荐信，可见，韩愈想要一展抱负的愿望非常强烈。

中国人向来很注重留白。比如在画画上，西方画多注重写实和色彩的搭配，讲究丰满，而中国画多采用留白，讲究意境。韩愈的这封自荐信相比庄子的《逍遥游》，在意境上要稍逊一筹。但考虑到韩愈当时的处境，也就不难理解他迫切的心情了。

韩愈的自荐信，大都有怀才不遇、时运不济的情感流露。从这封自荐信里可看出韩愈是一个会讲故事的人。讲好一个故事很难，写好一篇文章也很难。讲故事，重视矛盾冲突和细节，韩愈所描绘的这个水怪，太过强大，但离开水就会变得弱小，就跟有才华的人一样，被人举荐，可以一展宏图，但如果被埋没，也就只能悲惨地过完一生了。

134. 不平则鸣

送孟东野序

抑不知天将和其声而使鸣国家之盛邪？抑将穷饿其身，思愁其心肠而使自鸣其不幸邪？三子者之命，则悬乎天矣。其在上也，奚以喜？其在下也，奚以悲？

《送孟东野序》是韩愈为孟东野去江南就任溧阳县尉而作的一篇赠序。文章主要论述孟东野"善鸣"而终生困顿的遭遇，作者表面上说这是由天意决定的，实则是一种委婉含蓄的表达，流露出作者对朝廷用人不当的感慨和不满。

孟东野即中唐著名诗人孟郊，与韩愈并称"韩孟"。孟郊的仕途也像韩愈一样，并不顺利，甚至孟郊比韩愈更惨。他四十六岁才考中进士，五十岁的时候被授为溧阳县尉，县尉相当于现在的公安局局长，在古代顶多也就算是个九品芝麻官。孟郊生活贫苦，再加上长期怀才不遇，心情抑郁。于是韩愈就写了这篇文章，一方面赞扬和宽慰他，另一方面则暗讽当时不合理的用人制度。

韩愈说，不管是什么东西，当它处于不平静的时候都会发出声音，这就叫"物不得其平则鸣"，人也是一样的。所以古代的圣贤君子们在不平静的时候就会用自己擅长的东西或事物来表达内心的不平静。那什么是"不平静"呢？像自然界中的树木山河，如果有风吹过，有东西阻挡，就会发出声音或者激起湍流，这是自然界中的不平静，那么对于人来说，什么时候会不平静呢？失望、伤心或者开心等，都是内心的不平静，但在这篇文章中，这种不平静指的则是遭遇不公正的对待，比如怀才不遇。

"物不得其平则鸣"后来衍生为成语不平则鸣，意思是指在受到委屈或压迫的时候要敢于发出不满和反抗的呼声。古人不平则鸣，今天的人同样要做到不平则鸣。

今天鸣不平要比古人简单很多，因为不管是法律体系，还是思想意识，我们都要比古代完善和先进，古人利用自己擅长的东西来表达自己内心的不满，今天的人除了利用自己的长处外，还有其他多种方式，比如法律，这就是鸣不平最重要的武器。如果你遭遇不公正的对待或压迫，正确的做法是运用法律，要敢于拿起法律武器维护自己的合法权益，不要畏惧权势，更不要担心会损害自己的声誉，因为在法律面前人人平等，法律是保护自己及自己合法权益的最有效、最有力的武器。

所以，要学会为自己鸣不平，更要学会运用法律捍卫自己的权益。

135. 如果厌倦了世俗，那便寄情山水

送李愿归盘谷序

穷居而野处，升高而望远，坐茂树以终日，濯清泉以自洁。采于山，美可茹；钓于水，鲜可食。起居无时，惟适之安。与其有誉于前，孰若无毁于其后；与其有乐于身，孰若无忧于其心。车服不维，刀锯不加，理乱不知，黜陟不闻。大丈夫不遇于时者之所为也，我则行之。

《送李愿归盘谷序》是唐代文学家韩愈写给友人李愿的一篇赠序。当时韩愈正在长安等候调官，因为仕途不顺，心情抑郁，于是就借着送友人归隐盘谷一事来抒发自己内心的愤懑。

韩愈仕途不顺致使内心抑郁的事实已经为世人所知晓，他一面羡慕友人隐居山林的洒脱和自在，一面抱怨当时不合理的用人制度使自己怀才不遇，但是他依旧执着于官场，可能是因为他还有很多抱负没有实现。因为心中有梦想，所以不甘心就此放弃，他在泥沼中一次次跌倒，又一次次爬起，一次次满怀希望，又一次次失望而归。如此执着于梦想的精神值得称赞。

坚持梦想当然好，但是实现抱负的道路并不是唯一的，实现人生价值的道路也不是只有仕途这一条。韩愈既然已经看清了"大丈夫"官场的腐败，"小人"的苟且偷生，也厌倦了世俗，那他为何不学着友人归隐山林，寄情山

水，而是继续在这世俗间惆怅地追求呢？

世人都知道他的文章写得好，但是又有多少人知道他当过什么官，做出过什么政绩呢？如果他潜心文学，还能在文学上更上一层楼。

所以要我说，既然厌倦了世俗，那便寄情山水。既然知道此路不能实现自己的人生理想，那就换一种方式，换一条道路继续坚持梦想。

如今，大多数人都很看重学习成绩，尤其是一些家长和老师，因为在他们看来，考一所好大学是实现人生价值的唯一道路，尤其是寒门学子，考一所好的大学可以改变自己的命运。这虽是一条道路，但并不是唯一的道路，实现人生理想，改变命运的也不是只有这一条路。

有些时候，别人认为最好的未必是最适合你的。有些人虽然学习成绩不好，但心灵手巧，喜欢创新，去学一门谋生的手艺照样可以有所作为。人在社会立足的前提是能够解决温饱，养活自己是实现人生价值的基础。

所以，有些时候，梦想要坚持，但更要学会变通，该放弃的时候放弃，该改变的时候改变。没有最好的，只有最适合自己的，适合自己的才是最好的。

136. 不逃避，不气馁

送董邵南序

夫以子之不遇时，苟慕义强仁者，皆爱惜焉。矧燕赵之士出乎其性者哉！然吾尝闻风俗与化移易，吾恶知其今不异于古所云邪？聊以吾子之行卜之也。董生勉乎哉！

《送董邵南序》是唐代著名文学家韩愈为多次考取进士而不中，欲奔赴藩镇做官的友人董邵南而写的一篇送别之作。作者委婉地表达了自己对友人此举的不赞成和对其遭遇的同情。

唐德宗贞元年间，董邵南多次到长安参加进士考试，想通过科举考试实现自己的仕途，但都没有成功，心情抑郁之际，他便想离开长安去往河北投靠藩镇。藩镇，也叫方镇，是唐朝中后期设立的军镇，原先是朝廷为了维护自身安全设立的，但是安史之乱以后，边疆地区逐渐形成了藩镇割据，严重威胁中央政权和国家稳定。韩愈历来反对藩镇割据，于是便写了这篇文章，在同情友人仕途不顺的同时，也告诫他不要被藩镇利用，误入歧途，他希望友人能够留下来，效仿古代的忠臣义士效忠朝廷。

生不逢时是多少人的遗憾。在韩愈看来，像董邵南那样的人，但凡是一个仰慕正义、力行仁道的人都会珍惜他。如果他生于燕国或赵国，可能已经实现了自己的远大抱负，然而现实是他屡屡不中进士，进入仕途遥遥无期，即使去了藩镇也不一定能够实现自己的抱负，所以说他生不逢时。

人生不如意十有八九。读书的时候，觉得学习太难；工作以后，你又会觉得生活很难。其实生活就是这样，在平凡、失意与惊喜中不断重复着。如果遇到了困难，遭受了打击，就想着抱怨、逃避，甚至结束自己的生命，就失去了人生的意义。失败了，跌倒了，爬起来，继续向前。这又有什么可怕的呢？真正可怕的是倒下去就再也没有勇气站起来。

所以，对生活抱以希望与微笑，不逃避，不抱怨。"沉舟侧畔千帆过，病树前头万木春。"咬牙坚持，困难也就过去了。

137. 桃李不言，下自成蹊

送杨少尹序

国子司业杨君巨源，方以能《诗》训后进，一旦以年满七十，亦白丞相去归其乡。世常说古今人不相及，今杨与二疏，其意岂异也？

《送杨少尹序》中的"序"是古代的一种文体，即临别赠言。少尹不是人名，少尹是一种官职的名称。古时人们想要亲切地称呼对方，是不会直呼姓名的，而是用官职等其他形式来称呼。比如王维又称王右丞，因为他曾做过尚书右丞；杜甫又称杜工部，因为他当过工部员外郎；刘禹锡又叫刘宾客，因为他曾是太子宾客。杨少尹的名字叫杨巨源。杨巨源德高望重，七十岁时主动申请引退，韩愈写这篇文章就是要赞扬杨巨源的美德。

古时的疏广、疏受主动引退，有许多人给他们送行，场面很是壮观。杨巨源在位期间，悉心教导学生，年老后主动引退，这和古人疏广、疏受二人的志趣有什么不同吗？韩愈当时在朝中任职，因为生病不能亲自去送行，但很想知道送别杨巨源的场面是否也和送别疏广、疏受的场景一样。韩愈听说杨巨源要走，用诗来劝勉他，京城中擅长写诗的人也纷纷附和。韩愈称赞杨巨源功成身退，主动辞官的良好美德。

古往今来，品德高尚的人很多，但只要心中有人生信条，我们虽然不一定像他们一样优秀，虽然没有那样高的天赋和才能，但是可以获得成功。

138. 现在是一定的，未来是变化的

送石处士序

与之语道理，辨古今事当否，论人高下，事后当成败，若河决下流而东注，若驷马驾轻车就熟路，而王良、造父为之先后也，若烛照，数计而龟卜也。

《送石处士序》中的"石处士"指的是石洪。古代称有才德，但是不愿做官的人为处士，其实就是我们现在所说的隐士。石洪从过军，后来隐居洛阳十年。当时，成德军节度使王士真死了，其子王承宗统率军队不听从朝廷诏命。唐宪宗命令吐突承璀率兵讨伐。乌重胤就任河阳军节度使，责任重大。于是他求贤若渴，四处拜访贤人帮助自己。

有人推荐了石洪，乌重胤便和这人讨论。石洪过着粗茶淡饭的生活，他人施与钱财他并不接受。他做人洒脱坦荡，出游不会拒绝，但是出去做官一定不接受。他才学斐然，讨论什么事情都头头是道。乌重胤便很担心石洪不答应自己。推荐的人说石洪仁义有胆识，用大义相请一定会答应。果然，石洪知道后，独自一人见客，接着收拾行李准备出仕，他的朋友都为他钱行，并告诫他不要改变初衷，坚持正直和道义。

像石洪这样的隐士，古时有很多，比如诸葛亮。但是不同的是，隐士大都请不动，但是石洪不一样。推荐他的那个人在最开始描述的时候说石洪是不会出山的，但是为什么作为隐士的石洪知道后，却主动接待并且第二天就出山了呢？石洪当时或许就像幕僚说的那样，"先生仁且勇，若以义请而强委重焉"，因为道义自会出山。但是也挺让人觉得奇怪的是，难道就这一次是用道义来请求的吗？他为什么又不告诉妻子、朋友呢？或许是他已经下定决心要出山了，又或许是他不敢说，因为他曾经立下不会出山的誓言，所以他自己也很矛盾。

所以，曾经立下的誓言或者目标一定要遵守吗？时势是不断变化的，就像鲁迅曾经是一位医者，但是因为当时的环境，他选择弃医从文，他在坚定从医的志向时，一定不会想到自己后面会从事文学工作。现在的人，曾经立下自己的人生目标或立下誓言，比如要当老师，要当科学家，当时，人们都坚信自己可以达到这个目标。随着外界因素和自身心智的成熟，每个阶段都会有不一样的目标和选择。因此，在做某个选择时，不需要纠结会不会和以前的誓言有所背离，责备自己是不是放弃了曾经的理想，我们不需要用非常完美的圣人的标准要求自己，适合自己的、自己感到舒适的选择才是最好的选择。

139. 你就是自己的伯乐

送温处士赴河阳军序

夫南面而听天下，其所托重而恃力者，惟相与将耳。相为天子得人于朝廷，将为天子得文武士于幕下，求内外无治，不可得也。

《送温处士赴河阳军序》是韩愈在完成《送石处士序》后写的姊妹篇。乌重胤求贤若渴，石洪去做幕僚后，又举荐了温造。而温造和石洪的经历非常相似，也是一直在洛阳隐居，后来去了乌重胤的麾下出谋划策。但是这篇序和前一篇的内容截然不同，作者采用先抑后扬的写作手法，来表达自己对朋友温造能够投奔乌大夫高兴又不舍的心情。

　　伯乐一走，马群就空了，为什么这样说呢？因为伯乐善于识别千里马，所以马群里的好马都被挑走了。洛阳有许多有才能的隐士，乌公求贤若渴，对石洪和温造都以礼相待，请到自己的麾下为朝廷效力。但是把这些贤人都挑走了，就没有可以请教的人了。韩愈为自己的朋友有一个能够实现抱负的好去处感到非常开心，但是又非常不舍与友人分别。

　　石洪和温造在乌重胤那里都得到了重用，虽然二人名声不大，但是总归是名留青史。韩愈在写完这篇文章不久后就去世了。韩愈虽然在官场不得意，但是他的文学创作水平是为世人所称颂的。

　　在文章开头，韩愈用伯乐和千里马来比喻乌公和温造、石洪，赞扬乌公是一个善于识别人才的人，而韩愈也为朝廷获得人才而感到高兴。韩愈假意埋怨乌公把自己的朋友、洛阳的贤人都带走了，实际上是在称赞乌公唯才是举。

　　常会有人问，千里马和伯乐谁更重要？如果选择伯乐，伯乐会日日忧心于能否找到千里马，把自己存在的价值等同于寻找千里马。但是伯乐也可以是千里马，就像乌重胤，他本身也是有一定才干的，同时他也可以寻找千里马。现在，有的是需要人才的地方，只要你是千里马，即使没有伯乐，你也会找到适合自己的位置，走自己喜欢的路，不需要再等待伯乐。

140. 言有穷而情不可终

祭十二郎文

　　呜呼！言有穷而情不可终，汝其知也邪？其不知也邪？呜呼哀哉！尚飨。

　　《祭十二郎文》是唐代文学家韩愈为悼念侄子十二郎而写的一篇祭文。其体裁是散文，全篇抒发了对十二郎的思念之情，通过叙述自己及十二郎的身世、家常、生活的变故等，表达惋惜、沉痛的心情，文中的语言朴实无华，用第一人称来叙述，情感真切，感人肺腑。

十二郎是韩愈二哥韩介的儿子，后过继给了韩愈的大哥韩会，在他们的家族中排行十二。韩愈的父亲去世早，他就跟着大哥大嫂一起生活，于是和十二郎相伴，一起读书，感情很深厚。后来韩愈离开家去当官，两个人见面的时间也少了，原本韩愈打算等自己一切都安定下来后再把侄子十二郎接到自己身边，但是没有料到十二郎英年早逝。韩愈知道后，十分悲痛，回想起曾经在一起开心地过苦日子，痛苦之情无以言表，心情沉重，于是写下了这篇悼念十二郎的祭文。这篇文章被誉为祭文中的"千年绝调"。

全文追忆过往，格调很悲凉，让人读来不禁感伤，经历过类似事情的人更容易感同身受。一般来说，失去至亲是非常痛苦悲伤的，韩愈和他的侄子从小就相依相伴，感情没得讲，听到侄子去世的消息，他心情沉重，也很自责：十二郎在世的时候因为各种原因不能团聚，他离开人世后又是阴阳相隔。他们当中无论谁先走，留下的那个人都是痛苦的，何况十二郎还是年纪稍小的一个，文中讲到："少者强者而夭殁，长者衰者而存全乎？"更增加了悲凉感。

读这篇文章，感受到的情感是极为深沉的，那些无法言说的事情在侄子去世后终于找到了宣泄的出口，阴阳相隔，只能借文字表达怀念。从祭文通篇都用朴实的话讲述。全文讲的都是自家的琐碎小事和一些关于自己和十二郎的境遇，读起来并不觉得死气沉沉，反而像是在和故人面对面唠家常，用温和的语气将往事娓娓道来，使人沉浸在那种氛围中，感受从前那种苦中作乐的美好和失去至亲的悲伤，更多的是无能为力的悲哀和惋惜。

我们常用"无以言表""千言万语尽在不言中"来形容那些无法用言语表达的深沉情感。很多时候，内心的情感积淀要比口头无休无止的表述更加汹涌，在生活中，我们或许不擅长表达情感，虽然没有口头上说出来，但是会在感受到善意的那一刻就记在心里。韩愈用言有穷而情不可终来表明自己对侄子的思念，真切动人。

这篇文章也告诉我们一个极其平常又现实的道理：明天和意外不知道哪个会先到，应当且行且珍惜。意思是无论是对人还是对事物，我们要学会认真对待和珍惜当下，不要等到失去才后悔莫及、自责愧疚。所以，学会努力把握好当下，把遗憾降低很重要。

141. 欲为圣明除弊事，肯将衰朽惜残年

祭鳄鱼文

刺史受天子命，守此土，治此民；而鳄鱼睅然不安溪潭，据处食民畜、熊、豕、鹿、獐，以肥其身，以种其子孙，与刺史亢拒，争为长雄。刺史虽驽弱，亦安肯为鳄鱼低首下心，伈伈睍睍，为民吏羞，以偷活于此耶？且承天子命以来为吏，固其势不得不与鳄鱼辨。

《祭鳄鱼文》是唐代文学家韩愈的一篇散文，也是他的代表作品之一，是他被贬到潮州后写的。

唐宪宗元和十四年（819年），韩愈因为上谏惹火了皇帝，被贬谪到偏远的岭南海边当潮州刺史。那里环境恶劣，条件十分艰苦，尽管自己的处境很糟，他还是没有放弃，尽力为当地的百姓做了一些好事。本文记述了韩愈被贬潮州后，看见鳄鱼危害当地，于是劝诫鳄鱼离开的故事。

韩愈从刑部侍郎被贬谪为潮州刺史，虽然落差很大，心里多少也会难过和愤懑，但是他并没有让负面情绪支配自己，即便处在低谷，仍然不气馁。到潮州后，他并没有怨天尤人，而是调整好自己的心态去面对一切。

他听说鳄鱼对当地百姓造成了威胁，先用羊和猪作为祭品，然后才和鳄鱼正面交锋，好一招先礼后兵！随后他用先王和后王对鳄鱼的态度来说明帝王德行对恶物的作用，然后又颂扬当今天子"神圣慈武"，来吓唬鳄鱼，最后又说自己是"天子命吏"，点明自己的身份，旗帜鲜明地表示自己作为当地官员要与鳄鱼斗争到底的决心，他警告鳄鱼：如果不听从命令迁走，只有用暴力对付了，到时候被斩尽杀绝，可不要后悔！

他的一番话铿锵有力，看起来是在用权威吓唬鳄鱼，其实可以从两方面来理解。一方面，为了除掉这些祸害，他确实想要通过喊话鳄鱼的方式，驱赶它们，虽然在我们看来可能有些迷信，甚至荒唐，但或许也不无道理。另一方面，潮州地处偏远地区，一些像鳄鱼一样的土匪强盗也会对老百姓的生

命和财产安全造成威胁。他用天子的权威和自己潮州刺史的身份去警告那些危险分子，借着这个机会向那些危害百姓的恶势力宣战，表明自己要和邪恶势力斗争到底的决心。他的这种做法还是很明智的。

我们常说态度决定一切，一个人用什么样的态度去生活去做事，就会得到相应的结果。如果处在低谷时期，一味悲观消沉，肯定什么都难以做好。身在巅峰就扬扬自得也是不行的，最重要的还是要端正自己的态度。韩愈年过半百，被贬到一个荒凉的地方当小官，环境和心情不好，但是他并没有轻易退缩，而是尽自己的力量为百姓做事，很好地践行了"不以物喜，不以己悲，居庙堂之高则忧其民，处江湖之远则忧其君"的古仁人之心。这种精神值得赞扬。

142. 人品很重要

柳子厚墓志铭

子厚前时少年，勇于为人，不自贵重顾藉，谓功业可立就，故坐废退。既退，又无相知有气力得位者推挽，故卒死于穷裔，材不为世用，道不行于时也。

《柳子厚墓志铭》是唐代文学家韩愈的一篇散文，元和十五年（820年），他在袁州担任刺史的时候写的。

文中所说的柳子厚就是我们熟知的"唐宋八大家"之一的柳宗元，他和韩愈是好朋友，而且两人都是唐代文坛的重要人物，还一起发起了古文运动。但是很可惜，柳宗元去世较早。为了纪念这位好朋友，韩愈写了几篇哀悼他的文章，这是其中比较有代表性的一篇。

本文作为一篇墓志铭，分为两部分。前一部分是序文，也就是"志"，主要讲述的是柳宗元的家世、生平、交友以及文章，强调柳宗元生前所创下的政治功绩，还有和朋友交往中表现出的美好品质等；后一部分是铭文，也就是"铭"，主要用韵文，从朋友的角度安慰、赞扬柳宗元，虽然比较短，但却抒发了对老朋友深切的悼念之情。

　　文中我们可以感受到韩愈对柳宗元的赞誉有加，不仅欣赏他的政治才能，也钦佩他的高风亮节。在韩愈眼中，柳宗元是个才智突出、刚正不阿的人。"子厚少精敏，无不通达"，是说他有很强的能力。当官的时候，他就尽力为百姓着想，做自己分内的事，清正廉洁，不违背自己的良心，即便多次遭受贬谪，仍保持好的心态，争取在自己管理的地方作出一些贡献，造福百姓。一些王公贵族也很佩服他，所以他的身边围绕着很多名人，可见他的个人魅力之大。

　　贞元十九年（803年），柳宗元官职升降不定，最后被贬为永州司马，他处在逆境中也不气馁，把那里当作清闲的地方，更加刻苦学习，专心诵读，写诗作文，苦中作乐，纵情于山水之间。不过，韩愈对柳宗元长期迁谪的坎坷遭遇充满同情，对于身边的一些小人很不满：柳宗元是个品德高尚的人却不能顺风顺水，那些愚昧奸诈的人却在官场混得风生水起。柳宗元会勇于帮助朋友，而不爱惜自己，是肯为朋友两肋插刀的人。

　　其中讲到刘禹锡被贬谪后柳宗元帮他求情的事。那一次，柳宗元被召回京师又再次被遣出做刺史时，刘禹锡也在其中，不过他应当去播州。柳宗元向朝廷请求，并准备呈递奏章，为了刘禹锡能去好一点儿的地方，情愿拿柳州换播州，表示如果因此再度获罪，死也无憾。恰巧有人把刘禹锡的情况告知了皇上，他因此改任连州刺史。

　　柳宗元去世后，他的灵柩能够回乡安葬，费用都是观察使河东人裴行立出的。柳宗元生前与他交好，他重义气，品德好，所以他帮柳宗元办理了后事。另外，把柳宗元安葬到万年县墓地的，是他的表弟卢遵。卢遵是一个性情谨慎、好做学问的人，自从柳宗元被贬斥之后，卢遵就跟随他，和他住在一起，直到他去世也没有离开，最后不仅把他归葬了，还安顿了他的家属。

　　学会做人做事，培养好的人品，也是人生的一门必修课。

143. 旌与诛莫得而并

驳复仇议

> 其本则合，其用则异，旌与诛莫得而并焉。诛其可旌，兹谓滥；黩刑甚矣。旌其可诛，兹谓僭；坏礼甚矣。

《驳复仇议》是柳宗元针对武则天时期谏官陈子昂写的《复仇议状》进行反驳的一篇文章。在武则天时期，县尉赵师韫杀了平民徐爽，其子徐元庆见父亲被杀，便杀了赵师韫，事后自首。这事发生后，陈子昂写了《复仇议状》，主张对徐元庆实行又赏又罚的建议。多年后，柳宗元写了这篇《驳复仇议》，反驳陈子昂的建议。

柳宗元认为陈子昂的观点是错误的，他认为礼和刑法的根本作用都是为了防止暴乱。从礼的角度来看，徐元庆杀了人，就应该被惩罚，但从法的角度来看，赵师韫当官杀了人，也是应该被惩罚。因此，陈子昂采取的既处死徐元庆也在家乡表彰他的做法是错误的。

柳宗元从事情的性质议论这个问题。如果徐爽是因为赵师韫的一己之私或个人恩怨被冤枉而死，那么徐元庆为父报仇是孝道，是在为民除害，就要奖赏；但如果徐元庆的父亲徐爽做了什么不对的事情，赵师韫杀了他，那么赵师韫并没有做错，而徐元庆杀了赵师韫，就是毁了一个为民执法的官员，这样怎么能表彰呢？

柳宗元这篇文章的逻辑比陈子昂论说得更严密，说理性也更强。柳宗元根据陈子昂论述中的漏洞，进行了一次无懈反击。柳宗元认为事情的核心在于事情的真相，而不是礼和法的矛盾。透过现象看本质。柳宗元认为陈子昂对于法治的理解太过模糊，礼是支持有冤屈的人，而法律用来保护这些人，并且惩罚无视法律的人。因而，柳宗元将这件事的性质归结于杀父之仇。一种是父亲没有罪或者罪罚不至于死，另一种是父亲本来就有罪并且人人得而诛之。以此为前提，对于徐元庆复仇的事情才能有正确的判断。

144. 言必行，行必果

桐叶封弟辨

　　古之传者有言，成王以桐叶与小弱弟戏，曰："以封汝。"周公入贺。王曰："戏也。"周公曰："天子不可戏。"乃封小弱弟于唐。

　　《桐叶封弟辨》中"桐叶"就是剪叶，意思是要说话算话。这是柳宗元写的一篇议论文。柳宗元的文学修养极高，政治上也很有建树。唐朝自安史之乱后，中央权力削弱，形成了藩镇割据的局面，形势十分严峻。柳宗元参与了永贞革新运动，失败后被贬为永州司马。

　　西周初年，年幼的周成王把一片桐叶剪成一个似玉圭的玩具，说以此为证据，承诺给弟弟叔虞一块封地。接着周公进来道贺，并说天子不能随便开玩笑，于是周成王就封了土地给弟弟。柳宗元认为，周公的行事并不恰当。如果他的弟弟叔虞应该得到封地，那周公就应该及时进言，而不是在周成王开玩笑时去说这件事。如果不应该受封，那土地就不应该给周成王的弟弟。柳宗元认为，不能因为君王的随便承诺，就不考虑事实地促成君王的戏言。周公应该正确地引导周成王，让他有一个良好的德行，让周成王玩耍时的言行举止符合规范。周公早不提晚不提，偏偏这个时候提，就是错误的做法。

　　柳宗元对"天子无戏言"这一说法进行了批判，认为如果天子有错，作为人臣就应该及时规劝，而不是随声附和。如果周成王说要让妃子当官的话，不是扰乱朝纲了吗？在这篇文章中，周公的形象描写得不像人们印象中的那样贤明。但是，当时的周成王还年幼，没有形成自己的价值观，也不知道天子不能戏言，而周公此时让他兑现自己的诺言，不就是在教育他不能随意承诺吗？而根据史料记载，叔虞把封地治理得井井有条。所以，柳宗元对于这件事情进行批判，其实是反映了他的政治主张。他在表达自己辅佐帝王的想法。他认为作为臣子应该纠正君主的过错，用典故引导君主的言行，让君主的言行符合道义。

145. 识时务者为俊杰

箕子碑

凡大人之道有三：一曰正蒙难，二曰法授圣，三曰化及民。

　　《箕子碑》中的"碑"是碑文的意思，是一种文体，它的应用范围很广泛。箕子是商纣王的叔父。箕子因劝诫商纣王，被商纣王囚禁起来做了奴隶。周朝建立后，箕子帮助君主治理国家，得到了人们的称赞。这篇议论文是柳宗元因为参加王叔文集团，进行永贞革新失败，被贬到边远地区当官的时候写的。柳宗元的遭遇和箕子相似，他在文章中赞美了箕子正直的品德，同时抒发了自己的信念和抱负。

　　伟大的人物都有三个特点：一是不论在多大困境下都能保持正直的品行，二是会把治理天下的道理都传授给君王，三是他能教化人民。箕子侍奉的君主商纣王残暴无道，致使国家政权摇摇欲坠。箕子作为臣子冒着杀头的风险劝诫，劝说没有效果，但为了保全性命，就佯装疯癫，虽然被囚禁起来，但是也保住了性命。

　　一般心高气傲的人都受不了委屈和侮辱，但是箕子能够韬光养晦，等待机会，将自己毕生的治理国家的经验传授与他人。在商朝毁灭后，箕子选择了辅佐贤明的君主让国家得到安定。倘若箕子一开始不能委曲求全，就不会让周朝有法则来制定规矩，让天下百姓从祸乱中走出，过上安定的日子。比干已经被商纣王处死，而微子也已经离开，箕子这样做是为了保全大局。柳宗元敬慕箕子的高尚德行与治理国家的能力，于是才写下了这篇称赞他的文章。

　　箕子并没有固执地认为如果商纣王不改正这个问题他就以身殉职。当时，商纣王已经是"扶不起的阿斗"了，箕子在最后一次劝诫之后，就认清了这个现实，于是通过装疯卖傻，躲过了商纣王的猜忌和屠杀。司马迁也是如此，虽然遭受极大的耻辱，但是没有选择自杀，而是忍辱负重，完成了"史家之绝唱,无韵之《离骚》"的名著《史记》。越王勾践也是这样,忍辱负重,卧薪尝胆,终于打败了吴国,成为春秋时期最后一位霸主……

俗话说得好,识时务者为俊杰。认清现实,尊重事物发展的规律。已经发生的事情不能再改变,那就改变自己。箕子有一身的本领,如果不屈服,就不能够再施展自己的抱负,传授自己的治国方略。

146. 苛政猛于虎也

捕蛇者说

余闻而愈悲,孔子曰:"苛政猛于虎也!"吾尝疑乎是,今以蒋氏观之,犹信。呜呼!孰知赋敛之毒有甚是蛇者乎!故为之说,以俟夫观人风者得焉。

《捕蛇者说》是唐代著名文学家柳宗元的一篇散文,文章巧妙地抓住了蛇毒与苛政之毒之间的关系,运用对比的方式,说明赋敛之毒甚于蛇毒,突出了当时社会的黑暗以及作者对人民苦难的同情。

柳宗元所处的时代,是大唐王朝由盛到衰的历史转折时期。唐朝中期,赋敛沉重,民不聊生,百姓相继逃亡,处于颠沛流离和饥寒交迫之中。在永州的十年间,他广泛深入基层,目睹了当地人民"非死则徙尔"的悲惨景象,于是他便以进步的思想和身边的素材构思了这篇《捕蛇者说》。

《捕蛇者说》的主题思想是赋敛之毒甚于蛇毒。孔子说:"苛政猛于虎也。"那么古代税收对平民百姓的影响究竟有多大呢?

在古代,不管哪个国家都存在税制,且不同国家的税收制度和种类是不一样的,但无一例外,税制的产生都会对平民产生负担。就如文章中所讲的蒋氏及其邻人,虽然一年只交两次赋税,但百姓仍然不堪其重,要么冒死捕蛇"当其租入",要么迁徙逃亡。所以,新王朝建立初期,大都轻徭薄赋,与民休养,尽量消除前朝的弊政,想方设法地完善自己的制度,以减少民怨。

如果任由苛政发展,会有什么后果?历史告诉我们,轻则社会混乱,重则王朝灭亡。还是那句话，民如水，君如舟，水能载舟，亦能覆舟。如果统治者施行暴政，横征暴敛，置百姓于水深火热之中，那么便会失去民心，失去民心的君王不再受百姓爱戴，也不再有听命于他的臣民，王朝倾覆不过是早晚的事罢了。

《捕蛇者说》给后人的警示是深刻的。国家要想稳定，统治者就要施行仁政，关心百姓疾苦，更重要的是关心底层人民的生活。只有人民生活安乐，无后顾之忧，国家才能兴盛稳定。

147. 顺木之天，以致其性

种树郭橐驼传

有问之，对曰："橐驼非能使木寿且孳也，能顺木之天，以致其性焉尔。凡植木之性，其本欲舒，其培欲平，其土欲故，其筑欲密。既然已，勿动勿虑，去不复顾。其莳也若子，其置也若弃。则其天者全而其性得矣。"

《种树郭橐驼传》是唐代文学家柳宗元的传记作品，也是一篇寓言式的政论散文。文章以树喻人，讲述了种树育人、治国安民的道理。

中唐时期，官吏扰民，伤民，百姓苦不堪言。柳宗元曾担任御史见习官，深入基层了解民情，他清楚地看到了这种现象，并写下这篇文章，目的是提倡政治改革，要求改革弊政。文章采用问答的形式，让郭橐驼自己讲述种树的道理，说明种树要顺应树的天性，使树尽量依靠自己的本性去生长。文章借种树来比喻为官治人，说明治理国家跟种树是一样的，不能"好烦其令"，而是要"蕃吾生而安吾性"，顺应百姓的要求，减少繁杂政令对百姓的干扰。

有一个成语叫作"朝令夕改"，意思是早上刚颁布的命令，到晚上就改变了。一些官吏为了显示自己忠君爱民，会时不时颁布一些政令，那些政令繁杂琐碎，看起来是对百姓的爱护，但实际上却给人民带来了灾难。因为政令细小而繁杂，一会儿规定百姓做这个，一会儿又做那个，百姓连吃饭睡觉的时间都没有,这样的政令只会加重百姓的不幸罢了。所以,统治者在制定政策和法律的时候,要从实际出发,从百姓的需求出发,政策的制定原本就是为了更好地保障人民的生活,因此,政策的实施与百姓的生活不能相互矛盾,更不能妨碍百姓正常生活。

除了为官治人外,为人父母在教育子女的时候也要遵循"顺木之天,以致其性"的原则。今天,父母对子女"爱之太殷,忧之太勤"已经成为普遍现象。家长要么过度溺爱子女,使孩子变得娇弱甚至丧失生活自理的能力,要么就是过于关心子女的学习成绩,加重孩子的压力和负担。孩子的天性被他们一点点地消磨殆尽,孩子变得没有个性,也没有活力,甚至有一些孩子以极端方式来摆脱父母对他们的"爱"。

148. 司其职,专其业

梓人传

> 继而叹曰:彼将舍其手艺,专其心智,而能知体要者欤?吾闻劳心者役人,劳力者役于人。彼其劳心者欤?能者用而智者谋,彼其智者欤?是足为佐天子相天下法矣。物莫近乎此也。

《梓人传》是一篇传记文,同时也是一篇政论性散文,作者是柳宗元。作者借亲见的真实人物,即"梓人"的传奇事迹为喻,通过"梓人之道"来阐述治国的大道。

梓人,原本是小作坊里的工人,在这篇文章中指的是设计建造房屋的技术人员。他们的主要任务是绘制房屋的蓝图,选用材料,指挥各类工匠,而自己并不参与具体的事务。虽然他们不从事具体的工作,但在整个工程中却处于掌控全局的地位。作者写当好一个梓人的办法,实际上是借此来阐明宰相的治国之道,说明宰相和梓人一样,不必事必躬亲,陷入繁杂琐碎的事务之中,而应该运筹帷幄,举贤任能。

梓人绘制蓝图,选材用人跟宰相运筹帷幄、举贤任能都是在做自己该做的事。在其位，就应该做好应尽的义务，尽到应尽的职责。梓人要确保房屋按期完工，同时保证工程质量；宰相要帮助皇帝治理国家，举荐贤才给皇帝，这些都是他们应该做并且要做好的工作。

为什么梓人不做具体的工作，但在整个工程中却处于掌握全局的地位，所有的工匠都要听从他的安排？关键就在于他比那些工匠更熟悉房屋的建造。一个人，如果能在某些方面做到精通或擅长，我们就称他为这方面的专家，梓人便是房屋建造的专家。这也告诉我们专业的重要性。

司其职，专其业，看似简单的事情，往往是最难做到的。不管是什么职业，什么专业，都有一把尺子来衡量，来警戒。所以认清工作的本质，把握好工作的尺子，尽到自己的职责和义务，同时不断提升自己的专业能力。

149. 接纳自己的不完美

愚溪诗序

余虽不合于俗，亦颇以文墨自慰，漱涤万物，牢笼百态，而无所避之。以愚辞歌愚溪，则茫然而不违，昏然而同归，超鸿蒙，混希夷，寂寥而莫我知也。

《愚溪诗序》是柳宗元被贬为永州司马后写的一篇山水游记《八愚诗》的序言。古人喜欢借景抒情，而柳宗元通过描写愚溪来表达自己被贬谪之后不能实现抱负的愤懑的心情。

灌水的北面有一条小溪，但是人们对它的名字多有争执，有叫冉溪的，也有叫染溪的。柳宗元喜欢这条小溪，于是买下了它，并把它命名为愚溪，还将愚溪附近的丘、泉、沟、亭、石都命名为愚。因为柳宗元认为是自己玷污了它们。

溪水是人们喜爱的，但是愚溪不能对世人有用，就像柳宗元自己一样。但是，像宁武子、颜回他们并不蠢，而是大智若愚。所以自嘲没有谁比自己还要蠢的了。

全篇以"愚"字为题眼，说了为什么叫愚溪，为什么要写愚溪，运用具体的任务事例来说明愚有多少种，最后表达自己作为愚者的快乐。

柳宗元为什么要说自己愚蠢呢？这篇序言在前后有两种情绪进行了对比。一个是极度地谴责自己，将自己贬得一文不值，但在最后又安慰自己，起码自己可以在文学创作上有所建树。一个人的生活太过于顺风顺水后，从高处掉落后多会萎靡不振。

柳宗元从小就被称为"别人家的孩子"，聪明，成绩好，但是因为站错队，参加了王叔文集团，"永贞革新"失败后，受到牵连，被贬到了荒僻的地方。这样从小没有受过什么挫折的柳宗元到了人生低谷后，难免一蹶不振。而他失落悲伤时也会自怨自艾，认为自己怎么如此愚蠢，竟然加入皇子夺权的斗争中去。现在的生活中，一些自卑的人总是把自己看得很低。"我好蠢啊！""我怎么会把这么简单的题都做错？""我怎么会讲这种话？"此时的柳宗元正处于这样的情绪中。失落的人，需要多一点自信，多一些宽容，多关注自己的需要，学会接纳自己。所以，此时的柳宗元认为自己很蠢，于是把溪水命名为"愚溪"来提醒自己。这样的举动和鲁迅在桌子上刻"早"有异曲同工之妙。

好在柳宗元能够及时调整自己的情绪，没有一直谴责自己。政坛失意，文坛得意，好在自己在喜爱追求的文学方面还能有所成就。

现在很流行一个词——"内卷"，就是被迫竞争。而和它相对的还有一个词——被迫"躺平"。柳宗元不想"躺平"，天天看山看水。如果政治和文学让他选择一个，估计他还是选择政治。每一个人，不需要把"躺平"和"内卷"作为一组矛盾的词语，非黑即白。其实在"内卷"和"躺平"之外，还有其他的选择。虽然在被迫"躺平"和被迫"内卷"的情况下内心非常痛苦，但是承受住了这样的痛苦，就能抓住机会寻找自己更多的可能性，每个人都有机会在自己喜欢并且追求的领域上发光出彩，但前提是需要相信自己。

150. 清浊辨质，美恶异位

永州韦使君新堂记

  积之丘如，蠲之浏如。既焚既酾，奇势迭出。清浊辨质，美恶异位。视其植，则清秀敷舒；视其蓄，则溶漾纡余。

  柳宗元在永州的日子里，写了许多歌颂清廉、关心百姓疾苦的有德行的官员的文章，同时也表达了自己虽然被贬谪，却依旧忧国忧民的政治主张。这篇文章通过描述使君韦宙在永州修筑新堂的事情，一面称赞韦使君，同时也表达了自己虽然远离朝政，但仍旧关心时事政治，坚持政治改革的理想。

  文章记录了新堂翻新前后的变化。如果要在城里打造一处幽谷，就必须花费大量的人力、物力，但是也不能达到巧夺天工的程度。永州虽然有那样的条件，但都被杂草、污泥、毒蛇掩埋了。韦宙来到永州当刺史一个多月后，因为有治理的才能，永州的事务也不是很多了。某天，他发现永州是块好地方。于是除草开山，施工结束后，永州变得清秀了起来。接着，又因地制宜建造了厅堂。新堂建成后，人们前来观光，都祝贺韦宙，并称赞他有才干和德行。

  柳宗元所在的永州非常荒凉落后，虽然他在永州做司马，但是无奈自己没有什么实权，不能帮助当地的百姓完成他们的心愿。因此，柳宗元特别佩服那些一心一意为百姓办实事的人。韦宙就是这样一个廉洁勇敢的官员。韦宙为人清廉，为百姓办实事，深受百姓的爱戴，因而百姓们尊称他为使君。

  在永州这样一个荒凉的地方，茂盛的树木中有恶木，鲜艳夺目的花草中有毒花，好坏难分，但人们总是喜欢好看的东西，因而总是分辨不出真正的美或丑，善或恶。韦宙刚来一个月，便能够看出事物的本质，分辨事物的美丑。他的行动力也非常强，看准了一件事就立即做。柳宗元写这篇文章也借赞美韦宙居高望远、除暴安良、废黜贪污官员的做法，希望后人学习和效仿。

  路遥知马力，日久见人心。恶的东西总是在身边盘旋，每个善良的人都有可能被身边的恶同化，但不论身处什么样的环境中，心中都要坚持对美的追求，辨别恶，清除恶。

151. 人生处处有惊喜

钴鉧潭西小丘记

> 今弃是州也，农夫渔父过而陋之，价四百，连岁不能售。而我与深源、克己独喜得之，是其果有遭乎？

柳宗元的《永州八记》享有盛名，这篇《钴鉧潭西小丘记》是其中的第三篇，通过描写永州的山水，托物言志，融情于景，将自己被贬永州的经历和永州小丘的遭遇联系在一起，表达了自己的愤慨。

柳宗元在永州游玩，在西山的第八天发现了钴鉧潭。钴鉧潭上有一座小丘，小丘上的竹子、岩石奇形怪状。柳宗元问这座小丘的情况，主人说是唐姓人家的弃地，卖不出去。柳宗元很喜欢这座小丘，于是就买了下来。和柳宗元一起来游玩的朋友们都很高兴，轮流清理小丘上的杂草和难看的树木，接着发现这处小丘以及它周围的环境都异常美好，铺开席子卧在上面，一切都非常惬意。柳宗元不禁感叹道，像小丘这样的美景，把它放到长安附近，身价一定倍增，但可惜在穷乡僻壤，他人对此不屑，自己却意外收获这样的地方。

柳宗元买下这样一处地方，倒不是因为他想要在永州置办家业，而是意外的经历。他将小丘的遭遇引申到了自己身上，自己和这座小丘心心相印，有了相互怜惜的感情。这样的契机是可遇而不可求的，买下它，就是一个机缘。

柳宗元和他的朋友们正在游山玩水，无意间发现了这样一处好地方，自然非常开心。

上帝总会在给你关上一扇窗的同时，给你打开一扇门。像柳宗元这样仕途不顺、人生不如意的大有人在，甚至有些人的人生比柳宗元还要悲惨。此时，保持乐观的心态就非常重要了。悲观的人，看什么都是负面的；乐观的人，在蹉跎中也会发现令自己惊喜的东西。快不快乐，开不开心都是由自己看待事物的态度决定的。

一个人在沙漠中行走了很多天，他所带的食物和水已经不多了，悲观的人会说"只有半杯水了"，而乐观的人会说"还有半杯水"。保持积极的心态，会让自己的生活迸发出许多惊喜。人生会遇到很多不如意，但是拥有一颗乐观的心，便拥有了惊喜的人生。

152. 苦中作乐，处之淡然

小石城山记

噫！吾疑造物者之有无久矣。及是，愈以为诚有。又怪其不为之于中州，而列是夷狄。更千百年不得一售其伎，是固劳而无用。神者傥不宜如是，则其果无乎？或曰："以慰夫贤而辱于此者。"或曰："其气之灵，不为伟人而独为是物，故楚之南少人而多石。"是二者，余未信之。

《小石城山记》是唐代文学家柳宗元《永州八记》的最后一篇，是他在唐宪宗元和元年（806年）被贬到永州担任司马后写的。作者在文中描写了小石城山的地形及奇观景物，虽然自己被贬到了一个荒凉的地方，但是依旧不妨碍他去欣赏风景，苦中作乐。作者还借眼前的风景抒发自己的感情。

这篇游记比较短，但是很恰当地表现了作者当时的心境。前半部分都在写小石城山的景色，在那里，他发现了两条路，但是都很崎岖，很难走，而且再往后边走，看到的石头、树木都是奇特的，石头生得奇怪，树木又长得奇异而挺拔，一切都好像恰到好处，明明是天然的，却又像人工设计过的一般。在我们看来，这是一个荒凉的地方，但在他眼中，却显得很别致。所以说，有一双善于发现美的眼睛和一颗感悟美的心很重要。

文章的后半部分是在抒发自己看到这些景物后的感想。"吾疑造物者之有无久矣。及是，愈以为诚有。又怪其不为之于中州，而列是夷狄。"意思是在看到那些风景之后，感叹天地的造化，他在想那些是不是由造物主专门设计的，尽管之前还怀疑是否真的有造物主存在，可是到了小石城山之后，看到的景色不得不让人以为造物主真的存在，不过奇怪的是，造物主为什么不把那些景物造在中原，而是把它们放在偏远荒凉的地方，真是不合时宜。

如果从表面上理解这些话，作者是在为那些奇异的景物没有生在好的地方而感到惋惜。深入理解的话，从中体会更深层次的含义——对景物的惋惜其实是在寓情于景，以此来寄托自己怀才不遇的悲愤。明明自己是有才智的人，却被贬谪到荒郊野岭，一腔抱负难以施展。后边接着说美好的景物在那种地方不被人发现，再美都是徒劳的。对于当地美景是用来安慰那些被贬谪流放的人，还有天地间的灵气钟情于万物，但不造就伟人，因此蛮荒的地方多的是奇特美景而伟人少的两种说法，他都不相信。

柳宗元那种苦中作乐的精神贯穿文中，遭受贬谪还有心情欣赏风景，写赏景文章。对于已经发生的事，他并没有消沉，即使心里有不满，也从容面对。他写到好的景物没有生在应该出现的地方，其实是无奈，感叹时运不济、造化弄人的同时，他也抱有一种处之淡然的心态，既然到了那个地方，就不要荒废眼前的风景，随遇而安吧！

153. 盈虚倚伏，去来之不可常

贺进士王参元失火书

凡人之言皆曰：盈虚倚伏，去来之不可常。或将大有为也，乃始厄困震悸，于是有水火之孽，有群小之愠。劳苦变动，而后能光明，古之人皆然。斯道辽阔诞漫，虽圣人不能以是必信，是故中而疑也。

《贺进士王参元失火书》是唐代文学家柳宗元写的一封信，目的是慰问王进士。当时，王参元进士家被一场大火洗劫一空，什么都没有了，柳宗元从亲戚杨八那里知道了这个消息后，写了这封信，表达自己对这场火灾的看法和对朋友遭遇的同情、慰问。

王参元是唐朝的进士，本来家庭条件很好，却因为一场火灾，所有财物化为乌有。柳宗元听说了这件事，赶紧写文章安慰朋友，不过他安慰的方式比较特别，并不是一味地说好话，而是通过用道家"福祸相倚"的思想和举例子的方式开导和劝慰王参元。

柳宗元刚知道王进士家遭遇火灾的消息时很是惊讶，但很快他就转向了怀疑，最后居然还高兴了起来，还要祝贺他家里被烧干净了，好像是幸灾乐祸。柳宗元之所以这样想，自然有他的道理：盈虚倚伏，去来之不可常。意思是说盈虚相依，祸福相依，它们都是来去无常的。眼下的灾祸确实发生了，但谁又知道下一刻会发生什么呢？或许当下的情况很糟，但说不定不久就会转运呢！或许当下的一切都很顺利，但谁又能预测接下来会遭遇什么不好的事情呢。这就和"塞翁失马，焉知非福"是一样的道理。

虽是讲道理，先把道家"福祸相依"的思想提出来，然后再回到正轨上，把王进士夸了一遍，谈到他的才华和智慧与做官的联系。按照柳宗元说的，王进士家的这场火灾虽然把所有的东西都烧毁了，但从另一方面来想的话，也许对他的名声和仕途有一定的好处，当那些附加的财富都散尽的时候，才能更好地展现自己的才能，在没有充足的物质条件支持下，还能靠自己的实力说话，那些平时爱多嘴的人也就没什么好说的了，看来这是神明在暗中帮助王进士啊。

我们在生活中也常常会遇到不如意的事，但仔细想想，也许会发现，在残酷的现实中，也许也会萌发出另一个机遇的种子，那些我们以为的万事大吉，说不定哪天就会造成无法扭转的败局，所以说，凡事都没有绝对的好坏。

154. 一国万命，悬于一人

待漏院记

是知一国之政，万人之命，悬于宰相，可不慎欤？复有无毁无誉，旅进旅退，窃位而苟禄，备员而全身者，亦无所取焉。

《待漏院记》是宋代文学家王禹偁的作品，出自《四部丛刊》之《小畜集》。这是一篇充满政治色彩的"宰相论"，文章通过写人事来谈论宰相的个人品德修养，对治理国家和朝政的影响，以他们上早朝前的不同思想状态区分贤相、奸相和庸相，作者很鲜明地表达了自己对现实政治的担忧、批判和幻想。

　　待漏院是古代宰相等待上早朝的地方。古代宫中经常用漏壶滴水的方式报时，存放漏壶的院子就被称为待漏院。

　　唐宋时期，宰相在国家治理中起着举足轻重的作用，有着"一人之下，万人之上"的地位。职位越高，责任越大，宰相位高自然肩负着重大的责任，同时也对他们的品行修养提出了更高的要求。他们是离皇帝很近的人，可以想象一下，如果一个作风问题很大的人做了高官，对朝廷和百姓的危害该有多大。所以，文中揭示了宰相的职责应该是勤政爱民，而不是以权谋私或者尸位素餐。

　　"一国之政，万人之命，悬于宰相"，可见宰相多重要。待漏院的沿袭其实是为了对宰相进行约束，要求他们对朝政上心。每天天还没大亮，他们就要准备上朝。宫门没打开前，他们就在待漏院休息，这里给他们提供了思考的空间。他们都会想些什么呢？

　　品行好、担忧国家和百姓的宰相会思考一些利国利民的方法，他们希望国家太平，百姓安居乐业，外邦安定和顺等，一心想着做好事，这样才对得起自己的内心，对得起自己所拥有的权力和地位。总而言之，就是做好自己分内的事，为国为民出力，这是贤能宰相的作为。而有的人，借着自己位高权重，做一些只对自己有利却危害别人的事，这样自私自利的人当了宰相，就会后患无穷，他们可能会仗着自己的地位公报私仇，还可能出卖君主以及天下百姓的利益，用各种手段达到自己的目的，这样一来，国家遭受了损失，百姓也过得不安宁，这就是奸佞的宰相。还有一种人，没有好的作为也没有造成多大危害，庸庸碌碌，做不了多大的事，对朝政也起不到什么作用，这样的人只能是庸相。

155. 谪居生活中的哲理与情趣

黄冈竹楼记

夏宜急雨,有瀑布声;冬宜密雪,有碎玉声。宜鼓琴,琴调和畅;宜咏诗,诗韵清绝。宜围棋,子声丁丁然。宜投壶,矢声铮铮然。皆竹楼之所助也。

《黄冈竹楼记》是北宋文学家王禹偁的一篇散文佳作,文章以黄冈竹楼为线索,通过对竹楼及其周围环境的描绘,展现了作者谪居生活的情趣与心境,同时也蕴含了对人生、对仕途的深刻思考。全文语言清新自然,意境深远,读来令人回味无穷。

文章开篇即点明黄冈之地多竹的特点。这些竹子大如椽子,竹工们将其破开,去掉竹节,用以代替陶瓦,建造房屋。这种做法不仅价格低廉,而且工艺简便,因此当地百姓纷纷效仿,使得黄冈的竹楼成为一道独特的风景线。接着,作者将笔触转向自己,在子城西北角的一片废墟上,他建造了两间小竹楼,与远处的月波楼相通。这两间竹楼视野开阔,远可眺望山光,近可俯瞰江流,幽静深远,景色之美难以用言语形容。

在竹楼中,作者描绘了四季变换中的不同景致与感受。夏日急雨,竹楼上仿佛有瀑布之声;冬日密雪,则如同碎玉落地。无论是鼓琴、咏诗、下围棋还是投壶,竹楼都为其增添了独特的韵味。这些活动不仅丰富了作者的谪居生活,更让他在忙碌与疲惫之余,得以在竹楼中寻得一片宁静与慰藉。

在公务之余,作者常穿着鹤氅衣,戴着华阳巾,手持《周易》一卷,焚香默坐,消遣世虑。此时,他的眼中只有风帆、沙鸟、烟云和竹树,这些自然之景让他忘却了尘世的烦恼与纷争。当酒醒茶歇,送走夕阳,迎来明月时,竹楼更成了他谪居生活中的一处胜景。

然而,作者并未完全沉浸在这份宁静与美好之中。他深知竹楼虽美,却易朽;人生虽长,却无常。在文章的结尾部分,作者回忆了自己近年来的仕途变迁，从翰林学士贬到知滁州，再到知广陵，最后来到黄冈，四年之间奔走不暇，不知第二年又将身在何处。这种对仕途无常的感慨，使得作者对竹楼的易朽产生了别样的思考。他认为，与其担心竹楼的朽坏，不如珍惜眼前的美好时光，用心去感受生活的每一个瞬间。

总结起来，文章主要表达了以下几个方面的内容：

一、自然之美与人生情趣的交融。黄冈竹楼及其周围的自然环境成为作者谪居生活中的一道亮丽风景线。在这里，他能够暂时忘却尘世的烦恼与纷争，享受自然之美带来的宁静与愉悦。这种自然之美与人生情趣的交融，不仅丰富了作者的精神世界，也让我们看到了人与自然和谐共生的美好愿景。

二、仕途无常与人生哲理的反思。作者在文章中多次提到自己的仕途变迁和未来的不确定性，这种对仕途无常的感慨，使得他对人生哲理有了更深刻的思考。他认为，人生如同竹楼一样，虽然美好却易朽，而仕途更是如同浮云一般，变幻莫测。因此，我们应该珍惜眼前的美好时光，用心去感受生活的每一个瞬间，而不是过于纠结未来的不确定性和仕途的起伏。

三、淡泊名利与追求内心平静。在竹楼中，作者能够远离尘世的喧嚣与纷扰，享受内心的平静与安宁。这种淡泊名利、追求内心平静的生活态度，不仅体现了作者的高尚情操和人生追求，也给我们提供了一种面对现实困境时的精神寄托和心灵慰藉。

四、对文化传承与创新的思考。黄冈竹楼作为当地的一种独特建筑形式，不仅承载了当地的历史与文化传统，也体现了人们在建筑技艺上的创新与智慧。这种文化传承与创新的结合，不仅使得黄冈竹楼成为一道独特的风景线，也让我们看到了人类文明在不断发展与进步中的生命力与创造力。

在《黄冈竹楼记》中，作者以竹楼为线索，通过对自然之美、人生哲理、淡泊名利和文化传承等方面的深刻思考，为我们展现了一幅丰富多彩的人生画卷。这篇文章不仅让我们感受到了作者谪居生活中的情趣与心境，更让我们在品味文字的同时，对人生、仕途和文化传承有了更深刻的思考和认识。这种思考与认识，不仅对个人的成长与进步有着重要的启示意义，对社会的和谐与发展也具有积极的推动作用。

156. 居安思危

书洛阳名园记后

　　呜呼！公卿大夫方进于朝，放乎一己之私，自为之，而忘天下之治忽，欲退享此，得乎？唐之末路是矣！

　　《书洛阳名园记后》是北宋文学家李格非创作的一篇散文。这篇散文从洛阳的盛衰窥测国家的治乱，又从洛阳园林的兴废窥测洛阳的盛衰。文章告诫公卿大夫们应该居安思危，不能纵一己之私欲，为所欲为，忘却国家的太平或动乱的大事，同时，也表达了作者对当时国势殆危的清醒认识和深深的担忧。

　　李格非是谁？他就是著名女词人李清照的父亲。虽说名气比不上女儿，但从历史上来看，李格非也是一位非常杰出的文学家，一生留下了不少佳作，其中比较著名的就有《洛阳名园记》。该书记述了他亲历的十九处园林的兴建，这些园林大都在唐代废园的基址上建成，这也正是为何在这篇文章中，李格非要拿唐太宗贞观之治时期和唐玄宗开元盛世时期官吏大兴园林建造后园林又在战乱中被毁的事实举例子，正所谓明史可以知兴替，更何况是在同一个地方，同样的行为，即使时代变迁，但其中所包含的道理却是不变的，而且相比于其他的朝代和其他园林，唐代洛阳园林的盛衰更具有说服力。

　　文中李格非告诫公卿大夫们要居安思危，不能忘却国家的太平或动乱的大事。他为什么要这么说？因为，历来当国家处于太平或经济得到发展之时，公卿大夫就容易沉迷于一时的享乐，而忘却了潜在的危机。虽然李格非对当时的形势有着清醒的认识和深深的担忧，但少数人的清醒终究难以唤醒多数人的沉睡，也无力改变当时殆危的国势。二十多年后，北宋覆灭，洛阳陷落，繁丽的花园也随之灰飞烟灭。李格非的忧虑不幸变成现实，他的告诫最终也于事无补，这不免让人叹息，但又不得不令人深思。

157. 先生之风，山高水长

严先生祠堂记

仲淹来守是邦，始构堂而奠焉，乃复为其后者四家，以奉祠事。又从而歌曰：云山苍苍，江水泱泱。先生之风，山高水长！

严先生即严光，字子陵，是东汉时期的一名隐士。范仲淹是北宋的政治家、文学家。他在睦州做知州时，听闻这里的桐庐是严先生曾经生活过的地方，因为非常敬佩严先生不慕名利的高尚气节，于是就为他修建了一座祠堂，并写下了这篇文章。

这篇文章讲述了光武帝刘秀邀请严光进宫辅佐自己，但是严光一直没有答应的事情。严光视钱财名利为粪土，拥有高尚的情操，光武帝心胸宽广，重视人才。范仲淹认为，因为有严光，才显示出了光武帝的气量宏大；因为有光武帝，才衬托出严光的高尚情操。二人相互成就。

严先生是一名隐士，但是他和其他隐士不太一样——他是光武帝刘秀的好朋友。在东汉未建立前，刘秀和严光在一起读书，二人非常要好。后来刘秀做了皇帝，想要请自己的这位朋友来辅佐自己，但是请了三次都被拒绝了。第四次的时候，刘秀亲自去请他，严光知道躲不了，于是就躺在床上装睡，刘秀一眼就识破了他，问严光："你为什么不肯辅佐我？"严光说："你请一个不想入朝为官、只想隐居山林的人实在不合适，我也有自己的志向，但是我的志向却不是入朝为官。"刘秀虽然无可奈何，但是仍旧把严光一家请到了洛阳，有时间就请严光进宫聊天。而严光这人对于治国之道也是知无不言。他们二人还一起睡觉，占卜天象的官员说有东西冲撞了刘秀，刘秀说，只不过是严光把腿搭在了自己身上，可见二人的友谊非常深厚。后来，严光举家搬迁到了桐庐，过起了钓鱼种田的隐居生活，他钓鱼的那片河滩被后人称为子陵滩。

很多人在面临升官发财的诱惑时，总会把自己的原则抛之脑后。严光坚持自己的志向，拥有自己的想法，保持自己的独立人格，并没有因为外界的影响改变自己的志向。现在，很多人不能保持独立的人格，总是人云亦云，随波逐流，从众心理非常严重。曾经有人做过一个实验，设计的是等待面试的场景。将知道实验目的的 A 安置在休息区，接着被实验者 B 进入。铃声突然响起，A 站起来，B 不知道为什么也站起来了。后来进入的人，全都是这种反应。"不知道为什么要这样做，但是看到大家这样做我也就做了。"所有人都是这样的心理。因而，从现在开始，注重保持自己的独立性，明辨是非，遵从本心，再决定怎样做。

158. 先天下之忧而忧，后天下之乐而乐

岳阳楼记

嗟夫！予尝求古仁人之心，或异二者之为。何哉？不以物喜，不以己悲。居庙堂之高，则忧其民；处江湖之远，则忧其君。是进亦忧，退亦忧，然则何时而乐耶？其必曰"先天下之忧而忧，后天下之乐而乐"欤。噫！微斯人，吾谁与归？

《岳阳楼记》是北宋文学家范仲淹应至交好友岳州知州滕子京之请，为重修岳阳楼而创作的一篇散文。文章将写景与议论巧妙地结合在一起，表达了作者"先天下之忧而忧，后天下之乐而乐"的高尚情操。

岳阳楼位于今天的湖南省岳阳市，下临洞庭湖，是著名的风景名胜，始建于唐朝，北宋年间由岳州知州滕子京主持重修。岳阳楼风景独特，历来就颇受文人墨客的欢迎，历史上也不缺乏描写它的佳作，但范仲淹的这篇《岳阳楼记》却是其中数一数二的。

《岳阳楼记》能够广泛流传，一来是因为它对岳阳楼景色的描写很生动，从岳阳楼之美景到登楼览物的心情，从览物的悲到览物的喜，范仲淹都做了细致的描写；二来，也是最重要的，他将写景升华到了思想境界，一句"先天下之忧而忧，后天下之乐而乐"，展现了范仲淹一生的行为准则。

孟子讲"穷则独善其身，达则兼济天下"，意思是一个人在不得志的时候就要洁身自好，注重提高个人的修养和品德；一个人在得志显达的时候就要想着造福天下百姓。孟子的这句话也成为很多士大夫的人生信条。范仲淹在写《岳阳楼记》的时候正好被贬官在外，处于"处江湖之远"的状态，他原本可以选择独善其身，清闲自在，但他却选择以天下为己任，忧心在前，享乐在后，这是何等可贵的精神！

"先天下之忧而忧，后天下之乐而乐。"为官者应该把国家、民族的利益摆在首位，为祖国的前途、命运分愁担忧，为天下人的幸福出力。普通人应该秉持吃苦在前、享乐在后的原则，为自己的美好生活，为国家的繁荣兴盛做出自己的贡献。

159. 专利国家，而不为身谋

谏院题名记

夫以天下之政，四海之众，得失利病，萃于一官使言之，其为任亦重矣。居是官者，常志其大，舍其细，先其急，后其缓，专利国家而不为身谋。彼汲汲于名者，犹汲汲于利也，其间相去何远哉！

《谏院题名记》是北宋文学家司马光于嘉祐八年（1063年）创作的一篇散文。文章叙述了谏官的来历，阐明了谏官的责任和应具备的品德，以及将谏官名字刻在碑石上的原因。在这篇文章中，作者告诫谏官要恪尽职守。

汉代以前没有专门的谏官，大到政府官员，小到市井百姓都可以进谏，到了汉代才开始正式设立专门的谏官。谏官，顾名思义就是向皇帝提意见，并规劝皇帝的人。

在很多人看来，谏官不需要有多大能力，因为他的工作不过是动动嘴皮子。但是你知道谏官的责任有多重大吗？天下所有的政事、四海之内的老百姓、国家社稷的利弊得失，都聚在谏官身上，都需要他们来指出。并且有时候给皇帝提意见，还要冒着巨大的政治风险和生命风险，轻则被训斥，重则被贬官,甚至杀头乃至灭族。但为了匡正政策之失以及人君之过,无数谏官依然前赴后继,置生死于度外。当然其间也不乏一些碌碌无为的人,只知道一味奉迎以求富贵。为了强化谏官的荣誉感,鞭策尸位素餐之辈,司马光在谏院立下一块石碑,并写下了本文。

宋真宗时,虽有六名谏官,但由于谏官"萃于一官使言之",责任重大,六个人也不能做到事无巨细,所以司马迁给谏官们指明了一条道路:"志其大,舍其细,先其急,后其缓,专利国家而不为身谋。"意思是担任这一官职的人应当注意国家重要方面的事情,舍弃微小的地方,把情况紧急的事放在前面,把平常的事放在后面,专为国家着想,而不是一心只为自己。

以上名句是谏官应该恪守的本职,也应是其他官职的人员应该恪守的职业道德。不管是在古代还是在今天,都是一样的。

一心为国的人会受到世人的爱戴与拥护,而那些尸位素餐、以权谋私的人最终都会受到应有的惩罚。为官之道,在亲民,在克己,在为国。

160. 义在田而不止于田

义田记

公既殁,后世子孙修其业,承其志,如公之存也。公虽位充禄厚,而贫终其身。殁之日,身无以为敛,子无以为丧,唯以施贫活族之义,遗其子而已。

《义田记》是北宋政治家钱公辅创作的一篇散文。文章记载了范仲淹购置义田,供养族人、贤人的义举,赞扬了范仲淹乐善好施的精神,同时斥责那些只顾自己温饱、游乐的陈腐官吏。

古时候,义田指的是一些高官用自己的俸禄购置田产,再从田产的收入中取出一部分救济穷苦族人。范仲淹精心筹划二十多年,在近郊购置一千亩良田作为义田,供养救济的人除了穷苦的族人外,还有关系疏远却贤良的人。

范仲淹幼年丧父,母亲改嫁,生活极为清贫。在他读书的时候,每天只熬一锅粥，等粥冷却凝固之后，再切成四块，每顿吃两块，咸菜也有定量，这就是著名的"划粥断齑"典故的由来。后来，范仲淹进士及第，逐步成为国家高级官员，却依然保持清贫俭朴的本色，将多余的钱用来购买田地，资助族人。

范仲淹一生都在践行他的名言——"先天下之忧而忧，后天下之乐而乐。"他身居高位，却生活清贫，死的时候甚至没有钱财装殓，子女也没有钱财为他举办一个像样的葬礼。他留给子孙后代的只有救济贫寒、养活亲族的道义。据传，范仲淹去世以后，他的子孙一直继承他的遗志，将义田传承了九百多年，到解放前实行土地改革时才结束，当时义田的规模已经达到五千三百多亩。

为什么说"千亩义田，传承百年，义在田而又不止于田"？就好比做了一件善事，虽然只专注于某一方面，但是爱心会在做善事的过程中得到传递。范仲淹购买义田，但在不知不觉中，他的义，他的仁，他的慈爱，也传递到了其他方方面面，号召更多的人参与到散义的活动中。

弘扬仁道，做善事，不是只有达官贵胄才能做，普通人同样可以。有多大的力就使多大的劲，有多少光就发多少亮。慈善在于心意而不在于多少，感召更多的人，行更多的慈爱和仁义，才是慈善的本意。

161. 倡而不和，教尼不行

袁州州学记

皇帝二十有三年，制诏州县立学。惟时守令，有哲有愚。有屈力殚虑，祗顺德意；有假官借师，苟具文书。或连数城，亡诵弦声。倡而不和，教尼不行。

《袁州州学记》是宋人李觏的一篇名作，文章主要记叙的是宋仁宗时期，任袁州知州的祖无泽在当地兴建学馆、大力兴办州学的事。他的善行被人们称赞，也恰恰说明了兴办学馆和推行儒家思想的重要性，同时还说明，只要是有利于国家和人民的政策，各地只有认真对待和落实，才是硬道理。

宋仁宗即位二十三年时（1045年），下令让各州县设立学馆，虽然命令是发布出去了，但是有些地方官并没有真正去实行，只有少数人认真响应号召。那些贤明的官员尽心尽力地修建学馆，而那些愚昧自私的官员却敷衍了事，不认真执行命令，随便回个信应付朝廷。地方官不负责的做法，使教育得不到很好的推广，对儒学的发展也是不利的。

祖无泽刚到袁州担任知州时，他和那里的儒生们聊了很多，看到当地学馆破旧，孔庙也很小，教学条件跟不上，为了改变教学环境，祖无泽决定兴建学馆，在他的带动和大家的努力下，学馆很快就建好了，建成后还举行了祭礼。不得不说，他的这个举动造福了袁州，像他这样重视上级的旨意和体恤百姓的好官真是难得。

好的政策得不到实施，好的教育得不到推广，是既可惜又可悲的。作者就用秦朝和汉朝的得失论说这个问题。秦朝统一天下后，抛弃了儒家的学问，统治者不实行仁政，教育也没有做好，百姓没有精神支柱，秦朝才在短时间内走向了灭亡。和秦朝相反的是，汉代提倡儒学，提出"罢黜百家，独尊儒术"，儒学的发展使百姓得到了良好的教化，人心稳定了，人们生活好起来了，国家的政权也才能稳固。

祖无泽的智慧在于他能贯彻执行上级的命令，并且认真地去完成，懂得儒学教育对个人和社会发展有重大作用，能做到体恤百姓、爱岗敬业，放在今天，他也是地方官的好榜样。

162. 道不同不相为谋

朋党论

臣闻朋党之说，自古有之，惟幸人君辨其君子小人而已。大凡君子与君子，以同道为朋；小人与小人，以同利为朋。此自然之理也。

《朋党论》是宋代文学家欧阳修的作品，是他在庆历四年（1044年）向宋仁宗上的一篇奏章，目的是反驳保守派的攻击，阐明"朋党之说"，说明君子和小人道不同就不相为谋的道理。

这篇文章起笔不凡，开篇就提出朋党这个说法是自古以来就有的。小人常用"朋党之说"来陷害别人，而有些君子又害怕提到它，但是作者对于这个问题并没有回避，而是承认朋党这种说法是存在的，只是需要辨别君子和小人，因为君子之交和小人之交是有本质区别的。

我们常说"君子和而不同，小人同而不和"，作风优良、品行高尚的君子并不像小人那样看重利益，他们坚持道义，履行忠信，爱惜自己的节操，注重培养自己的品行，愿意和与自己志趣相投、品行接近的人交朋友，不会因为一点儿利益就做背弃朋友的事，这才是真的朋党。

那么小人是怎样的呢？小人最看重利益，不仅计较得失，与他人相处也不轻易退让，小人只要是对他有利的事就会不择手段去做，无论如何也要满足自己的贪欲，这样唯利是图的人其实很难交到真的朋友，即使暂时交到了朋友，那也很难维持。小人一旦自己的利益受到了威胁，就会背信弃义。小人在很多方面是相同或者说相似的，他们都以利益为中心，为了维护自己的私欲，就会产生分歧，这就是虚假的朋党。

为了证明朋党的说法是历来就有的，作者引用了前代几位帝王因为任用朋党的不同而走上不同道路的例子，有力地说明君子所结成的朋党和小人所结成的朋党是完全不同的。所以，做君主的，要能辨认君子和小人，并且抵制小人的假朋党，任用君子的真朋党。如果能做到这样，天下就安定兴盛了。

我们在结交朋友时最怕遇到小人，因为一旦交友不慎，伤害自己，古语说"近朱者赤，近墨者黑"，就是强调要远离品德败坏的小人，而要向品德高尚的君子看齐。从另一个角度看，如果我们想要和君子同行，自己也需要重视提升自我的素质，做人做事大方坦荡，培养良好的品质，先让自己成长进步，自然就能和志同道合的人走到一起。相反，如果走的是小人行径，那就和君子背道而驰，逐渐并入小人的行列中去了。

朋党之说告诫我们：君子和小人走的是不同的道路，要多与君子同行，不要和小人同流合污。

163. 信义行于君子，而刑戮施于小人

纵囚论

> 信义行于君子，而刑戮施于小人。刑入于死者，乃罪大恶极，此又小人之尤甚者也。宁以义死，不苟幸生，而视死如归，此又君子之尤难者也。

《纵囚论》是宋代文学家欧阳修的一篇史论文章，出自《欧阳文忠集》。文章是对唐太宗李世民假释死刑囚犯，那些犯人被释放归家后又全部按时返回，最后他们被赦免的史实作出的评论。

文章开门见山，从"信义行于君子，而刑戮施于小人"说起，为全文定下基调。接着通过唐太宗赦免死囚的史实，用君子与小人相比较，经过分析后指出唐太宗的做法是不符合人情、违反法度的，他这样做是为了给自己赢得一个好的名声罢了。在欧阳修看来，虽然这件事被后世奉为"施恩德"和"知信义"的典范，但唐太宗这种沽名钓誉的做法不值得被后人模仿。

为什么不能学唐太宗呢？欧阳修给出了解释：通常被判了死刑的人都是罪恶极大的人，皇帝居然给他们回家探亲的机会，并且说他们回家之后还按照约定的时间返回去就赦免他们。一般犯罪的人一旦遇到可以逃跑的机会，哪里还顾得上履不履约啊，可是那三百多个死囚确实回去了，原本难逃一死，结果都被赦免了。这不是挺让人疑惑的吗？然而这么令人意想不到的事还是发生了！只能说，唐太宗真有一套，他分析了死囚的心理活动，事先料想到这样做的结果，而死囚也猜测他的意图，最后证实了猜测是对的。处在上位的君主窥测一群死囚的心思，而死囚也从自己的利益出发对君主的意图进行揣摩，两边都看到了对自己有利的一面，随后就演变成君主懂得施恩布德，那些死囚懂得遵守信义，表面上看起来是一段佳话，深入分析后才能看清其中的荒谬之处。

按照欧阳修的说法，唐太宗这种做法可以使用一次，但后边的人再学着

做就没有道理了，如果那些死囚都能被轻易赦免的话，那就很难让百姓信服。因此，这种做法不能传承下去，不论是从人情还是法律角度出发，坏人得到相应的惩罚是应该的。

我们现在处于法治社会，如果还像唐太宗那样做的话，很有可能让坏人逍遥法外，社会治安也会受到威胁，那还要法律做什么呢？这个例子可以说是偶然的，为了名誉这样做确实不恰当，因而作者认为不可取，而应该"尧、舜、三王之治，必本于人情"，也就是说对天下的治理要从人情出发，而不能为了自己的名誉违背情理，采取一些标新立异的做法。

对君子可以用情义，但是对于小人就要有所惩戒，两者要明确区分，不要用错了方式。

164. 机遇可遇不可求

释秘演诗集序

曼卿隐于酒，秘演隐于浮屠，皆奇男子也，然喜为歌诗以自娱。当其极饮大醉，歌吟笑呼，以适天下之乐，何其壮也！一时贤士，皆愿从其游，予亦时至其室。

欧阳修有佛门两个好朋友，一个叫石曼卿，一个叫释秘演。曼卿死后，秘演心中寂寞茫然，于是决定去游历东南边的山河，欧阳修在他起程之前，为他写的诗集作了这篇序。

这篇序记述了和尚释秘演的生平。欧阳修考中进士后，结交了许多豪杰。当时五代十国的战乱局面已经结束，天下太平，但许多文人志士却没有施展自己才能的地方。欧阳修想要去结识这些人，后来就遇到了石曼卿。石曼卿为人心胸广博，志向远大，即使不能够施展自己的才能，也不愿意附和他人。欧阳修和石曼卿交朋友后也认识了释秘演。石曼卿和释秘演二人友情很深厚，互相视为知己。即使他们都没有可以施展才华的地方，也能彼此做伴，相互扶持。石曼卿死后，释秘演也是年老多病。释秘演的诗写得很好，但是他并不在意，也不像其他文人一样好好保存，但是在欧阳修整理的箱子里，还能找到几百首他创作的诗。

《释秘演诗集序》主要为释秘演的诗作序，但是欧阳修并没有大篇幅地讲述他的故事，前文主要讲自己遇到好朋友石曼卿，后来又因为石曼卿认识了气节相似的释秘演。又讲述释秘演和石曼卿之间令人羡慕的友情，一起喝酒，一起唱歌，一起聊天。接着，借石曼卿的话语指出秘演的诗"雅健有诗人之意"，秘演为人"状貌雄杰，其胸中浩然"。

所谓"世有非常之时，才有非常之人"，时势造英雄。天下太平，许多有才华、想要施展才能的人没有了用武之地，于是选择归隐山林。欧阳修所在的时期天下太平。在和平的年代，许多有志向的人不容易有机会建功立业，崭露头角。欧阳修胸怀大志，非常想要和人才交朋友，因而在考中进士之后，广交天下豪杰。与这二人相交对欧阳修来说是乐事，毕竟知己难寻。然而欢聚的时候有多开心，离别的时候就有多怅然。欧阳修想要建功立业，两次上书也没有得到许可，于是自请调离，到河南任职。石曼卿去世后，秘演也没了知己。此时大家都已老去，欧阳修难免心中悲凉。而秘演和石曼卿就像伯牙和子期，一人不在，另一人就没有了倾诉的对象。

在每个时代都有一大批有才华但报国无门的人。不论是欧阳修、石曼卿还是释秘演，当初三人憧憬未来时的心情一定非常澎湃，然而，不是每一只早起的鸟儿都有虫子吃。人的一生总是坎坷的，而机遇也是可遇不可求的。一个人能够成功，努力必不可少，但是缺少了契机，或者抓不住时机，也是无法完成自己志向的。

165. 诗人少达而多穷

梅圣俞诗集序

予闻世谓诗人少达而多穷，夫岂然哉？盖世所传诗者，多出于古穷人之辞也。

梅圣俞即北宋著名诗人梅尧臣，有"宋诗开山祖师"的称号。梅尧臣是欧阳修的朋友，他也是官场失意诗坛得意的诗人之一。他死后，欧阳修为他写了墓志铭，并为他的诗集作了这篇序言。

欧阳修认为，诗人显达的少，困厄的多的原因是世上所流传的诗歌大概都是出自困厄之人的笔下，或许，只有困厄之后，才能写出好诗。而他的朋友梅尧臣大概也是这样一个人。梅尧臣小的时候才华天赋就已经显现了，只不过他的性子不适合官场，不讨官场人的喜欢，因而在考试中被主考官算计，次次败北，到了五十岁还要依托给别人做幕僚才能养活自己。

不仅当时的人认为诗人困厄，现代人也会有诗人困顿潦倒的刻板印象。但其实，不是所有的诗人都困厄，有些人把写诗当作副业，比如贺知章，比起其他诗人，他的一生比较顺利，也没有遭遇过贬谪。欧阳修提出了"穷而后工"的创作思想，其实就是要有一种独特的生活体验，比如经历苦难、贬谪，才能有一种独特的情感积累，产生一种精神寄托，写出好诗来。欧阳修的这种思想和其他创作者的思想是有相似之处的。比如司马迁发愤而作，感到一种不公，心中郁结，才能够感受到痛苦，继而激发创作的灵感和动力。韩愈也提出过不平则鸣的思想，意思就是感受到不公平就要发出不满和愤懑的声音。细细一看，其实他们都指出了一个写好诗的条件，那就是要在极其困顿、不如意的状态下才能写出好诗来。

一篇好的文章不是人人都能写出来的。能够写出好文章的人，一定是饱读诗书、人生阅历非常丰富的人。写好文章不是必须有像诗人一样困顿的人生，但是一定要学会观察生活，拓宽自己的视野。诗人多敏感脆弱，容易寄情于物，托物言志，而现在的作家需要从生活中获取灵感，真实的情感和故事往往更容易打动读者。学会观察，深入生活记录身边的人和事，能给自己带来创作的灵感，容易写出一篇好的文章来。

回顾梅尧臣的一生，他虽然一生都贫困潦倒，空有大志，但是他却写了一手好文章。条条大路通罗马，人生的路不止一条，这条不行，可走另一条。成功需要努力，也需要机遇。

166. 活在当下

送杨寘序

　　其能听之以耳，应之以手，取其和者，道其湮郁，写其幽思，则感人之际，亦有至者焉。

　　欧阳修交的朋友很多，杨寘就是其中一个。杨寘多次参加进士考试，都没有考中，但因为家里的庇佑，去了一个小地方做了县尉。杨寘身体不好，上任后有些水土不服，欧阳修很同情他，也很关心他的身体，于是送了他一把古琴，并写下了这篇赠言。

　　欧阳修说，他曾经患有"心病"，怎么治都治不好，后来和朋友孙道滋学琴，便治愈了。琴声的妙处在于不仅能陶冶情操，还能净化情感，提高自己的思想境界。欧阳修给杨寘送琴，是希望他能和自己一样，通过琴声缓解忧郁。

　　古代读书人的志向大都是报效朝廷，并且对于他们来说，"书中自有黄金屋，书中自有颜如玉"，走上科举之路，考取功名是他们大部分人一生的追求。而现在，个人想要实现梦想并不一定只有高考这一条路，通过其他方式实现梦想的也大有人在。又或者，古时追求财富往往被人们所不齿，现在每个人都希望自己能够实现财富自由，甚至能够名利双收。这样的价值观并没有错，但是生存的环境已经发生了很大的变化。因而，还是同样的问题，学习古人的思想的同时，要理解古今的异同。

　　琴可以传递情绪，即使现在，人们也喜欢听琴。琴声可以平复心情，也可以寄托情感。类似于陶渊明喜欢菊花，苏轼喜欢明月，郑板桥喜欢竹，琴声使欧阳修心胸开阔、坦荡，精神愉悦。

　　有时候，压力是自己施加给自己的。人生不如意十有八九，不得志的古人多有失意惆怅的心境。不开心过一天是一天，开心过一天也是一天，那为何不每天都开心呢？

167. 忧劳可以兴国，逸豫可以亡身

五代史伶官传序

《书》曰："满招损，谦得益。"忧劳可以兴国，逸豫可以亡身，自然之理也。故方其盛也，举天下之豪杰莫能与之争；及其衰也，数十伶人困之，而身死国灭，为天下笑。夫祸患常积于忽微，而智勇多困于所溺，岂独伶人也哉！

《五代史伶官传序》是《新五代史·伶官传》开头的一部分，作者是宋代文学家欧阳修。古人将表演歌舞为生的人称为伶人，伶官就是宫廷里的乐官。文章记叙了唐庄宗宠幸伶人，导致政治腐败、国家灭亡的历史事实，阐明"忧劳可以兴国，逸豫可以亡身"的道理，认为国家的盛衰主要取决于人事。

《新五代史》是欧阳修独立修撰的一部史书，是二十四史之一，在这部书中，欧阳修对一些认为值得后人警醒的事件，或是发人深省的问题都采用序、论的形式表达自己的看法。本文就是这类文字。

从唐庄宗的成与败中，我们可以看出国家的兴替与统治者的言行和斗志有着密切关联。

继位初期，庄宗秉承其父晋王李克用的遗志，励精图治，用绳子捆着燕王父子，用木匣装着梁王君臣的头颅，在太庙里意气风发地告慰亡灵，完成了安定天下的大业。然而完成大业之后，庄宗穷奢极欲，开始宠幸伶人，听信宦官之言，荒废朝政，致使自己落入四面楚歌的凄惨境遇，国家也因此而灭亡。可见人事在国家兴衰方面的重要影响。

人事可分为两种：一种是忧劳，一种是逸豫。欧阳修说："忧劳可以兴国，逸豫可以亡身。"意思是忧患与勤劳可以使国家兴盛，贪图安逸享乐会丧失性命。唐庄宗的成与败是如此，历史上其他王朝的兴衰同样如此。

人，可以适度玩乐，但如果像唐庄宗那般，就不可取了，因为那已经不是一般意义上的玩乐，而是玩物丧志。祸患常常是由微小的事情积累而成的，

即使是聪明勇敢的人也会被所溺爱的人或事困扰。因此，玩乐要适度，要有忧患意识，一旦察觉玩乐的弊端，就要及时改正，以免造成更大的麻烦。

"忧劳可以兴国，逸豫可以亡身。"以史为鉴，是为了更好地治理国家，以人为鉴，是为了更好地提升自己。成事在天，但谋事在人，祸患往往都是由微小的事积累起来导致的，所以，要时刻反思自己的行为，及时制止不利于自己和国家的行为。

168. 渐积养祸，宦官之祸也

五代史宦者传论

夫为人主者，非欲养祸于内而疏忠臣、硕士于外，盖其渐积而势使之然也。夫女色之惑，不幸而不悟，而祸斯及矣。使其一悟，捽而去之可也。宦者之为祸，虽欲悔悟，而势有不得而去也，唐昭宗之事是已。故曰"深于女祸者"，谓此也。可不戒哉？

本文选自《新五代史·宦者传》，作者是北宋文学家欧阳修。文章详细描述了宦官一步步把持朝政、危害政权的具体过程，从而警告后世君王不要渐积养祸。

宦者也就是我们常说的宦官、太监，他们因与帝王、后妃朝夕相处，得到帝王和后妃的宠幸，经常在政事中扮演重要的角色。尤其是在王朝政治腐败，帝王不理朝政的时候，就更容易出现宦官干预朝政的现象。宦官权力最大的时候，甚至可以决定皇帝的废立、官员的任免，导致国家政权的灭亡。

欧阳修认为，宦官之祸大于女色之祸。因为女色之祸，一旦帝王醒悟过来，把她撵出去就可以了，但是宦官之祸，等皇帝醒悟了，已为时过晚，身不由己。历史上因女祸而亡国的君王并不在少数，比如纣因妲己而灭，周因褒姒而迁都，唐因杨贵妃而衰等。因此人们常说红颜祸水，即漂亮的女人是祸害的根源。但不管是宦官之祸还是女色之祸，都有一个共同点——帝王的宠幸。

欧阳修在《新五代史·伶官传》中说："祸患常积于忽微，而智勇多困于所溺。"后唐庄宗因为宠幸伶人而亡国，唐昭宗因为亲信宦官而亡国，夏桀因宠爱妹喜而亡国。这些帝王都是聪明勇敢之人，但是他们都被自己溺爱的人所困扰，没有意识到事情的危害性，等到他们醒悟过来，为时已晚。

《大学》中说："人之其所亲爱而辟焉。"是因为人们对于自己所爱的人会过度偏爱，很少有人能够做到既喜爱某个人又看到这个人的缺点。所以，我们应该以史为鉴，修养自身的品德，不沉迷于某一事物，也不偏爱某个人，客观地看待这个世界，理智地做出决定。

169. 不要做虚荣的人

相州昼锦堂记

其言以快恩仇、矜名誉为可薄，盖不以昔人所夸者为荣，而以为戒。于此见公之视富贵为何如，而其志岂易量哉？故能出入将相，勤劳王家，而夷险一节。至于临大事，决大议，垂绅正笏，不动声色，而措天下于泰山之安，可谓社稷之臣矣！

《相州昼锦堂记》是北宋文学家欧阳修为宰相韩琦在故乡相州修建的昼锦堂写的一篇记。文章赞誉韩琦身居显位，不炫耀富贵，反引为戒，志在留清名于后世，显真人格于人间，同时贬斥了那些追求名利富贵，以衣锦还乡为荣的庸俗之辈。

昼锦指的是在白天穿着锦绣的华服。"昼锦"一词出自《史记·项羽本纪》："富贵不归故乡，如衣绣夜行，谁知之者？"说的是富贵之后不回故乡，就如同穿着锦绣的衣服在夜里行走，谁又会知道你成功了呢？所以自古以来，功成名就或飞黄腾达的人通常会选择衣锦还乡。但是在欧阳修眼中，那些以衣锦还乡为荣的人大都是一些仕途不畅、受人侮辱的庸俗之辈，就像苏秦，曾经向秦王献计没有被采纳，回到家中，父母不把他当成儿子，嫂嫂也不把他当成小叔，所以当时苏秦说了一句话："贫穷则父母不子，富贵则亲戚畏惧。"所以在封侯拜相之后，他们便以衣锦还乡为荣。

欧阳修说韩琦不是这样的人，他不以人们的夸耀为荣，反而引以为戒。韩琦出身名门，少年得志，又富有才学，但志在建功立业，安邦定国，不与世俗同流合污。表面上欧阳修是在称赞韩琦的为人和作风，实则是在表达自己的态度和志向，即为官者应该志存高远，轻富贵，蔑虚荣，不以昼锦为荣。

虽然欧阳修鄙视衣锦还乡的庸人，但是衣锦还乡仍是大多数人的追求，直到今天，衣锦还乡依然是一种荣耀，尤其是对从寒门走出去的人来说，更是一件光宗耀祖的幸事。志存高远，轻富贵，蔑虚荣，不以昼锦为荣，为官如此，为人亦如此。衣锦还乡虽好，但切勿傲慢骄奢，以满足自己的虚荣心为目的。

170. 安此丰年之乐者，幸生无事之时

丰乐亭记

修之来此，乐其地僻而事简，又爱其俗之安闲。既得斯泉于山谷之间，乃日与滁人仰而望山，俯而听泉。掇幽芳而荫乔木，风霜冰雪，刻露清秀，四时之景，无不可爱。又幸其民乐其岁物之丰成，而喜与予游也。因为本其山川，道其风俗之美，使民知所以安此丰年之乐者，幸生无事之时也。

《丰乐亭记》是北宋文学家欧阳修创作的一篇散文，是他被贬到滁州的第二年写的。这篇文章除记述建丰乐亭的经过，以及与当地百姓共同游玩的快乐外，还描绘了滁州从战乱到和平的变迁，从而表现了作者与民同乐的思想，也表达了作者对当时和平安稳生活的感慨。

本文介绍了丰乐亭的由来，用较多的篇幅描写滁州优美的风景，通过借景抒情来表达自己对当地环境的赞美和对当下生活的热爱之情。他从处地之乐、处时之乐、处人之乐三个方面来歌颂太平盛世，同时，他还向世人展现

了自己面对困境依旧处之泰然的精神和态度，通过这些，展现他开阔的胸襟。

首先，说到他的"处地之乐"，即就算是被贬谪到滁州那种荒凉的地方依旧会苦中作乐，改变心态。自然的美给予他别样的享受，但他的乐并没有止步于此，在自然厚赠的基础上，他还派人建了亭子，并取名为"丰乐亭"，且他不是独自享受那种快乐，而是同更多人一起分享他的乐，分享自然之乐。也能增添一些乐趣了。

其次，所谓处时之乐，他直言生在太平盛世是幸运的，文中通过今昔对比的手法来突出当时政局稳定，天下太平的社会环境，虽然当时的宋朝并不能和以前的"文景之治""贞观之治"相比，但总体上还是有利于社会发展的，所以作者说，滁州的百姓活着不知道外面的事情，安心耕田、穿衣、吃饭，欢乐地过日子，一直到死，而且还为谷物的丰收而高兴，乐意与他同游。从这些可以表现出他对"太平盛世"的肯定，说明国家安定对百姓生活的影响是很大的，好的环境对人们的生存和发展有着积极的意义。同时，作者还表露了自己对当朝统治者的赞美，他说到了大宋朝接受天命，圣人一出现，全国就统一了，百姓能休养生息是皇帝的功德。的确，仁德的统治者也对国家的兴旺起着莫大的作用。

最后，说起"处人之乐"，就要强调作者本身了，欧阳修当时为滁州刺史，也是朝廷命官，如果他只知道自己享乐，自己陶醉于山水之间，沉迷于美景之中，那就不是真正的"乐"。真正的"乐"在老百姓那里，在于民风、民俗、民愿、民心，也就是孟子所说的"与民同乐"。欧阳修深知这一点，因此，他体察民情，关心百姓疾苦，将滁州治理得井然有序，与百姓相处和谐，关系融洽，于是他才得情致，"乐其地僻而事简，又爱其俗之安闲""又幸其民乐其岁物之丰成，而喜与予游也"。百姓喜欢与自己交游，那怎么能不乐个痛快，乐个天翻地覆呢？

任何时候，我们都要摆正自己的心态，保持良好的态度，不仅要学会苦中作乐，还要学会分享自己的快乐，所谓独乐乐不如众乐乐。

171. 醉翁之意不在酒

醉翁亭记

> 醉翁之意不在酒，在乎山水之间也。山水之乐，得之心而寓之酒也。

《醉翁亭记》是宋代文学家欧阳修写的一篇散文。文中描写了滁州一带四季的自然景物，记叙了某一天太守和百姓一起去山林中游玩的经历，表达了自己与民同乐的情怀和寄情于山水的复杂情感。

醉翁是欧阳修的号，醉翁亭也是欧阳修命名的。宋仁宗庆历五年（1045年），欧阳修因参与北宋革新运动被贬到滁州担任太守，他在那里度过了一段欢乐的时光。在滁州任职期间，他尽职尽责，造福当地百姓，使当地百姓的生产生活水平得到了很大的提高，人们过着安稳快乐的生活。看着百姓生活幸福，欧阳修感到无比宽慰，虽然自己被降了官职，但置身于幽美的山水之间，乐在其中。

"醉翁之意不在酒"，在本文中指的是作者真正的心意不在酒，而是想通过酒来抒发自己对眼前美景的喜爱和对不幸的忧愤，后用来表示本意不在此，而在别的方面，有时也比喻别有用心。现在，我们说某个人做事的目的不像表面上那么简单，而是别有用心，就像人与人之间的交往一样，你或许以为别人单纯是想和你交朋友，实际上，却是想从你这里寻求某些东西，这样的事例有很多。

欧阳修在文章中多次提及"乐"，他快乐吗？答案是肯定的，因为他喜欢山水，也享受与民同乐的滋味。可是他并不是时刻都快乐，虽然全文贯穿一个"乐"字，但其中包含的情感五味杂陈，毕竟遭遇了那么多的曲折和变故，他的快乐和忧愁都藏在了酒里。

现实如此残酷，欧阳修想通过眼前的美景治愈自己，不管多么困难，他都不让自己意志消沉，懂得将注意力转移到山水之间，经历挫折后依然坦然、乐观地面对生活，这种品质真是难能可贵。

当我们遇到困难和挑战的时候，要保持好的心态，乐观豁达，向欧阳修学学，寻找精神的寄托，可以像他一样，寄情于山水，也可做些别的对自己有利的事，要学会与自己和解。

172. 奈何以非金石之质，欲与草木而争荣？

秋声赋

> 嗟夫！草木无情，有时飘零。人为动物，惟物之灵，百忧感其心，万事劳其形，有动乎中，必摇其精。而况思其力之所不及，忧其智之所不能！宜其渥然丹者为槁木，黟然黑者为星星。奈何非金石之质，欲与草木而争荣？念谁为之戕贼，亦何恨乎秋声？

《秋声赋》是宋代大文学家欧阳修的一篇辞赋作品，是他在宋仁宗嘉祐四年（1059年）秋写的。这篇辞赋是欧阳修继《醉翁亭记》后的又一名篇。文章骈散结合，铺陈渲染，词采讲究，堪称宋代文赋的典范。

欧阳子是作者对自己的称呼。写这篇文章的时候，欧阳修已经五十三岁了，虽然身居高位，但面对各种繁杂的事还是会觉得苦闷。他时常有感于宦海沉浮，以及政治改革艰难，所以本文就以"悲秋"为主题，抒发他的苦闷与感叹。整篇文章以"秋声"为引子，写出草木被风摧折的悲凉之感，从而又延伸到容易被忧愁困思所侵袭的人身上。"百忧感其心，万事劳其形"，也是作者自己对人生不易的体悟。

"自古逢秋悲寂寥。"秋天是一个容易引发人们惆怅情绪的季节。历史上的许多文人骚客都以"悲秋"为主题，创作了许多为后世传诵的名篇佳句。直到现在，还有很多人会因为秋凉而感伤。另外，秋在古代也是肃杀的象征，意味着一切生命都在秋天终止。作者借秋声告诫世人：不必悲秋、恨秋，怨天尤人，而应自我反省。这一立意，抒发了作者屡次遭贬而难有所为的郁闷心情，以及自我超脱的愿望。

文章主要用第一人称的口气来写。文章开头，作者描画了一幅生动的图景：晚上欧阳修正在读书，忽然被一种奇特的声音搅动情绪。看似简单的开头，实际上并不简单，我们想象一下，灯下夜读，本应该是一幅静态的图画，也可以说，作者正处于一种凝神的状态中。这样由伏到起，在动静对比中，文章的势头成形了，有了这种文势，下面的文章便如泉水涌出，自然流泻。同时这种从静到动、令人惊悚的秋夜奇声，营造了一种悲凉的气氛。接下来，是作者对秋声一连串的比喻，把难以捉摸的东西变得具体可感。作者用风声、波涛、金铁、行军四个比喻，通过由"初"到"忽"，再到"触于物"，写出了由远而近、由小到大、凭虚而来的撞击物体的秋声、夜至的动态过程，突出了秋声变化的急剧和来势的猛烈。这些形象的比喻，生动鲜明地写出了作者听觉中的秋声的个性特点，融入了作者的主观情感。

全文通过"有声之秋"来突出秋的凄切和人的悲凉情绪，作者那时心情跌宕起伏、抑郁苦闷，想到草木的荣枯，想到自己起起落落的人生，不免发出这样的感慨，其实，不是季节让人觉得悲凉，而是人本身，很多时候，事物、景物只是人的情绪的表达罢了。

我们常劝勉自己和别人要豁达，可是人各有命，也各有志，偶尔感慨也是可以的。

173. 生而为英，死而为灵

祭石曼卿文

呜呼曼卿！生而为英，死而为灵。其同乎万物生死，而复归于无物者，暂聚之形；不与万物共尽，而卓然其不朽者，后世之名。

石曼卿是欧阳修非常要好的诗友，在《释秘演诗集序》中欧阳修也称赞过他。但是，石曼卿正值壮年便因病去世了。这篇文章是石曼卿死后二十六年，欧阳修写的一篇祭文。

这篇祭文可分为四个段落。凡是祭文，首段都要叙述时间和逝者与作者的关系。接着，感叹石曼卿生是英杰，死是神灵，英名会流芳百世。这样的哀呼,仿佛石曼卿就在欧阳修的身边。欧阳修还大致记得石曼卿的样子,器宇轩昂,超凡脱俗,可是,他的坟墓却是荒草丛生,十分凄凉,不免让欧阳修心中产生凄苦之情。

石曼卿性格豪爽,不向权贵低头,一生也没有遇到什么好的机缘完成大志,几次参加科举考试都没有及第。为人好诗,喜欢饮酒,可惜太过放纵,饮酒过度,伤了身子,过早去世了。虽然他人已经去世多年,但是名声依旧流传,欧阳修为此感到很高兴。

在祭奠石曼卿时,欧阳修已经六十一岁了,他时常感叹世事无常,人生寂寥。在政治上,欧阳修受到打击,因为薛宗孺的"帷薄不根之谤"以及重提的"澄议"的事情受到了污蔑,虽然后面得到了清白,可是,此时的欧阳修已经没有了以往的雄心壮志,只想远离官场,于是自请外调。都说男儿有泪不轻弹,但在石曼卿坟墓前,早已头发花白、经历了宦海沉浮的欧阳修,在重温了当年意气风发,和与朋友们在一起的美好时光后,还是忍不住悲伤落泪了。

只要人生在世时,做到拼尽全力,追求所追求的,做到问心无愧,成为自己想成为的人就好,不需要杞人忧天,也不需要惆怅生死,虽然我们做不到古人那样的成就,也不一定有他们那样美好的品性,即使自己想要的东西,想取得的成就得不到,也要保持乐观的心态,积极的人生态度,学习石曼卿的高尚气节。

174. 遇事不能苟且,做官不避患难

泷冈阡表

呜呼!为善无不报,而迟速有时,此理之常也。惟我祖考,积善成德,宜享其隆。虽不克有于其躬,而赐爵受封,显荣褒大,实有三朝之锡命,是足以表见于后世,而庇赖其子孙矣。

《泷冈阡表》是欧阳修为自己已经去世的父母写的一篇碑文。欧阳修四

岁的时候父亲就去世了，他的母亲没有改嫁，一直抚养教育欧阳修。写这篇祭文时，欧阳修六十四岁，距离父亲去世已经六十年了。这篇祭文通过母亲的口述，称赞了父亲的孝顺与仁厚，叙述了母亲俭约与安于贫贱的良好品性。

这篇文章与其说是祭文，不如说是一篇关于父亲、母亲的回忆录。欧阳修非常感激父母对自己的教育之恩。而在欧阳修父母的身上，我们也能获得许多教育子女的启发。在《欧阳修传》中，记载了欧阳修的母亲画荻教子的故事。欧阳修的母亲用荻这种长得像芦苇的植物在地上写东西教孩子。欧阳修父母墓上有一联曰："阡表不磨崇公范，古坟犹带荻花香。""阡表"就是这篇《泷冈阡表》，这句话的意思就是：欧阳修的父母因为欧阳修为人优秀、能干，父亲被封为太师崇国公，母亲被封为魏国夫人，因子而荣。欧阳修与韩愈等人合称"唐宋八大家"，文章、词作、诗歌都很有成就。进士及第以后，他侍奉了宋仁宗、宋英宗、宋神宗三位皇帝，作为三朝元老，德高望重。

文章重点描述父母的言行。欧阳修的母亲总是告诉他父亲的品性——为官清廉、乐善好施、孝顺父母。每到欧阳修祖父母忌日，欧阳修的父亲总是流泪说："以前家里贫困，不能好好侍奉父母，现在富裕了一点，却不能尽孝了。"每到审理案件时，欧阳修的父亲总是感叹想要帮助罪不至死的人改变罪行。有时，虽然结果还是一样，可是他也不会后悔。欧阳修的父亲知道自己可能命不久矣，所以经常叮嘱母亲要把自己的这些道理告知欧阳修，让他能够养成良好的品性。

欧阳修的经历和他的父亲很相似，都是年幼丧父，苦读诗书，科举及第。母亲为人恭敬，仁爱有礼，虽然家境富贵，但是仍勤俭持家，叮嘱欧阳修要安贫乐道。而欧阳修一生都谨记父亲和母亲的教诲，遵循孝道，勤俭持家。

现在的父母都非常注重孩子的教育，但是教育的方式却天差地别。孩子的德行受教于父母，倘若做父母的没有形成良好的家风，那孩子这一生的行事作风都将受人指责。为人正直，孝顺，节俭，"遇事不能苟且，做官不避患难"，这些良好的家风应该是父母留给孩子最好的礼物。

175. 小人常有，贤者制衡

管仲论

　　夫国以一人兴，以一人亡。贤者不悲其身之死，而忧其国之衰，故必复有贤者而后可以死。彼管仲者，何以死哉？

　　《管仲论》是苏洵写的一篇史论。管仲是齐国的名相，他帮助齐桓公称霸诸侯，是一位很有才能的政治家。

　　管仲在世时，齐国国力鼎盛，管仲死后，齐国迅速衰败。苏洵认为，齐国能够得到治理，是因为鲍叔推荐了管仲，而齐国迅速衰败，不是因为奸臣竖刁、易牙和开方，而是因为推荐他们的人是管仲。齐桓公能够有此功绩，主要在于有管仲这样的能臣。管仲临终前，齐桓公问管仲对这三人的看法时，管仲说不要重用这三人。然而，天下并不是没有贤能的人，往往是有贤臣而没有贤明的君主。管仲死后，齐桓公没有抑制住自己不好的行为，导致竖刁、易牙和开方三人掌权，齐桓公在内乱中死去，而他的儿子们在争夺王位。苏洵认为这是管仲的错，管仲知道自己要死，就应该推荐贤人帮助齐桓公治理国家，管仲理应清楚齐桓公的本性，但是却没有这样做。因而，苏洵认为齐国不能维持长久的昌盛，原因就在于管仲没有推荐贤人代替自己，导致齐桓公被小人迷惑才出现这样的悲剧。

　　由此来看，苏洵的人才观是有一定道理的。管仲不能为齐桓公除去小人。管仲既然知道竖刁、易牙和开方的品性不好，不能够帮助齐桓公，却没有采取任何预防措施。另外，管仲不能为齐桓公推荐贤人代替自己协助君王治理国家。既然自己在世时三人不敢有什么大动作，那就应该举荐一个人代替自己以制衡他们。管仲一死，没有人能制衡他们，三人定会迷惑君主。就像宦官赵高，秦始皇在世时，有蒙恬、李斯等多方势力的制衡，他并没有那么猖狂；在秦二世时，没有这些人的制衡，赵高当朝，出现了指鹿为马这样滑稽的局面。

因而，要避免君主身边出现小人，就要让君主身边充满贤臣。另外，贤人是需要培养的，管仲应提早物色接班人，防止小人上台。

另外，齐桓公作为一国之君，在管仲死后不能够继续听从管仲的忠告，知道竖刁、易牙和开方三人人品不好，却重用他们，让人不免想到《中庸》提到的"人皆曰'予知'，驱而纳诸罟擭陷阱之中，而莫之知辟也"。人人都觉得自己聪明，但是一旦遇到诱惑便不能坚守。治标还需治本，即使有像管仲一样的人才继续辅佐齐桓公，以齐桓公的性子，也不一定能够遵守管仲临终的忠告。

176. 见微而知著

辨奸论

事有必至，理有固然。惟天下之静者，乃能见微而知著。月晕而风，础润而雨，人人知之。人事之推移，理势之相因，其疏阔而难知，变化而不可测者，孰与天地阴阳之事？而贤者有不知，其故何也？好恶乱其中，而利害夺其外也。

《辨奸论》是北宋文学家苏洵创作的一篇散文。文章列举王安石种种"不近人情"的举动，对其进行人身攻击，指斥他是大奸臣。

北宋熙宁二年，即1069年，王安石在神宗皇帝的支持下，以"变风俗，立法度"为己任，倡导了历史上著名的王安石变法。虽然变法最后以失败告终，但在历史上曾发挥过积极的作用。由于变法触犯了大地主阶级的利益，再加上自身的不彻底性和执行过程中的种种缺陷，王安石遭到反对派的恶意攻击。苏洵历来与王安石不和，在这篇文章中，更是以流言蜚语的方式，恶意中伤王安石。

抛开那些恶意中伤的流言蜚语，苏洵在这篇文章中阐明了一个道理："惟天下之静者，乃能见微而知著。"意思是天下只有那些头脑冷静的人，才能从现象和细微的变化中看到未来的征兆。"见微知著"也许才是这篇文章能够千古流传的原因。

所谓"静者"，指的是不为"好恶"所乱，不为"利害"所夺的人，也就是在审视人和事的时候，能够保持客观冷静而又有见识的人，只有这种人才能透过现象发现本质，预见未来。

见微知著看似简单，其实并不容易做到，因为世间人事的变化、情理形势的因果关系，都是抽象渺茫而又难以理解、千变万化而又不可预测的，更何况，即便是贤能的人也会被自己的喜好困扰，会被利害关系左右自己的行动。人如何做到见微知著？总的来说，有三个途径。一是多读书。多读书并多读好书。二是向贤者学习。三是慎独。孔子说君子慎独，指的是君子能够时刻反思自己，遵循道义，不管在人前还是人后，都能严于律己，恪守礼法。做到这三点，一个人离道义、离君子也就不远了，自然也就能做到见微知著了。

177. 主将之道，为人之道也

心术

凡主将之道，知理而后可以举兵，知势而后可以加兵，知节而后可以用兵。知理则不屈，知势则不沮，知节则不穷。见小利不动，见小患不避，小利小患，不足以辱吾技也，夫然后有以支大利大患。夫惟养技而自爱者，无敌于天下。故一忍可以支百勇，一静可以制百动。

《心术》是北宋文学家苏洵创作的一篇议论文，选自《权书》。文章从治心、尚义、养士、智愚、料敌、审势、出奇、守备等八个方面论述了用兵之道。

《权书》是苏洵为系统研究战略战术问题而创作的一部军事专著。北宋王朝虽然富硕，但重文轻武，在同辽和西夏的军事关系上一直软弱无能，长期以纳币输帛的方式换取苟安。苏洵对此忧心忡忡，于是便写了《权书》十篇，目的是给当前的局势提供谋略，为西北的战事服务。本文是其中的一篇，主要围绕主将的心术展开，所以叫作《心术》。

主将的心术，我们称它为主将之道。搞清楚主将之道，也就明白了为人之道。

其一，修心。《大学》中说平天下，治国，在于修身，修身的本质在于修心，"心正而后身修"。对于将者而言，修养心性才能把握局势变化，才能战胜敌人。

其二，尚义。尚义就是推崇道义的意思。古人讲带兵出征要师出有名，只有正义之师，才能百战百胜。所以，为将者尚义，能够激发士气，攻无不克，战无不胜。

其三，养士。俗话说养兵千日，用兵一时。战前积蓄财力，战时鼓舞士气，战后保持斗志。这就是养兵之道，也是每一位将者需要学习和关心的问题。

其四，将才。主将一要足智多谋，二要威严有气概，三要有能驾驭士兵、劝服士卒的手段。

其五，料敌。《孙子兵法》中讲，知己知彼，才能百战百胜。为将者，不仅要了解自己，更要了解敌方。

其六，审势。为将之道，在于审时度势，分清利害关系，做到一忍抵御百勇，一静控制百动。

其七，出奇。扬长避短，达到出奇制胜的效果。善用自己的长处，适当地隐藏自己的锋芒，暴露自己的缺点，也是诱敌的方法。

其八，守备。为将者要想士兵奋勇杀敌，就必须让士兵有所依靠，无后顾之忧。所以，善于用兵的人会利用各种条件巩固自己的力量。

为将之道在于修心、尚义、养士、将才、料敌、审势、出奇和守备，为人之道也是如此。修养身心，崇尚正义，养精蓄锐，知己知彼，审时度势，利害分明，隐匿锋芒，出其不意，强化自我，义无反顾。

178. 礼法教民，礼法治国

张益州画像记

　　且公尝为我言："民无常性，惟上所待。人皆曰蜀人多变，于是待之以待盗贼之意，而绳之以绳盗贼之法。重足屏息之民，而以砧斧令。于是民始忍以其父母妻子之所仰赖之身，而弃之于盗贼，故每每大乱。夫约之以礼，驱之以法，惟蜀人为易。至于急之而生变，虽齐鲁亦然。吾以齐鲁待蜀人，而蜀人亦自以齐鲁之人待其身。若夫肆意于法律之外，以威劫齐民，吾不忍为也。"

　　《张益州画像记》是北宋文学家苏洵创作的一篇散文。文章通过叙述蜀人为张方平画像一事，表现蜀人对张方平的爱戴之情，同时赞扬张方平止乱安蜀的辉煌功业和爱民如子的高贵品质，刻画了一位慷慨有大节、智慧出众、爱民又得民心的循吏形象。

　　世人常说"蜀人多变"。蜀地经常发生暴乱，而且将乱未乱的时候最难解决，既不可一味用文教感化，也不可简单地付诸武力解决。朝廷需要一位文武双全的人去安定蜀地，皇帝在群臣中选择了张方平。

　　张方平是如何安定蜀地的？苏洵只讲了九个字——"至之日，归屯军，撤守备"。他还派人对郡县长官说："敌寇由我来对付，你们就不必劳心了。"至于他是怎么对付敌寇的大家不知道，但是蜀地人民就此过上了稳定的生活。

　　张方平说，蜀地之所以经常发生暴乱，跟管理者对待他们的方式有关。如果以对待盗贼的方式去对待他们，他们就会反抗，与盗贼为伍；但如果待之以礼法，真心实意地关心爱护他们，他们就会回之以礼法，也就不难管理了。由此可知，张方平安定蜀地靠的不是强硬地对抗敌寇，而是以礼法教化蜀人，赢得了蜀地的民心。

179. 赏疑从与，罚疑从去

刑赏忠厚之至论

可以赏，可以无赏，赏之过乎仁；可以罚，可以无罚，罚之过乎义。过乎仁，不失为君子；过乎义，则流而入于忍人。故仁可过也，义不可过也。古者赏不以爵禄，刑不以刀锯。

《刑赏忠厚之至论》是宋代文学家苏轼在宋仁宗嘉祐二年（1057年）考取进士时的论文题目。题目出自《尚书》中孔安国关于"罪疑为轻，功疑为重"一句的注解，即"刑疑附轻，赏罚从重，忠厚之至"。苏轼以"赏疑从与，罚疑从去"为中心，通过引用典故，论证这一道理，说明只有按照这一原则赏罚，才符合忠厚仁义的道理。

苏轼认为，赏罚应该坚持"赏疑从与，罚疑从去"的原则，就是赏赐与否难以确定时就奖赏，这是为了推广恩德；惩罚与否难以确定时，就不加惩罚，这是为了慎用刑罚。再简单直白点就是，觉得可赏可不赏时就赏赐，觉得可罚可不罚时就不罚。可以赏也可以不赏时，不赏他就超过了仁的范围；可以罚也可以不罚时，罚他就越过了义的规定。超过了仁的规范，还不失为一个君子，但越过了义的规定，便要沦为残忍的人。仁的范围可以超过，但义的规定却是不可以越过的。

赏罚看似只是一件小事，却是关乎社稷和生死的大事，为什么这么说？因为适当的赏赐可以笼络民心，团结民众，而合理的刑罚可以达到警示的作用，但又不至于引起民众的反感与恐惧。

除此之外，影响赏罚的还有一个重要因素——信义。古代虽有司法却并不完备，赏罚与否、赏罚的程度完全由人来决定，即由身处庙堂的那群人决定，但是，高居庙堂的人往往不了解底层人的处境，大都言而无信，说赏赐最后却不了了之的也大有人在，比如隋炀帝杨广，在雁门之围解了之后就没有兑现赏赐将士的承诺，还曾一度引起了侯君集的反抗。

赏罚看似简单，却又十分重要，赏有度，罚有理，"赏疑从与，罚疑从去"，方可聚民心，强国力。

180. 物先腐而后虫生，人先疑而后谗入

范增论

未有义帝亡而增独能久存者也。羽之杀卿子冠军也，是弑义帝之兆也。其弑义帝，则疑增之本也，岂必待陈平哉？物必先腐也，而后虫生之；人必先疑也，而后谗入之。陈平虽智，安能间无疑之主哉？

《范增论》是北宋著名文学家苏轼创作的一篇散文。文中苏轼肯定了范增的杰出才能，表达了对他的同情，也从侧面说明了项羽必然失败的道理。

范增是项羽的一位谋臣，跟随项羽参加巨鹿之战，攻破关中，屡献奇谋，被项羽尊为"亚父"，后又被封为历阳侯。对于范增，世人熟知的还是他在鸿门宴上三次举杯示意项羽杀刘邦，还劝说项庄舞剑，借机行刺刘邦的故事。范增追随项羽，为其出谋划策，鞠躬尽瘁，但却因陈平施展离间计，受到项羽的猜忌，愤然辞官归家，在途中不幸病死，不禁令人扼腕叹息。

苏轼认为，项羽并非中了陈平的反间计，而是项羽已经对范增产生了怀疑。范增最后选择离开项羽是对的，但离开的时间太晚了，他应该在项羽杀害宋义或弑杀义帝的时候就选择毅然离去。

范增已死，对于这段往事，后人或抨击，或叹息，都已然没有多大价值，但是"物必先腐也，而后虫生之；人必先疑也，而后谗入之"的道理却值得后人深思。

什么叫"物必先腐也，而后虫生之；人必先疑也，而后谗入之"？东西腐败后，才有虫子吃掉它。如果项羽心中没有怀疑，那么流言蜚语又怎么能离间他们呢？如果心中没有对彼此的猜忌，那么小人的奸计又怎会得逞呢？

君王因为其地位的特殊性，大都敏感且多疑，而这也恰好成为别有用心之人的下手点。历史上，多少君王因为多疑的性格被小人利用，又有多少忠

臣能将因为君王的猜忌或贬官，或命丧黄泉呢？

中国有句古话，叫作"疑人不用，用人不疑"。但在现实中，能做到这一点的人太少了，可以说是凤毛麟角。即使到了今天，怀疑与猜忌依然存在。既然我们无法改变他人的想法，那就改变自己。该离开的时候不要犹豫，该行动的时候不要动摇，及时止损，千万不要像范增一样，不明"去就之分"。

181. 忍小忿而就大谋

留侯论

千金之子，不死于盗贼，何者？其身可爱，而盗贼之不足以死也。子房以盖世之才，不为伊尹、太公之谋，而特出于荆轲、聂政之计，以侥幸于不死，此圯上老人所为深惜者也。是故倨傲鲜腆而深折之。彼其能有所忍也，然后可以就大事，故曰："孺子可教也。"

《留侯论》是北宋文学家苏轼创作的一篇散文。这篇文章根据《史记·留侯世家》张良圯下受书和辅佐刘邦统一天下的事例，论证了"忍小忿而就大谋""养其全锋而待其敝"的重要性。文章纵横捭阖，极尽曲折变化之妙，行文雄辩而富有气势。

文中并没有用全部的笔墨来写张良的生平和功业，而是主要论述他取得成功的主观方面的原因——能忍。俗语"小不忍则乱大谋"，一个人能力再强，如果遇事不能忍，承受不了一些挫折和侮辱，只会逞一时之勇的话，很容易让自己陷入更加麻烦的境地，一个没有胸襟的人，和别人相处也是有困难的。

本文的开头一段提出能忍和不能忍这个命题。"古之所谓豪杰之士，必有过人之节"，这是泛言，后边的文字也扣住《留侯论》本题，加以申说，将"过人之节"具体到"忍"字。说"忍"，又是从"勇"字来说，提出匹夫之勇不算勇，只有"人情有所不能忍者"，"卒然临之而不惊，无故加之而不怒"，也就是说，能忍，才是大勇。而其之所以能忍，又是因为抱负甚大，志向甚远。表面看来，勇和忍似乎是对立的，作者却指出了它们的统一性，充满辩证法的思维，给人非常深刻的印象。

第二段先从两件事说。人们孤立地看圯上老人赠书之事，因而把一些神怪传闻当作真实的。作者把这件事同张良狙击秦王联系起来，把他为韩报仇不能忍小忿，逞匹夫之勇，与成大事所需要的大忍耐联系起来，指出这是秦时的隐士对张良忍耐心的考验观察，其用意并不在书的授受。这里指出老人的行动所暗示的都是圣贤间互相警示劝诫的道理。

第三段又引史为证，再次申说上段之意。文中先引郑伯能忍而不战退敌，勾践能忍而终灭吴国的事例来说明忍的极端重要性，说明圯上老人何以要"出而试之"。又描述老人"深折"张良的情景，证明他的举动确实是对张良的考察试验。前者是从动机讲，后者是从事实讲，行动的目的则是"使之忍小忿而就大谋"，后来的结果则是使张良达到了"秦皇之所不能惊，而项籍之所不能怒"的境界。

这几层意思紧密勾连，互为论证，结构非常严密。全文以张良的几件事来说明忍耐的重要性。要说一个人光有能力还不行，还得有耐力，一个有能耐的人才能在处世上胜人一筹。古代是这样，当今社会也是如此。所以啊，我们要尽量做一个有能耐的人，而不是光有能力不懂忍耐的人。

182. 要学会发挥自己的才能

贾谊论

非才之难，所以自用者实难。惜乎！贾生，王者之佐，而不能自用其才也。

《贾谊论》是北宋文学家苏轼创作的一篇人物评论文，评论对象是汉文帝时期的政治家贾谊。

贾谊是西汉初年有名的政治家，但同时，他也是中国历史上有名的怀才不遇者。史学家和文学家大都惜贾生之才，而斥文帝误才昏庸。但是苏轼却一反常态，他认为，贾谊发生悲剧的原因在于"不能自用其才""不善处穷""志大而量小"，并强调"有所待""有所忍"的修养。在苏轼看来，一个人有才华不难，难的是如何发挥自己的才能。

我们常说，是金子总会发光的，但很多时候，这句话其实就是一句自我安慰的话。贾谊有才华，有能力，怀揣治国之道，有辅佐君王的才能，但他却得不到重用。究其根本，一是汉文帝太昏庸；二是他自己不知道怎么推销自己，不知道如何让自己这块金子发光出彩。

反观孔子和孟子，他们与贾谊的做法截然相反，如果说这三人中，贾谊是坐等被发现，那么孔孟二人就是到处推销自己。孔子周游列国，到处宣传自己的政治主张，只要不是极端无道的国家，他都想勉力扶助。快到楚国的时候，孔子先派冉有去接洽，再派子夏去联络。可见人才要想得到国君的重用，就需要诚恳地推荐自己。孟子当初离开齐国时，在昼地住了三个晚上才出走，还说："齐宣王大概会召见我的。"公孙丑问孟子："先生为什么不高兴？"孟子回答说："当今世界上懂得治国平天下的人才，除了我，还有谁呢？我为什么要不高兴？"可见，君子想要得到国君的重用，就必须对自己的才能充满信心。

当然，伯乐与千里马是相互成就的，如果没有伯乐，纵然你是一匹日驰千里的良驹，也只能在马厩里慢慢消磨时光。因此，苏轼在文章结尾劝说人君，遇到像贾谊这样的人才，要大胆使用，不要错过时机。

183. 凡事豫则立，不豫则废

晁错论

惟仁人君子豪杰之士，为能出身为天下犯大难，以求成大功。此固非勉强期月之间，而苟以求名之所能也。

《晁错论》是苏轼写的一篇评论西汉初年政治家晁错的文章。晁错深得汉景帝刘启的重用。在刘启还是太子的时候，晁错就是他的秘书兼管家，在刘启当上皇帝后，晁错做了御史大夫。但是，晁错在削藩引发的七国之乱中的做法颇受后世争议。

刘邦建立汉朝后，封赏了诸侯，到刘启这一代，诸侯的势力已经很强了，于是，晁错提议让汉景帝刘启削弱诸侯的势力，即所谓的削藩。诸侯听后，非常不满，于是打着"诛晁错，清君侧"的口号，联合起来想要造反。而这时，晁错又让汉景帝去前方打仗，自己镇守后方，结果，有人趁机对皇帝说，晁错存有二心，使得皇帝开始猜忌晁错，再加上各路诸侯的反抗，汉景帝只好杀了晁错，并派周亚夫为大将，才在短时间内平息了这场"七国之乱"。苏轼正是针对这个事件，提出了晁错是咎由自取，并没有被错杀。

苏轼在文章中说，天下最难解决的祸乱，其实是隐藏起来的祸害。如果对此祸害坐视不理，就会让微小的火星酿成最大的灾害；如果强制解决，又不能让他人信服自己，只有仁人君子、豪杰之士挺身而出，才能解决这个危险的问题。如果事到临头，只想着躲开，那就会引起杀身之祸。自古成大事者，不仅要有才华，还要有意志和决心，就像大禹治水三过家门而不入。但是晁错却搬起石头砸自己的脚，他提出让皇帝上战场，惹杀身之祸。成功者在做事时不会想着保全自己，而是义无反顾。正是因为晁错的错误，才会让袁盎说的话被汉景帝采纳，才会被汉景帝拉出去平息祸乱，成为牺牲品。在这件事情上，晁错犯了四个错误。第一，他主动挑起事端。诸侯力量强大，以后可能会起兵造反，晁错虽有先见之明，却没有一套成熟的解决方案，粗暴地提出削藩的建议，彻底激怒了诸侯，挑起战火。第二，事情发生后，晁错让天子挂帅，自己退守后方。第三，晁错和袁盎二人势如水火，是死对头，但是晁错的度量更小，平日就见不得袁盎好，结果，还没等杀敌，就被袁盎摆了一道。第四，从整件事情来看，晁错只求自己能够建立功劳，操之过急，引火上身。

做大事，光有想法是不行的，必须有一个非常详细且设计适当的计策，有预案。《中庸》说："凡事豫则立，不豫则废。"在做任何事情之前，只有充分地准备，才会事半功倍。

184. 人不可以苟富贵，亦不可以徒贫贱

上梅直讲书

是以在此，非左右为之先容，非亲旧为之请属，而向之十余年间，闻其名而不得见者，一朝为知己。退而思之，人不可以苟富贵，亦不可以徒贫贱。

《上梅直讲书》是北宋文学家苏轼写给梅尧臣的一封书信。信中将周公和孔子做比较，由此说明只有同道知己才能相乐的道理。同时，苏轼又以孔子与其弟子来比拟欧阳修、梅尧臣与自己的关系，诚挚推崇他们，充分表达了士遇知己的快乐，以及内心高远的抱负。

宋仁宗嘉祐二年（1057年），二十岁的苏轼在父亲苏洵的带领下，前往东京开封府应试，当时的主考官为欧阳修，是当时的文坛泰斗，时任翰林学士。参评官是著名诗人梅尧臣，时任国子监直讲，属五品官。别看梅尧臣阶品不高，却是名副其实的权高位重，文坛领袖。

苏轼在考试中发挥出色，写了一篇著名的策论《刑赏忠厚之至论》。梅尧臣在读完苏轼这篇文章后眼前一亮，大为赞赏，立刻拿给欧阳修看，欧阳修看完后也对苏轼大加赞赏，于是，二人商量后，秉持爱才惜才的原则，决定录用苏轼。

就这样，二十岁的苏轼意气风发，在科举考试中获得了第二名的好成绩。放榜之日，苏轼更是欣喜万分，本就十分敬佩两位考官，再听闻考官对他的赞许后更是激动万分，于是，他提笔写下这篇文章，一来向考官大人表达知遇之恩，二来抒发自己的豪情壮志以及对考官的敬仰之情。

苏轼说："人不可以苟富贵，亦不可以徒贫贱。"人既不能苟安于眼前的富贵生活，但也不应该无所作为而过着贫贱的生活。这与孟子的"富贵不能淫，贫贱不能移，威武不能屈"有相似之处，同时还融合了孟子"穷则独善其身，达则兼济天下"的理想。

苏轼这句话蕴含了孟子这两句话的精髓，却又着重表达了做人的道理和原则，倡导人们做人要正直厚道。

185. 忧民之忧，喜民之喜

喜雨亭记

既以名亭，又从而歌之，曰："使天而雨珠，寒者不得以为襦；使天而雨玉，饥者不得以为粟。一雨三日，伊谁之力？民曰太守。太守不有，归之天子。天子曰不然，归之造物。造物不自以为功，归之太空。太空冥冥，不可得而名。吾以名吾亭。"

《喜雨亭记》是北宋文学家苏轼创作的一篇散文。文章从该亭命名的缘由写起，记述建亭经过，表达人们久旱逢甘霖的喜悦心情，同时反映了苏轼忧民之忧，喜民所喜的思想感情。

古人将久旱逢甘霖归入到人生四大喜中，是因为雨水对于以农业为生的人们而言，是上天赠予的珍宝——五天不下雨，麦子就不能生长；十天不下雨，谷子就不能抽穗。没有谷麦，就会发生饥荒，刑事案件就会增加，盗贼也会日益猖狂。由此可见，雨水对于农民，抑对国家非常重要。

在经历了一个月的干旱之后，接连下了三场雨，苏轼心中的狂喜自然也就不难理解了。古人逢喜事，喜欢用这件事或这一天来给事物命名，以表示自己不会忘记。久旱逢甘霖，又恰逢新亭建成，欣喜之余，苏轼便将此亭命名为"喜雨亭"，并写下这篇文章。

前人将苏轼的《喜雨亭记》与范仲淹的《岳阳楼记》相提并论，并称赞它"与文正公（范仲淹）看来笔力有千钧重"。文中苏轼乐雨，并以"喜雨"给新亭命名，但他为何乐雨？作为朝廷官员，即使数月不下雨，发生饥荒，他依旧可以吃饱穿暖，然而一个月不下雨，他便忧心忡忡，连下三场雨，他便欣喜若狂。苦雨喜雨，又何尝不是忧民乐民呢？关心百姓疾苦，忧民之忧，喜民之喜，和范仲淹"处江湖之远"仍"先天下之忧而忧，后天下之乐而乐"

相提并论又有何不妥呢？

忧民之忧，喜民之喜，只有站在老百姓的角度，去体会他们的生活和境遇，才能治理好国家。

186. 物之废兴成毁，不可得而知也

凌虚台记

夫台犹不足恃以长久，而况于人事之得丧，忽往而忽来者欤？而或者欲以夸世而自足，则过矣。盖世有足恃者，而不在乎台之存亡也。

《凌虚台记》是北宋文学家苏轼创作的一篇散文。苏轼在记叙土台修建的经过时，联想到古往今来废兴成毁的历史，并由此感叹人事万物的变化无常，不能稍有所得就"夸世而自足"，而应该去探求真正可以永久依靠的东西。文章反映了苏轼勇于探索、对生活积极乐观的态度和对理想执着追求的精神。

所谓凌虚台不过是一个土台，因为登台会有"恍然不知台之高"的感觉，所以叫作"凌虚台"。苏轼说，事物的兴废成毁是不可预料的，以前不管什么样的高台楼阁，多么繁华的美景，经过岁月的洗礼，最后连破瓦颓垣都不复存在，都会化为荆棘遍野的荒丘，更何况只是一个小小的土台呢？苏轼也由此想到了人事的兴衰成败，并感慨道：人世间的一切都是过眼云烟，世人并没有足以保持夸耀和自我满足的东西，就算有，也绝不是眼前的繁华功业。

在苏轼眼中，钱财、功业都不是一个人可以夸耀和自我满足的东西，虽然说钱财乃身外之物，但是又有多少人能够做到淡泊名利，视金钱如粪土呢？追求财富，追求名利，几乎人人都渴望建功立业，渴望成就一番事业，以光宗耀祖，显耀门楣。但钱财名利这些东西却是生不带来，死不带去的，就算可以显赫一时，随着时间的逝去，最终也免不了化为一抔黄土或是被世人遗忘。

纵观历史，至今还被世人铭记、被世人称赞的寥寥无几。在那些人当中，

有一个人的思想与学说影响了中华民族上千年，就算是今天，其思想和学说也同样熠熠生辉，这个人就是孔子。

孔子在世的时候，弟子多达三千余人，他的影响在诸子百家中是最大的，孔子留给后世的儒家思想以及他和他的弟子们所编撰的各种书籍，是金钱财富所不能比拟的，是一个人值得夸耀和自我满足的东西。

知识放在脑海中远胜于满屋藏书，品德修养在内心远胜于庸庸处世，福泽后世远胜于显赫一时。

187. 随遇而安，超然于世

超然台记

夫所为求福而辞祸者，以福可喜而祸可悲也。人之所欲无穷，而物之可以足吾欲者有尽，美恶之辨战于中，而去取之择交乎前。则可乐者常少，而可悲者常多。是谓求祸而辞福。夫求祸而辞福，岂人之情也哉？物有以盖之矣。彼游于物之内，而不游于物之外。物非有大小也，自其内而观之，未有不高且大者也。

《超然台记》的作者是北宋著名文学家苏轼。文章表现了苏轼超然物外、无往不乐的思想，同时也隐约地表达了苏轼对当时政治斗争的超然态度。

这篇文章写于熙宁八年，即1075年，当时苏轼在密州任上，修复了一座残破的楼台，并经常与宾客们一起在上面饮酒赋诗，抒发情感。苏轼的弟弟苏辙取《老子》"虽有荣观，燕处超然"之意，将这座楼命名为"超然"，并写了一首《超然台赋》进行赞咏，苏轼也跟着写了这篇《超然台记》。

随遇而安、超然于世是苏轼在文中表达的态度。那么，人生在世，应该怎么做才算是随遇而安、超然于世呢？

苏轼的思想在很大程度上受到老子顺其自然、无为而治主张的影响，老子认为顺应天命，保持本性就是最大的作为。很多时候，人们都认为所谓超然于世就是隐居遁世，找深山老林隐居，或者到一个没有人认识自己的地方，隐姓埋名开始新的生活。古代的确有不少这样的人，比如陶渊明，比如到盘谷隐居的李愿等。那些选择隐居遁世的人大都仕途不顺或遭遇了一些不公正的对待，但是隐居能超然于世吗？

一个人能否做到超然于世，并不在于他身处的环境，而在于他的内心。如果一个僧人没有了却凡心，那么即使他在寺庙里跟随高僧修行多年，也不能领悟佛教中"四缘说"的真谛，更不能成为一名高僧。所以，超然于世的关键在于心，而不在于所处的环境。

那么如何才能做到超然于世？范仲淹说："不以物喜，不以己悲。"刘禹锡说："斯是陋室，惟吾德馨。"可见，要做到超然于世就必须调整好自己的心态，做到淡泊名利，不因得到一些东西就欣喜，也不因失去某些东西就伤心，看淡物质的得失、名利的有无、社会地位的高低，随遇而安。

188. 各自为乐，不可同日而语

放鹤亭记

嗟夫！南面之君，虽清远闲放如鹤者，犹不得好，好之则亡其国。而山林遁世之士，虽荒惑败乱如酒者，犹不能为害，而况于鹤乎？由此观之，其为乐未可以同日而语也。

《放鹤亭记》是北宋文学家苏轼任职徐州时写的。文中记述了作者在拜访云龙山人时的一番问答，反映了作者在政治斗争失败后的消极情绪。

隐者张天骥隐居于徐州云龙山，自号云龙山人。后来迁到东山之麓，并在上边建了个亭子，养了两只白鹤，它们白天被放出去，晚上又回到那里，所以亭子叫作"放鹤亭"，苏轼去拜访云龙山人并为亭子作了题记。

这篇记有明显的出世思想。文章指出好鹤与纵酒这两种嗜好，君主可以因之败乱亡国，隐士却可以因之怡情全真。作者想以此说明南面为君不如隐居之乐。这反映了作者在政治斗争失败后的消极情绪。

文章开头，作者先用直叙的方法，简练的文笔，交代了山人迁居和建亭的缘由，把人物、时间、地点、事情的经过写得一清二楚。然后从容着笔，再描述其"异"。那里是异境，也有美景；然而美中不足，独缺西面景致。亭子正好建在那里，岂非天工不足人巧补？或谓山人慧眼，依乎于自然。建亭的地理位置选得好，四周的风景更美。作者用一组节奏明快、语势刚劲的排比句来描述这里的景色。随着季节的转换，景物各异：春夏之交，草木际天，秋冬雪月，千里一色。随着风雨晦明的变化，景色瞬息万变。

　　第二段主要写鹤。山人养鹤，为求其乐。"甚驯"，指早放晚归，顺从人意。"善飞"指纵其所如，时而立在田里，时而飞上云天。文章文理清晰，错落有致，"纵其所如"是随心所欲，自由自在，无拘无束，明状鹤飞，暗喻隐士之乐。隐士爱鹤，故以鹤名其亭。紧承上文，由亭及鹤，又由鹤回到亭。文理回环，构思巧妙，点题自然，耐人品味。

　　第三段主要写一个"乐"字。文中说只有隐居而且品德高尚的人，才能好而无伤，独得其乐。这从另一面歌颂了隐士之乐赛过了君王。这一段是从主到客，由客回到主，从鹤到酒，由酒回到鹤，回环复沓，反复论证，使文意更加深刻，文情更加流转动人。

　　第四段，用放鹤、招鹤之歌对隐士之乐加以咏叹，既补充了前文写放鹤、招鹤之处的简略，又是对隐士好鹤之乐的教染。不仅如此，作者还借招鹤之名，行招仕之实。本文的东山为隐居之庐，喻隐居。西山为鹤出所至，且与东山相反，所以西山喻出仕为官。不可久留，是说仕途维艰，吉凶难以预料，不可迷恋，应该及早清醒，亡途而知返。这表明这时的苏轼已经滋生了厌倦仕途的意念，萌发了羡慕隐居之乐的情丝。

　　全文主要通过活泼的对答歌咏方式，道出了隐逸者悠然自适的生活图景和不为时事所困的自由心境，表现了作者对隐居之乐的神往。文中写景形象生动，主要着笔于鹤，借鹤的"清远闲放，超然于尘埃之外"，表现山人超尘出世之姿。写鹤亦是在写人。虽然那种超然的感觉很好，但不乏消极避世的情绪。

189. 行动胜过思想

石钟山记

　　事不目见耳闻，而臆断其有无，可乎？郦元之所见闻，殆与余同，而言之不详；士大夫终不肯以小舟夜泊绝壁之下，故莫能知；而渔工水师虽知而不能言。此世所以不传也。

　　《石钟山记》是苏轼写的一篇考察性游记，写于宋神宗元丰七年（1084年）夏天，苏轼送长子苏迈赴任饶州（位于今江西）的旅途中。文章通过记叙作者对石钟山得名由来的探究，说明要探究事物的真相，必须"目见耳闻"，切忌主观臆断的道理。

　　《石钟山记》是苏轼因一次偶然的机会到石钟山亲临考察，得出郦道元、李渤关于"石钟山"的描写与实际不符，自己的怀疑得到证实的一件事。得出了"事不目见耳闻，而臆断其有无，可乎？"的结论。

　　我们做事就应该如东坡先生所言，凡事不要凭主观臆断与推测，要自己去考察验证，从而判断真假。眼见为实，耳听为虚。一个人不去实践就无法了解事物的本质。只凭自己的感觉判断事物也只是纸上谈兵。清代学者顾炎武说过："读万卷书，行万里路。"陆游也有诗云："纸上得来终觉浅，绝知此事要躬行。"如果牛顿没有被苹果砸到的经历，能发现万有引力吗？如果达尔文不做历时五年的环球旅行，到处考察收集标本，能有《进化论》问世吗？如果哥伦布不寻求开辟新航线，能发现新大陆吗？故谨记东坡先生之言："事不目见耳闻，而臆断其有无，可乎？"

　　有些外国人曾断言中国没有第四纪冰川，地质学家李四光提出"让事实说话"。经过考察，先后在扬子江流域、黄山等地发现了大量遗迹，最终推翻了外国人的错误结论。中国第一部纪传体通史的作者司马迁也非常重视实地考察。在动笔之前，他游历大江南北，寻访先人的遗迹。壮游使他开阔了眼界，增长了见识，纠正了前人史书中的种种荒谬之处，为我们还原了历史的原貌，展现了一个个真实的历史事件和历史人物。

190. 匹夫而为百世师，一言而为天下法

潮州韩文公庙碑

> 匹夫而为百世师，一言而为天下法。是皆有以参天地之化，关盛衰之运。其生也有自来，其逝也有所为。

《潮州韩文公庙碑》是一篇创作于宋代的散文，作者是苏轼。这篇文章是苏轼于元祐七年（1092年）三月写的，当时他接受了潮州知州王涤的请求，为潮州重新修建的韩愈庙撰写碑文。

苏轼说："匹夫而为百世师，一言而为天下法。是皆有以参天地之化，关盛衰之运。其生也有自来，其逝也有所为。"意思是一个普通人却成为千百代的榜样，一句话却成为天下人效法的准则。这是因为他们的品德可以与天地化育万物相提并论，也关系到国家气运的盛衰。他们的降生是有来历的，他们的逝世也是有所作为的。

从古至今有很多人视天下为己任。愈是家国危难，愈见志士风骨。范仲淹的"先天下之忧而忧，后天下之乐而乐"感动了中国一千多年，无数仁人志士，前仆后继。明末船山先生王夫之厌倦了无休的党争，更是喊出了振聋发聩的"天下者，天下人之天下，非一姓一家之天下也"。"故天将降大任于是人也，必先苦其心志，劳其筋骨，饿其体肤，空乏其身，行拂乱其所为，所以动心忍性，曾益其所不能。"上天要把重任降临在一个人的身上，必定要先使他的内心痛苦，使他的筋骨劳累，使他经受饥饿之苦，以致肌肤消瘦，使他受贫困之苦，这样才能使他的心灵受到震撼，使他的性情坚忍起来，增加他所不具备的能力。

一个人想要成为千百人的榜样是非常难的，必须经历很多困难才能有所成就。孔子是很多人的榜样，殊不知他历经了多少困厄。钱学森作为导弹之父，在美国一次次的阻挠中回到祖国的怀抱，在艰苦的生活中完成了导弹实

验。一个人要成为天下效仿的榜样，就要做好自己，静修自己的品德，完善自己的人格，为祖国，为社会，为人民带来福祉。

191. 如何利用工具让效率倍增？

乞校正陆贽奏议进御札子

臣等欲取其奏议，稍加校正，缮写进呈。愿陛下置之坐隅，如见贽面，反复熟读，如与贽言，必能发圣性之高明，成治功于岁月。

《乞校正陆贽奏议进御札子》是苏轼在哲宗上位之后写的。当时，王安石的新法被奸臣吕惠卿和章惇实行得乌烟瘴气，苏轼见到这样的情景，于是上书恳请哲宗读一读陆贽的奏议。

陆贽是中唐的宰相，他协助唐德宗管理国家事务，做得井井有条，为人有才学，还有治国方略，百姓都非常尊敬他。苏轼认为陆贽是"帝师"之才，文辩智术超过西汉谋臣张良。奏议是古代臣子写给帝王的公文，一般重在说理，就像现在的议论文一样。札子是古代一种文书的固定名称。

苏轼表示，没有什么简练的语言能够表达自己心中的想法。他做了一个比喻：虽然医生开了药，但这药不是医生发明的，而是医生从古人那儿传承来的。忠臣想要进谏忠言，就像医生开的药，许多话都是前任已经说过的。接着，苏轼便提到了这篇公文的作者陆贽。陆贽是唐朝的宰相，是宰相中的标杆。因为他的才能可以辅佐君王，他的才学使他可以成为君主的老师。他的言论总是一针见血。他纠正君主的错误思想，也知道天下的百姓想要什么。只不过陆贽似乎生不逢时，唐德宗对他的建议总是充耳不闻。苏轼认为，哲宗一定会喜欢陆贽的进谏风格，他恳请哲宗读一读陆贽的奏议，好好钻研其中的奥妙，从中汲取一些治国理政的方法。

作为公文，语言得体很重要，更何况是写给皇帝的公文，更要字字斟酌。苏轼在这篇公文中就做到了这一点。他的论述逻辑非常清晰，他用医者用药的比喻切入主题，接着引出学习的对象陆贽，又用了冯唐向汉文帝介绍著名将领廉颇、李牧，以及魏相列举晁错、董仲舒的策论，汉宣帝实现中兴的两个圣君和贤相志趣相投的典故来表明如果陛下听自己的劝告，那么也一定会将国家治理好，最后说了自己要推荐陆贽的原因。

苏轼推荐陆贽是因为君主能够汲取前人的经验。联想到现在，书籍浩瀚如烟，并不像以前只有"五车"了。因而，善于利用工具，迅速找到自己需要的知识或者信息，是现代社会非常需要的一种能力。

192. 人生潇洒走一回

前赤壁赋

> 盖将自其变者而观之，则天地曾不能以一瞬；自其不变者而观之，则物与我皆无尽也，而又何羡乎！且夫天地之间，物各有主，苟非吾之所有，虽一毫而莫取。

《前赤壁赋》是苏轼被贬到黄州当了一名小官后，在黄州附近欣赏山水时写下的一篇游记名篇。但是，此赤壁非彼赤壁，苏轼写的赤壁是黄州赤壁矶，不是三国时期的古战场。在这篇文章中，苏轼和客人一起在夜晚坐船欣赏赤壁美景，通过一问一答的方式表达了自己对于人生的感悟。

七月，苏轼和客人泛舟湖上，和客人一起喝酒，即兴背诵应景的文章。月亮升起来了，清风明月，湖面波光粼粼，景色美丽。古人面对这样的风光，难免触景生情。苏轼问客人，为什么要唱这样悲伤的歌呢？客人回答道："当初意气风发的曹操在赤壁被周瑜打败，那样的豪杰，那样的英雄，但是现在却只剩黄土了。此时的我们在湖中欣赏风景，但是对于天地而言，我们又是如此渺小。"苏轼听后，说道："月亮虽有阴晴圆缺，但是它始终是那个月亮；江水虽然一直奔流不息，但是它一直都在那里。天地间的万物都没有变化，又或者都没有穷尽。值得开心的是，江上的清风明月都是可以一直欣赏的宝物。"说完，苏轼跟客人都大笑起来，接着喝酒。

写《前赤壁赋》时是苏轼这一生中最艰难困苦的时期。他因"乌台诗案"

被贬。当时宋神宗推行王安石的新法。苏轼看到新政带来的诸多坏处，于是写了一篇讽刺新法的文章。沈括在苏轼任职的地方看到了这篇文章，于是向皇帝打了小报告，但是没有被重视。后来，苏轼在进《湖州谢上表》中写了"知其愚不适时，难以追陪新进；察其老不生事，或能牧养小民。"这句话直截了当地向皇帝表示自己反对新法。后来，多人用这句话弹劾苏轼，宋神宗作为支持新法的人，当时一直在维持一种平衡的状态，苏轼作为朝廷命官，直接表示反对，致使宋神宗尤为恼火，于是苏轼就被贬官了。

《前赤壁赋》就是在这样的背景下写的，但是这却是一篇非常优美的散文。苏轼能够作为豪放派的代表人物，除了写作风格洒脱，还因为他的心境豁达吧。生活多么美好，玩的时候就不要想起悲伤的事情，想起悲伤的事情也应该用一种洒脱的心境去解决它。人生本来就短暂，要开心地过好每一天。比苏轼还要悲惨的人有很多，但是有他这样的心境的人就没有几个了。生活总是充满不幸，但是，如果能用一颗积极向上、洒脱开阔的心去看待世界，看待自己，就会豁然开朗，人生的意义也会变得不一样。

193. 用乐观的心态面对生活

后赤壁赋

梦一道士，羽衣蹁跹，过临皋之下，揖予而言曰："赤壁之游乐乎？"问其姓名，俯而不答。"呜呼噫嘻！我知之矣。畴昔之夜，飞鸣而过我者，非子也耶？"

在游玩赤壁矶写下《前赤壁赋》后没几个月，苏轼又一次来到了这里，此时已是冬天，苏轼又有一番新的感受，于是便写下了《前赤壁赋》的姊妹篇《后赤壁赋》。虽然都富有诗情画意，但比起《前赤壁赋》侧重讲理的风格，这篇文章更侧重描写景物和叙述事情，让读者有身临其境的感觉。

这篇文章分为三个层次，首先写自己来此地的原因，接着写景，最后写自己做了一个梦。当时，苏轼准备去临皋，他和两位客人一起，又一次经过黄泥坂。一路上，大家放声歌唱，但是苏轼却感叹有好景、有客人，可惜没有酒也没有菜。一位客人说他有鱼也有酒，于是，大家带上好酒好菜来到了赤壁下。苏轼在去的路上又是攀爬，又是放声歌唱，好不热闹。但是来到赤壁后，大家又感到有些清冷悲凉，于是就返回到船中休息。玩耍过后，客人走了，苏轼也睡着了。在梦中，苏轼梦到了一个道士，道士问苏轼："玩得快乐吗？"苏轼问他是谁，突然苏轼反应过来，这道士就是昨天晚上一边鸣叫一边飞过小船的白鹤。道士笑了笑，苏轼也醒了。但此时，却没有了白鹤的身影。

苏轼这样写是有深意的。初读时读者有种到了桃花源的感觉，苏轼在梦中见到了化为道士的孤鹤，在"作揖""顾笑"的神秘幻觉中，表达了自己入世之后的苦闷，这是非常矛盾的一种心境。像其他人一样，官场上失意的苏轼也想从大好河山中寻找慰藉，但是自己心中的苦闷也更深了。梦醒之后，道士不在了，苏轼对自己的前途、人生、追求和抱负非常迷惘，不知该如何去做了。

《前赤壁赋》表达了苏轼怡情山水、闲适洒脱的心情，《后赤壁赋》却表达了作者的苦闷之情。这样的感情变化让人更加感同身受。当和朋友去旅游景点游玩的时候，喝喝小酒，对几句诗歌，有朋友相伴，人生已经很快乐了。但是，人总是情绪化的，当热闹喧嚣消散，醒来只有孤身一人时，就会感叹自己的人生，心底也会充满淡淡的悲凉。

当理想只存在于梦境中时，自己通往理想的路越来越窄，人们该如何慰藉和解救自己？人们总说，理想是美好的，现实是骨感的。当自己追求的目标越来越遥不可及时，每个人都会为自己的人生感到悲伤。如果不能改变，那就用乐观积极的心态去战胜它，转变自己的人生道路。

194. 善恶终有报

三槐堂铭

吾闻之申包胥曰："人定者胜天，天定亦能胜人。"世之论天者，皆不待其定而求之，故以天为茫茫。善者以怠，恶者以肆。盗跖之寿，孔、颜之厄，此皆天之未定者也。松柏生于山林，其始也，困于蓬蒿，厄于牛羊，而其终也，贯四时、阅千岁而不改者，其天定也。善恶之报，至于子孙，则其定也久矣。

《三槐堂铭》是北宋文学家苏轼写的一篇文章。苏轼借写王祐仁德厚施，福延子孙，宣扬善恶有报的天命观，表达了作者种槐种德、惩恶扬善的意愿。

三槐象征朝廷官员中职位最高的三公。三槐堂是北宋初年兵部侍郎王祐家的厅堂，因王祐在院中种了三棵槐树而得名。王祐说："我的子孙后代中一定有官至三公的人。"事实证明，王祐的子孙后代并没有辜负他的期望，他的儿子魏国文正公就当了真宗景德、大中祥符年间的宰相，他的子孙中也多贤能之士。苏轼认为这是王祐本人能文能武、德才兼备的回报，虽然他没有在仕途上显赫，也没有被世人所容纳，但是他却将福运延续给了他的子孙后代。这就是苏轼所说的"仁者必有后"，善恶终有报。

我们常说"善有善报，恶有恶报"。这是由天命决定的，还是由人为的呢？楚国大夫申包胥说："人定者胜天，天定亦能胜人。"意思是说："人的意志可以胜过天，但天的意志也能胜过人为的努力。"为什么好人没有得到好报，贤德的人没有得到善终？而那些盗贼、失德的人往往反而活得快活自在？这些都是因为天意还没有完全显示出来就去证明它——生长于山林的松柏，即使前期生长不顺利，被蓬蒿围困，被牛羊践踏，但等到天意完全显示出来，它就能四季常青，经千年而不凋。

所以，不是不报，只是时候未到。

那为什么要说仁爱的人一定有好的后代？从现代人的角度来看，相信天命是一件很荒谬的事，但是，仁爱的人一定有好的后代，还是有一定道理的。王祐的子孙官至三公，多贤德之人跟王祐的为人和做事的风格是分不开的。试想，如果一个人从小就生活在一个崇尚礼、义、仁、智、信的家庭中，父母兄弟每一个人都以身作则，践行道义，那么在潜移默化的影响下，他最后也会成为一个推崇仁爱与礼义的人，这就是家风对于一个人的影响。

所以说仁德的人一定有好的后代，兴盛的国家一定有世代积德、甘于奉献的良臣。

195. 醉翁之意不在酒

方山子传

　　余既耸然异之,独念方山子少时,使酒好剑,用财如粪土。前十有九年,余在岐山,见方山子从两骑,挟二矢,游西山。鹊起于前,使骑逐而射之,不获。方山子怒马独出,一发得之。因与余马上论用兵及古今成败,自谓一世豪士。今几日耳,精悍之色犹见于眉间,而岂山中之人哉?

　　《方山子传》是苏轼为其好友陈慥写的一篇小传。文章没有像一般的传记那样按照年月的顺序记叙传主的一生,而是采用虚实结合的方式,突出了方山子独特的人生道路和超脱的价值观,流露出作者的赞赏之情以及不胜今昔之感。

　　苏轼因为"乌台诗案"被关了一百三十多天,后来又被贬到黄州,在途中遇到了昔日好友陈慥。那个年少时仰慕游侠,长大后奋发读书,立志驰骋有为的人,现如今隐居在光州和黄州之间。那个曾经张弓射箭,与苏轼在马背上谈论用兵之道和古今成败的意气风发的人,如今住着茅草屋,吃着素食,不与社会各界来往。古代并不缺乏隐居的人。仕途不畅,隐居;生活不如意,隐居;没钱,隐居……但是陈慥跟这些人的情况不一样,他远离尘世,并非因为穷得叮当响,他做不了官,恰恰相反,他家"世有勋阀,当得官",而且"园宅壮丽,与公侯等"。但是,他却完全摒弃了荣华富贵,捐弃功名利禄,决然远离尘嚣,遁迹山林,自愿过起清苦的隐居生活,原因就是他对北宋政权极度不满,丧失了信心。

　　苏轼写这篇文章,其实是"醉翁之意不在酒",表面上是为方山子抱不平,骨子里却是在发泄自己对北宋朝廷的不满。他为方山子感叹,实际上也是为自己仕途的失意而感叹。

　　历史上,像苏轼这样"醉翁之意不在酒"的文人墨客并不在少数,在

《送李愿归盘谷序》这篇文章中,韩愈也借送别好友之名表达了自己对统治者的不满。仕途不顺,同时不满朝廷的统治,那么为什么他们不选择放弃仕途,选择另一条道路呢?像陶渊明一般,回归田园,"采菊东篱下,悠然见南山"的生活难道不好吗?

在追求梦想的道路上,肯定会有各种各样的阻碍,心中有不平,有愤怒,甚至有放弃的念头,都是正常的,但一切都贵在坚持,再坚持坚持,就会柳暗花明。

196. 不知天下之势,六国灭亡之根本

六国论

尝读六国世家,窃怪天下之诸侯,以五倍之地、十倍之众,发愤西向,以攻山西千里之秦,而不免于灭亡。常为之深思远虑,以为必有可以自安之计,盖未尝不咎其当时之士,虑患之疏而见利之浅,且不知天下之势也。

《六国论》的作者是北宋文学家苏辙。他的父亲苏洵、哥哥苏轼也都各自写过一篇《六国论》,虽说他们三人的题目一样,但是侧重点不一样。父亲论其"弊",哥哥论其"士",而苏辙则论其"天下之势"。他认为六国灭亡的根本原因是六国没有明白天下的形势,也没有团结起来一起抗击秦国。

为什么六国有五倍于秦的土地,十倍于秦的人口,但最后还是被秦国灭亡了?苏辙口中的"天下之势"究竟指的是什么?要了解这一点,就要对七国的地理位置先有一定的认识。

齐、楚、秦、燕、赵、魏、韩合称战国七雄,其中,燕国和齐国距离秦国的距离最远,赵、魏、韩三国就是我们常说的三晋之地,位于秦国的东边,楚国位于秦国的南面。秦国位于崤山以西,韩、魏两国位于崤山以东,所以苏辙说,韩、魏的存在对于秦国来说,就好比人有心病一样,因为韩、魏两

国阻碍了秦国出入的要道，却掩护着崤山东边的所有国家，所以全天下特别看重的地区应该是韩、魏两国的土地。

然而，韩、魏两国弱小，不能单独抵抗秦国，但是全天下的诸侯却都要依靠韩、魏去隔开西边的秦国。苏辙认为，六国如果亲近韩、魏，支援韩、魏，让韩、魏没有东边的顾虑，全身心地去抵抗西边的秦国，那么六国就不会灭亡了。然而，六国的人没有苏辙这样的觉悟，他们只贪图边界上的一点儿小利，违背盟约，自相残杀，结果秦国的军队还没有出动，六国就已经陷入困境中了。

六国以亡国的惨痛教训告诉世人看清天下大势的重要性。只有看清天下大势，再采取合适的行动，才能保护自己的国家，保护黎民百姓。而所谓的顺应天命，不过只是看清天下大势的一种表现罢了。

那么要怎么做才能看清天下大势呢？苏辙在文中给出了答案——缺乏忧患意识，对利害的见识短浅，贪图小利，不讲信用，都不能看清天下的大势；要想看清天下大势，就必须深谋远虑，目光长远，而且不贪求名利。

看清天下大势，顺势而为，才能在慌乱中保存自身，在和平中谋得发展。

197. 读万卷书，行万里路

上枢密韩太尉书

且夫人之学也，不志其大，虽多而何为？辙之来也，于山见终南、嵩、华之高，于水见黄河之大且深，于人见欧阳公，而犹以为未见太尉也。

《上枢密韩太尉书》是古代下级对上级、卑者向尊者、幼者向年长者写的书信。韩太尉即北宋有名的大臣韩琦。本文是苏辙在考中进士之后，写给韩琦的一封信，表达了自己想要得到韩琦接见的愿望。

在信中，苏辙并没有提及自己想要得到什么恩遇，而是发表自己对文学的见解，用孟子的"浩然正气"和司马迁的"奇气"，来表示文学和志气之间的关系，表达自己现在的困境和对韩太尉的尊敬之情。

苏辙认为，写好文章是需要深入思考的，文章是作者气质、性格的体现。好的文章，除了文采好外，还需要有气质。孟子的文章充满浩然正气，司马迁博览天地，结交过许多豪杰俊士，因而文章洒脱。可见一个人的文章个性受到个人履历的影响。

苏辙十九岁时，觉得自己见识不多，也不足以激发自己的志气，他担心埋没自己，因而离开家乡出去闯荡。他认为，求学一定要志向远大。出门后，他看到了不一样的世界，他的眼界逐渐开阔，思想也愈加成熟。现在，他跟哥哥苏轼一起，在科举考试中取得了优异的成绩。在写这篇文章之前，苏辙并未和韩太尉有过什么交往，他不像其他人那样写信是为了谋取私利，他并不在乎谋个一官半职，而是更注重文学修养，想要进一步钻研学业，学习从政之道。也许正是这一点打动了韩太尉，所以才会在历史上留下科举考试前夕，苏辙生病了，韩琦向皇帝申请延缓考试的佳话。

少年的苏辙意气风发，他在信中的远大志向和真知灼见令人佩服。他认为，如果没有远大志向，读再多的书，学再多也没有用。苏辙一生致力于自己喜爱的文学创作，和父亲苏洵、哥哥苏轼一同名列"唐宋八大家"。

读完《上枢密韩太尉书》后，不免让人在文学创作上有所感悟。好的文学作品都必须有丰富的人生阅历，诸如"两耳不闻天下事，一心只读圣贤书"这样的方式明显是不行的。文学创作所包含的思想感情，其实代表了作者本人，有什么样的气质，他的文章就会显现出什么样的气质。就像李白一生洒脱、豪迈，他的文章就充满了浪漫主义色彩；杜甫则忧国忧民，他的文章就多表现出苦闷和哀伤的情感。

读万卷书，行万里路。没有真实的经历，文章就不会饱含深情，也不会打动读者。选择了读书，就要立下志向，只有一步一步地感受山川大河，一点一点地阅尽人生百态，所写的文章才会充满热情和感悟。

198. 心态很重要

黄州快哉亭记

　　夫风无雌雄之异,而人有遇不遇之变。楚王之所以为乐,与庶人之所以为忧,此则人之变也,而风何与焉?士生于世,使其中不自得,将何往而非病?使其中坦然,不以物伤性,将何适而非快?

　　《黄州快哉亭记》是宋代文学家苏辙创作的一篇散文。文章紧紧围绕"快哉"二字,是一篇集写景、叙事、抒情、议论为一体的好文章。

　　文章前两段重在描写亭上所见景物及由此生发的历史联想,说明"快哉"的含义;第三段重在议论,用以印证"快哉"的重要性和正确性。文章表达了苏辙对张梦得豁达不羁的赞赏,也隐含着作者对其兄苏轼的慰勉之情。

　　快哉亭是清河(今属河北)张梦得被贬居于齐安(黄州,今属湖北)时,为欣赏长江美景,在房舍的西南方修建的一座亭子,苏轼给这座亭子起名为"快哉亭"。这篇文章是苏辙应张梦得邀请写的。

　　为何叫"快哉亭"?苏辙在文中给出了答案。其一,站在这座亭子上,可以尽情观赏长江的美景,可以看到长江南北上百里、东西三十里,波涛汹涌,风云变化不定的美景。白天,船只在亭前来往出没;夜间,鱼龙在亭下的江水中悲声长啸。其二,站在亭上向西眺望武昌的群山,可见山脉蜿蜒起伏,草木成行成列,烟消云散,阳光普照,捕鱼、打柴的村民的房舍,都可以一一指点。其三,长江岸边古城的废墟,是曹操、孙权曾经傲视群雄的地方,是周瑜、陆逊曾经驰骋战场的地方,那些流传下来的事迹,也足够让人称快。

　　然而,纵使景色再宜人再雄阔,如果没有一个好的心态,也是徒劳。正如文中苏辙所言,风没有雄雌的区别,但人却有生逢其时与生不逢时的区别。当时,苏轼因"乌台诗案"被贬,苏辙因上书为哥哥辩护也惨遭贬谪,兄弟二人虽在政治上都不得志,但却都有积极向上的心态。

　　元丰五年,即1082年,苏辙沿着赣水,途经鄱阳湖,顺长江来到黄州,与其兄苏轼相聚，他们共览长江之美景，共叙心中之所想，还一道游览了黄州及其对江的武昌西山，凭吊古迹，好不快活。苏辙说，读书人生活在世上，如果他的内心不能自得其乐，那么，他到什么地方去会不忧愁呢？如果他心情开朗，不因为环境而影响自己的情绪，那么，他到什么地方去会不愉快呢？

因此，对有限的生命而言，接纳才是最好的善待。是你的，就是你的，努力过，珍惜过，问心无愧，其他的就交给命运。用积极的心态笑对生活，笑对苦难，才不枉此生。

199. 立言，所以明道也

寄欧阳舍人书

立言者，既莫之拒而不为，又以其子孙之所请也，书其恶焉，则人情之所不得，于是乎铭始不实。后之作铭者，当观其人。苟托之非人，则书之非公与是，则不足以行世而传后。

墓志铭是古人用来记叙死者生平功德、美好德行的一种特殊文体。曾巩是"唐宋八大家"之一，擅长写散文，是欧阳修提倡的诗文革新运动的积极支持者之一。

欧阳修曾为曾巩去世的祖父写过一则墓志铭，这篇文章是曾巩为了感谢欧阳修写的一封感谢信，信中说明了写信的缘由，比较了史传和墓志铭的区别，并感谢欧阳修对自己祖父功德公平又符合事实的记载，表达了对欧阳修的尊重和敬意。

曾巩出自欧阳修门下，受到了欧阳修先道而后文的熏陶，因而他的这封感谢信更注重道的描述。曾巩说，墓志铭和史传相似，但是史传会记录所有的事情，而墓志铭则是为了彰显个人的美好情操和高尚德行，墓志铭能让后人表达对逝者的敬意，也能让后辈学习逝者的优秀品质。墓志铭很多，但是，流传后世的却少之又少，这是因为墓志铭的写作要求很高。墓志铭中不能记载恶行，所记载的内容也不能有悖事实，只有既能公正记录事实，又能把握称赞范围，详细表现逝者的生平和荣誉的墓志铭，才是好的墓志铭。

  曾巩在这封感谢信中提出了"立言"的社会意义，并且提出"文以载道"的主张。儒家曾提出过"立德""立言""立功"的三不朽的主张。崇高的品德可以使人世世代代传颂，精辟的言论具有永恒的价值，建功立业让民众长久地受益。曾巩认为，墓志铭上所撰写的功德，只有用精辟的言论，才会让逝者的精神具有永恒的价值。墓志铭作为记录逝者功德的文字载体，是供后人敬仰和学习的。因而，写墓志铭，一定要从事实出发，如果一味地追求夸赞，墓志铭对后人的教化功能就会扭曲，墓志铭也就沦为权贵们歌功颂德的工具了。

  立言对文人来说是最重要的。所谓立言，就是能够通过精辟简练的文字，记载下正能量的精神，能够让后世一直铭记在心，作为行事的准则。古往今来，几乎所有的文人都想要通过著书立说来让自己的思想保存下来，然而，文人志士何其多，真正能够成一家之言的又有几个呢？所以，与其立言明道，不如在生活中的点滴小事上明道。

200. 信乎古，志乎道

赠黎安二生序

  夫世之迂阔，孰有甚于予乎？知信乎古，而不知合乎世；知志乎道，而不知同乎俗；此予所以困于今而不自知也。世之迂阔，孰有甚于予乎？今生之迂，特以文不近俗，迂之小者耳，患为笑于里之人；若予之迂大矣，使生持吾言而归，且重得罪，庸讵止于笑乎？

  《赠黎安二生序》是曾巩写给黎姓和安姓两位年轻人的赠序。在文中，曾巩回答了黎生提出的写作古文却遭到家乡人民耻笑一事，告诫读书人不要因为害怕被别人嘲笑就去迎合世俗，放弃自己的原则，表现了曾巩提倡古文写作，反对五代以来华而不实的文风的态度。

文中曾巩多次提到"迂阔"二字，"迂阔"是指思想行为不切实际，异想天开。曾巩说，世上没有比他更迂阔的人了，因为他只知道信奉古训，却不知道怎么去迎合世人；只知道记住圣贤之道，却不知道要跟世俗同流合污。曾巩因为"信乎古""志乎道"被世人嘲笑迂阔，因为没有"合乎世""同乎俗"，所以至今困顿。然而，真正迂阔的到底是曾巩还是那些讥笑嘲讽的世人呢？

殊不知，世人所谓的迂阔行为，正是治学做人的崇高理念。世人迂阔而不知，反而引以为傲，嘲笑真正的治学之人、圣人之道，推崇同流合污、人云亦云，何其可悲！想来曾巩对此早已看透，所以才会跟黎生说没有必要告诉乡里人他说了什么，世人因为麻木，是不会承认自己迂阔的。

信古、志道虽与世俗之见完全相反，但读书人不能因为害怕被嘲讽就放弃自己的理想去迎合世俗。不与世俗同流合污，奉行圣人之道，坚定理想信念，是曾巩对黎、安两位书生的告诫，也是对后世所有读书人的忠告。

古往今来，那些崇尚正义、坚守情操的人大都生活困顿，仕途不畅，比如曾巩，比如苏轼，但他们不迎合世俗，不与世俗同流合污的品质却得到了后人的赞许。人们常说要守住底线，说得容易，做着难，世人所推崇的往往与真正的圣贤之道相违背。世人爱财，但凡可以赚大钱，就可以不惜生命，但是圣人之道讲君子爱财，取之有道；世人攀权附贵，爱慕名利，但圣人之道却教人修身养性，淡泊名利；世人喜欢随心所欲，任性妄为，但圣人之道却说没有规矩，不成方圆……

圣人之道对一个人的思想和行为的要求很高，所以能够真正践行圣人之道的人少之又少，而那些迂阔的人便以为他们奉行的才是正道，便开始嘲笑圣贤之道。因此，坚守圣贤之道，崇尚正义，不与世俗同流合污，也不为迎合世人而放弃自己的理想信念，是每一个人都要学习的。

201. 孟尝君能得士乎？

读孟尝君传

嗟乎！孟尝君特鸡鸣狗盗之雄耳，岂足以言得士？不然，擅齐之强，得一士焉，宜可以南面而制秦，尚何取鸡鸣狗盗之力哉？夫鸡鸣狗盗之出其门，此士之所以不至也。

《读孟尝君传》是北宋文学家王安石创作的一篇驳论文。文中作者别出心裁地指出，孟尝君只是获得了鸡鸣狗盗之徒的帮助，并不算真的得士，反映出作者高超的见识和敢于打破传统观念的独创精神，是历代传颂的翻案名篇。

先秦时期，人们大都喜欢以封号来称呼一个人，文章的主人公孟尝君本名叫田文，是战国时期齐国的贵族，还当过齐国的宰相，他与赵国的平原君、楚国的春申君、魏国的信陵君合称"战国四公子"。这四位公子都以"好养士"而出名。本文正是围绕孟尝君会不会搜罗人才展开的。

成语"鸡鸣狗盗"指的是不足称道的本领，也指偷偷摸摸的行为。但是这个成语的出处就和孟尝君有关。

有一次孟尝君出使秦国，结果被扣留在了秦国，为了救他，他的一个门客装成狗趁着夜色混入秦宫中，偷盗出已经献给秦王的狐裘，送给秦王的一个爱妾，孟尝君才得以释放。然后，孟尝君又靠另一个门客学鸡叫，骗开了函谷关的城门，才得以逃回齐国。一直以来人们都称赞孟尝君会养士，连鸡鸣狗盗之徒都能为他所用，发挥一技之长。但是王安石认为：孟尝君不会养士，只能做些鸡鸣狗盗之人的老大罢了。如果孟尝君会养士，哪怕只养了一个真正的人才，也足以对抗西面的秦国，然而现实是齐国被秦国灭了，所以说孟尝君不会养士。

王安石提出了一种新的衡量士人的标准、一种新的人才观，即真正的士人要有雄才大略，能够经邦济世，能够决胜千里之外，御敌于国门之外，而不是只有临时救急的小伎俩，当然，那些鸡鸣狗盗之辈就更算不上是人才了。

202. 知己不必曾相逢

同学一首别子固

二贤人者，足未尝相过也，口未尝相语也，辞币未尝相接也。其师若友，岂尽同哉？予考其言行，其不相似者何其少也！曰：学圣人而已矣。学圣人，则其师若友必学圣人者。圣人之言行，岂有二哉？其相似也适然。

《同学一首别子固》是北宋文学家王安石所作的一篇散文，全文表达了作者想和友人建立共同进步的君子之谊。

标题中的"同学"，不是指一起在学校学习的同学，而是指共同学习圣贤之道、互勉共进的意思。一首即一篇，古代的诗、词、赋、文一篇都可以称为一首。子固即曾巩，"唐宋八大家"之一，也是王安石的好友。

文章开头先简要地介绍贤人曾巩和孙侔，中间部分叙述曾巩和孙侔彼此虽然没有交往，但是都学习圣人之道，所以能相似，又相信不疑，相互勉励，最后说明写作本文的意图是互相告诫和互相慰勉，希望三人都可以达到中庸的境界。

中者，天下之正道；庸者，天下之定理。王安石称赞曾巩和孙侔都是古之诚信君子，胸怀坦荡，志向高远。他们二人，跟随的老师不一样，没有见过面，也没说过话，更没有什么礼尚往来，但是言行举止却相似，正是由于两人都奉行圣贤之道，恪守礼义的缘故。

王勃说："海内存知己，天涯若比邻。"人生在世，谁不渴望拥有一位知己呢？伯牙高山流水遇知音的故事广为流传，更是让人们对知己心生向往。然而，什么样的人才算是知己呢？是伯牙的钟期既遇，还是曾巩和孙侔一般的知己不必曾相逢呢？

知己贵在相通，贵在相知，只要满足这一点，不管遇见与否，有没有交往，也不管是相伴左右，还是远隔山海，这些都不重要了，只要心意相通，彼此信任，那就是知己。

曾巩和孙侔能够成为知己，是因为他们都学习圣贤之道，都希望达到中庸的境界。这也告诉我们，两个人要想成为知己是有前提条件的，那就是他们的理想信念和行为准则必须相同。如果一人奉行积极入世，一人追求无为而治，那么他们之间很难做到彼此信任，正所谓道不同不相为谋，正因为目标一致，准则相同，他们才能做到知己不必曾相逢，才能彼此勉励，共同进步。

文章告诉我们要与那些跟自己志趣相投的人交往，真正的知己不一定彼此间有来往，只要三观一致，心意相通，彼此信任，那就是知己。

203. 行有不得，反求诸己

游褒禅山记

夫夷以近，则游者众；险以远，则至者少。而世之奇伟、瑰怪、非常之观，常在于险远，而人之所罕至焉，故非有志者不能至也。

《游褒禅山记》是王安石和自己的两个朋友、两个胞弟在褒禅山游玩后写的一篇游记。游记的写法一般是描述游玩地点的山川河流，记录名胜古迹和风土人情。但是王安石并没有这样写，他通过描述和朋友们一起去褒禅山的后洞探险，以此来抒发人生感慨。本文是一篇说理性的文章。

褒禅山也叫华山，因为当初有一个叫慧褒的和尚在这儿居住，人们就把这里叫作褒禅山了。倒在路旁的碑上的字非常模糊，只能看见"花山"两个字。王安石一行人从前洞进入，前洞平坦开阔，上山后五六里处有一个深幽寒冷的洞穴，是后洞。后洞很适合探险，但是探险的人可能都没有走到尽头。他们进入后洞，道路狭窄难以行走，没走多远，火把就要烧完了，于是一行人又返回走出了后洞。王安石后悔自己没有一直走下去，没能尽探险的乐趣。于是，王安石从这件小事思考出了一个大道理：做学问必须深思而慎取。

王安石在文中说自己想要"极乎游之乐"，认为世界上那些奇妙、雄伟、瑰丽、非同寻常的地方，一定是人迹罕至、危险偏远的。而这些地方，没有志向的人是不能到达的，有志向的人不会因为别人停止而盲目跟从，停止自己的脚步。当时，王安石听从了同伴的话，跟着出去了，但其实他们都还有体力，火把也还可以照明一段时间。

《孟子》说："行有不得者反求诸己。"意思是"明明是自己的选择，结果不是自己想要的，又怎么能反过去怪其他人呢？"王安石选择跟随他们出了后洞，只是心中懊悔，但是并没有怪罪他们的意思，但非常愧疚，愧疚自己在这个选择上违背了自己的初衷。

人生有很多选择，每个人在选择时都会因为各种各样的心境而做各种各样的选择。有人会庆幸自己坚持了当初的选择，而有人也会非常懊悔，为何没有坚持自己最开始的想法。王安石最懊悔的大概不是想做的事情没有完成，而是能做的事情却没有去做。事实上，同样重要的还有在自己做了决定或者选择之后，不要去怪罪其他人，因为自己所看到的后果，是自己的选择。倘若内心坚定，即使旁人说得天花乱坠，自己的志向也不会改变。因此，我们才会看到王安石在这件事情发生后，坦诚地说明自己的悔恨，拷问自己的灵魂，从而得出"深思而慎取之"的结论。

204. 天生我才必有用

泰州海陵县主簿许君墓志铭

士固有离世异俗，独行其意，骂讥、笑侮、困辱而不悔，彼皆无众人之求而有所待于后世者也，其龃龉固宜。若夫智谋功名之士，窥时俯仰以赴势利之会而辄不遇者，乃亦不可胜数。

这篇墓志铭是王安石写给泰州海陵县主簿许君的。主簿是古代的一种官职，主管文书之类，像现在的秘书。许君在历史上并不出名，他的官职也不高，但是大名鼎鼎的王安石能够为这样一个小人物写墓志铭，可见许君身上有值得王安石赞美的良好品德。

王安石先对许君做了大概的介绍。许君是泰州海陵县主簿，他和他的哥哥因为友爱而被天下人赞美和尊敬。许君这人从小成绩好，能说会道，为人豪放，他的才智也很出众。有一年朝廷招收特殊人才，于是很多官员都拿着许君的著作去推荐他。后来许君参加了考试，一开始做太庙太郎，后来做了现在的泰州海陵县主簿。但是，许君当这个官大材小用了，许君也觉得自己应该将才能用在更大的平台上，但是无奈自己不能实现这样的志向。

许君就这样过了一生，享年五十九岁。他有四个儿子，五个女儿，他们大都有官职或者已经嫁人。王安石在铭文上发出感叹："许君这一生有出众的才华和能力，也有贵人提携，但是为什么这一生就做了一个秘书！"

王安石认为，有些人和其他人不一样，他们并不在乎考取功名或者是建功立业。这些我行我素、超然于世俗之外的人有很多，但是总是有这样一个奇怪的现象：不在乎功名、不在乎权势利禄、不愿考取功名的人却总是有人请求他们这样做，而那些有着一样的能力、渴望考取功名建功立业的人时刻准备寻找时机，却怎么也实现不了自己的志向。

王安石对于这样的现象感到非常奇怪，有许多人郁郁不得志，不能施展自己的才华，大都因为没有伯乐或者没有机遇。许君有这样的才能，而国家也需要这样的特殊人才，虽有许多伯乐争相推荐，但许君为何没有施展自己的才华？这大概就是朝廷选才不公，分配不公吧。

细细品读许君的一生，会发现他和王安石的人生经历有许多地方相似。他们都没有实现自己的理想，他们的遭遇世人都表示不理解。许君有多厉害，后人并不清楚，但是王安石为大家却是毋庸置疑的。王安石大概是想要借许君这郁郁不得志的一生表达自己也被埋没的悲哀吧。

205. 坐守陋室，亦能成才

送天台陈庭学序

其难至如此！故非仕有力者，不可以游；非材有文者，纵游无所得；非壮强者，多老死于其地。嗜奇之士恨焉！

《送天台陈庭学序》是明代文学家宋濂写给陈庭学的赠序。赠序是唐宋兴起的一种文体，最开始是为诗集写的序言，后来演变为临别时写的赠言。天台是一个县，在浙江。宋濂喜欢鼓励后辈，因此常常写赠序鼓励他们。他写的赠序重在以自己的亲身感受为主。

　　宋濂认为四川一带的山水有着和中原截然不同的风光，四川一带山路崎岖，水路艰险，如果骑马，走上好几日也不知道尽头在哪里。悬崖峭壁深幽且看不到尽头，改走水路，又波涛险恶，稍有不慎就会粉身碎骨。

　　陈庭学能作诗，担任中书左司掾，后来被提拔为四川都指挥司照磨，屡次随大将走南闯北。他游历过的地方很多，成都作为四川要地，历来是英雄豪杰们的聚集之地。陈庭学归来之后，经常来拜见宋濂，宋濂见他精神更加饱满，语言更加豪壮，意气风发，认为他在游历山水时收获很多。宋濂因此感到惭愧，他认为自己年轻的时候想要游历山水，但是因为学业忙碌而没有完成；壮年时想要游览祖国的大好山川，却因为战乱而不能完成；现在天下太平，自己却已年迈，心有余而力不足。于是，他想到了颜回和原宪，一生贫困却德行高尚，没有游览天下却能有所成就。

　　宋濂在赠序中写道，自己没有去过西南地区，也没有看过四川的山和水，只是凭借陈庭学的变化，主观地认为游览山水有利于提高个人的见识和能力。最后，他告诉陈庭学，如果还有其他方式可以提高个人的德行，那么一定要告诉他。

　　不可否认，游历可以丰富人生的阅历，确实会使个人在一定范围内快速成长。然而，不同的时代有不同的成才途径。成才的途径也有很多种。像颜回和原宪生活的春秋时期以及宋濂生活的明代，时代对他们个人是有一定影响的。倘若颜回、原宪等人来到现代，他们一定能够成才吗？一定能取得当时那样高的成就吗？有句话是"时势造英雄"，意思是特定的历史条件会使人的聪明才智显露出来，成为英雄。换言之，一个人能不能够成才，时代的因素也在其中。

　　"穷则独善其身，达则兼济天下。"这是人们为人处世的准则。读书和实践是人们获得成长的两种途径。在实际操作的过程中，成长成才的途径有很多种。

　　"读万卷书，行万里路"是成才的方式之一。成才的道路有很多种，选择一种并坚持下去，也不失为一个好方法。

206．以楼明志

阅江楼记

虽然，长江发源岷山，委蛇七千余里而入海，白涌碧翻。六朝之时，往往倚之为天堑；今则南北一家，视为安流，无所事乎战争矣。然则果谁之力欤？逢掖之士，有登斯楼而阅斯江者，当思圣德如天，荡荡难名，与神禹疏凿之功同一罔极。忠君报上之心，其有不油然而兴耶？

《阅江楼记》是明代文学家宋濂奉诏创作的一篇歌颂性散文。在文中，作者写京师阅江楼的胜景，其意在于点缀盛世，为明朝统治者歌功颂德，同时也劝勉君主要励精图治，不忘"致志之思"。

金陵即今天的南京，是历史上著名的六朝古都，颇有王气，但是偏安一隅，缺少应有的气象。明代开国以后，定都南京，国力强盛，社会安定，于是明太祖朱元璋便下令在狮子山上修建阅江楼，用以显示声威。楼建好以后，朱元璋命宋濂写了这篇文章，用来讲述皇帝日夜操劳，图谋天下大治的功业。

历朝历代，在社会安定，国家繁荣之际都会兴建宫殿楼台。张养浩有一首散曲特别有名，其中写道："兴，百姓苦；亡，百姓苦。"这是说天下兴盛，统治者就大兴土木，受苦的是百姓；国家战乱，百姓流离失所，受苦的还是百姓。所以，一直以来，对于统治者大兴土木的行为很多人都是嗤之以鼻。但这篇洋溢着对朱元璋赞美的文章，却并不让人感到厌恶，反而很是欣赏，原因就在于在宋濂的笔下，楼已经不是楼，而是一种志向的表现。

如其他记叙楼台类的文章一样，这篇文章的开篇介绍了阅江楼的地理位置以及楼周围的风景，而后用了大量的溢美之词称赞朱元璋的功业，在歌颂中暗含着对君王的劝勉。

作者想象君王登上这座高楼时会有的无限遐想——看到壮美的山河，高大的城墙，君王会想如何守住江山；看到来往的航船，前来朝贡的各国使者，君王会想如何用怀柔的政策安抚四方；看到辛苦劳作的百姓，君王会想如何救百姓于水火，如何让他们安居乐业。通过"三阅三思"，宋濂劝谏明太祖朱元璋要励精图治，要实现天下大治的伟业，正是这篇文章可以流传后世，并被世人称赞的原因所在。

以楼明志是中国古代文人的传统。范仲淹在《岳阳楼记》中发出"先天下之忧而忧，后天下之乐而乐"的誓言，又何尝不是借岳阳楼抒发自己的志向和人生态度。宋濂遥想登楼所览之景，劝勉朱元璋，将自己心中所愿寄托给君王，将天下之所向寄托给君王。

207. 事物有盛衰，人生有穷通

司马季主论卜

是故碎瓦颓垣，昔日之歌楼舞馆也；荒榛断梗，昔日之琼蕤玉树也；露蚕风蝉，昔日之凤笙龙笛也；鬼磷萤火，昔日之金缸华烛也；秋荼春荠，昔日之象白驼峰也；丹枫白荻，昔日之蜀锦齐纨也。昔日之所无，今日有之不为过；昔日之所有，今日无之不为不足。

《司马季主论卜》是元末明初文学家刘基写的一篇寓言体散文，选自《郁离子》。文章用对话的形式展开，借东陵侯邵平被废黜后想要重新得到起用一事说明事物有盛衰、人生有穷通的哲理。

司马季主是西汉初年一个非常有名的占卜士。由于古人对事物缺乏足够的认识，所以需要借助自然界的征兆指示行动，但是，自然征兆并不常见，必须以人为的方式加以验证，于是占卜便随之产生了。占卜并不可靠，也不科学。现在一定要从科学的角度去看待问题，用科学的方法去解决问题。

文中邵平举了很多事物，诸如久卧的人要起来，冬眠的动物要出洞，苦闷的人要打喷嚏，等等，其实这些都是虚话，他是在借这些事物来隐喻自己——"我"已经被罢黜很久了，什么时候才能再得到任用呢？他想让司马季主给他算一卦，但是司马季主却说占卜不可靠，他应该相信自己，并且告诫他不必太执着于仕途。因为人世间的事物都有变化和物极必反的道理，昨天没有的东西今天会拥有，今天所有的明天不一定会拥有，花会凋零，枯木逢春。正所谓事物有盛衰，人生有穷通。

世人大都像东陵侯一般，都缺少一种悠然的心态。文人们一面羡慕隐居的朋友，一面忍受生活的摧残，仍然执着于对仕途的追求。他们忘记了事物是运动变化的，也忘记了物极必反的道理，应积极地面对人生。

208. 金玉其外，败絮其中

卖柑者言

盗起而不知御，民困而不知救，吏奸而不知禁，法斁而不知理，坐縻廪粟而不知耻。观其坐高堂，骑大马，醉醇醴而饫肥鲜者，孰不巍巍乎可畏、赫赫乎可象也？又何往而不金玉其外、败絮其中也哉？今子是之不察，而以察吾柑！

《卖柑者言》的作者是元末明初文学家刘基。文章讲述由买卖坏了的柑橘引起议论，作者假托卖柑者的一席话，深刻讽刺了那些有名无实、腐败至极，却仍然冠冕堂皇的统治者。

元朝末年，朝廷腐败，奸人当权，盗贼四起，百姓贫困，社会动荡不安。刘基就此写了多篇寓言体散文，以揭露和讽刺黑暗的社会现实。

杭州一位卖柑橘的商贩，他的柑橘表面光鲜亮丽，但剥开里面的果实像破败的棉絮一样干枯。作者责怪他："你这是在欺骗人。"却不想卖柑橘的商贩竟然回复他说，世上的骗子千千万，又不是只有他一个人，更何况比起那些高高在上的统治者，他的这种行为又算得了什么。

的确，一个卖柑橘的商贩没有强买强卖，买家也是自愿的，只能说一个愿打一个愿挨。但是居于上位的统治者们的行为却是不能被原谅的。他们坐在高堂上，骑着大马，喝着美酒，吃着美食，每一个人都威风凛凛，令人敬畏，但是强盗四起时他们却不抵御，百姓困苦时他们却不救助，官吏狡诈却不禁止，法度败坏却不治理，奢靡地浪费粮食却不觉得羞耻。相比于一个小小的坏果，这样的无为与腐败才是真的欺骗世人，祸害国家与百姓。

我们常说做人要表里如一，是说表面和内心要一致，即言行和品质完全一致。而"金玉其外，败絮其中"便是表里不一的体现。不管是做人还是做事，都要讲究表里如一。

209. 智力之所不及者，天道也

深虑论

虑天下者，常图其所难而忽其所易，备其所可畏而遗其所不疑。然而祸常发于所忽之中，而乱常起于不足疑之事。岂其虑之未周欤？盖虑之所能及者，人事之宜然，而出于智力之所不及者，天道也。

《深虑论》的作者是明初名臣方孝孺。他写下《深虑论》是想要以此来总结各朝各代兴衰的教训。方孝孺在这篇文章中认为，历代君王只会汲取片面的教训，而忽略了容易被掩盖的问题，认为治理天下主要在于天道。

方孝孺认为，能够考虑天下大事的人，往往会忽略容易解决的事情。比如秦朝，统一六国后，秦始皇认为周朝灭亡的原因在于诸侯势力强大，于是加强中央集权，结果被刘邦打败了。汉朝把秦朝的孤立无援作为教训，结果使各诸侯起了弑君篡位的念头，削弱诸侯的权力后，又被王莽夺了政权。各朝各代都积极吸取前朝灭亡的教训，但是最终又因其他原因灭亡。这些拥有超卓的智慧和雄心的君主，但是都不能够预料小祸乱所带来的影响。而这些思虑不周的地方就是天道，世事的变化让所有的英雄豪杰都没有办法预料。

这些苦口婆心的话是方孝孺写给旧时帝王的。方孝孺所说的天道，其实就是规律。万事万物都有发展的规律，如果统治者不尊重并顺应规律，就会给自己带来灾难。

210. 君子立身事主，当忠告善道

豫让论

　　士君子立身事主，既名知己，则当竭尽智谋，忠告善道，销患于未形，保治于未然，俾身全而主安。

　　《豫让论》是方孝孺写的一篇史事评论。豫让是春秋战国时期晋国正卿智瑶（智伯）的家臣，忠心于智伯。后人多褒扬豫让的忠君之举，但是方孝孺却从另一个角度评论了豫让的行为，认为豫让不是忠义之士。

　　方孝孺认为，士人君子建功立业，侍奉主人要做到尽职尽责，如果主人有什么不好的行为，就应该尽力劝导，巧妙地引导，让主人避免再犯这样的错误。但是如果在灾祸发生之前，没有采取任何规避措施，让主人因为误判遭遇危险，最后自己却要献身自尽，不能称为忠义之士。

　　豫让生活的那个时期，有四个强大的家族，分别是智、韩、赵、魏。当时，智伯的实力最强大，但是智伯盛气凌人，刚愎自用，于是其他三大家族商量要消灭智伯。智伯死了，赵襄子用智伯的头颅做了酒杯。豫让对自己的主公受辱死去非常愤怒，于是改头换面去刺杀赵襄子，也因此有了"士为知己者死，女为悦己者容"这句话。奈何豫让的两次刺杀都没有成功，最后豫让自杀了。后人都称赞他重情重义。

　　然而，在方孝孺看来，豫让既然知道智伯盛气凌人，刚愎自用，那么在事发前就应该制止或劝诫。豫让死前说，智伯把自己当作国士一样对待，自己也要像国士一样报答他。什么是国士？国士就是扶危济困的人。智伯贪得无厌，荒淫暴虐，百姓苦不堪言，但是豫让却没有尽到自己的职责，用心规劝智伯，没有采取任何行动阻止事情的发生，却在君主死后说自己要尽忠，所以方孝孺认为豫让并不是一个忠义之士。

自古以来，史事评论是最难写的，也最难写得客观公正。方孝孺的这篇文章，没有从豫让吞炭刺杀赵襄子的行为来评论，而是另辟蹊径，从豫让复仇的动机阐明豫让不是忠诚之士，推翻了世人对豫让的看法。

211．上下交而其志同

亲政篇

《易》之《泰》曰："上下交而其志同。"其《否》曰："上下不交而天下无邦。"盖上之情达于下，下之情达于上，上下一体，所以为"泰"。

王鏊是明朝的三朝元老。明朝中后期，皇帝不理朝政，终日以玩乐为主，朝中的权力由宦官把持，臣子和皇帝之间无法上情下达。朱厚照是一个昏庸无道的皇帝。王鏊痛心疾首。后来，明世宗朱厚熜即位，慰问三朝元老。王鏊于是上书，写了这篇《亲政篇》来劝勉明世宗上情下达，让其能够"复古内朝之法""尽铲近世壅隔之弊"。

王鏊引经据典，《易经》中说过君臣上下沟通才能够志同道合。如果君臣上下沟通不畅达，国家的治理就会出现问题。针对当时君臣上下因制度问题造成的弊端，王鏊认为，应该恢复内朝制度来保证君臣共同议政。周朝的"振正朝"，汉朝的"中朝"，唐朝的"承天门"，等等，都是皇帝接受宫廷大臣、外国使者觐见的地方，或者是皇帝亲自处理政务，以此来沟通君臣的意见和感情的地方。虽然以前的政令清晰明朗，但是现在的朝廷却不能够很好地实行。王鏊指出，现在的部门没有设置皇帝亲自处理政事的内朝，设置了也要避免只是个摆设的问题。他希望皇帝能够注重上下通达的重要性，彻底解决上下交流阻塞的问题。

212. 永恒的规范

尊经阁记

呜呼！"六经"之学，其不明于世，非一朝一夕之故矣。尚功利，崇邪说，是谓乱经；习训诂，传记诵，没溺于浅闻小见，以涂天下之耳目，是谓侮经；侈淫辞，竞诡辩，饰奸心盗行，逐世垄断，而犹自以为通经，是谓贼经。若是者，是并其所谓记籍者，而割裂弃毁之矣，宁复知所以为尊经也乎？

《尊经阁记》是明代哲学家王守仁创作的一篇散文。虽然标题中有"阁"，但文章的着眼点实际在"尊经"二字，作者并没有过多描写关于阁楼的建构或是风景，只是在末尾处简单地提及。文章主要阐述了儒家经典的作用和意义，抨击了不能正确对待儒家经典的现象，从理论上说明了"尊经"的重要性。

王守仁说"六经"是以前的圣人们为了给后人树立一个做人的最高道德标准而著述的，他说"六经"不是别的东西，而是心中永远的规范。什么是规范？在大多数人的认知中，规范就是一些具体的标准规定，或是一些明确的要求，比如法律法规或是道德伦理。常言道："没有规矩，不成方圆。"不管是什么朝代，不管居于什么位置，都要遵守规范。"六经"在世人看来，不过是一些学问罢了，那么为何王守仁要将"六经"作为他心中永恒的规范，而且还号召时人"尊经"呢？

所谓"六经"是指《诗》《书》《礼》《乐》《易》《春秋》，是孔子及其弟子们智慧的结晶，与其说"六经"是教人博学通古的书，倒不如说"六经"是教人为人处世的书。

正如文章开头王守仁所说的那样："心也，性也，命也，一也。"心、性、命，其实是一个东西。"经"是永恒不变的真理，它在天称为"命"，禀赋于人称为"性"，作为人身的主宰称为"心"。正因为这三者的本质是一样的，所以"经"才能够"通人物，达四海，塞天地，亘古今"。同时"经"又无处不在，无处不相同，没有可以变化的时候，所以，"经"就成了心中永恒的规范。

在王守仁心中，"尊经"便是坚持心中的规范。但其实，"尊经"有两个含义。一个是尊敬，一个是传承。传承，顾名思义就是要将"六经"传于后世，但什么叫尊敬？怎样做才算是尊敬"六经"呢？文中王守仁已经给出了答案，简而言之就是，用心对待"六经"，用心学习"六经"。

不管是对"六经"，还是对其他的名篇名著，我们首先要做的就是尊重和用心学习。尊重让你珍视，用心则让你学有所获，这才是心中永恒的规范。

213. 天下无不可化之人

象祠记

吾于是盖有以信人性之善，天下无不可化之人也。然则唐人之毁之也，据象之始也；今之诸苗之奉之也，承象之终也。斯义也，吾将以表于世，使知人之不善，虽若象焉，犹可以改；而君子之修德，及其至也，虽若象之不仁，而犹可以化之也。

《象祠记》是明代思想家、文学家王守仁创作的一篇散文。文中作者借苗人翻修象祠一事进行论证，宣扬了"人性之善，天下无不可化之人"的观点，即君子应该修身正德，以德感化天下人，具有激励人改过向善的积极意义。

象，在这里指的可不是我们常说的陆地上的哺乳动物，象在这里指的是一个人，他有一个同父异母且大名鼎鼎的哥哥——舜。舜还没有当首领的时候，象与他的母亲就多次陷害舜，但都没有成功。对此，舜不予计较，当了首领后，还以德报怨封象做了有鼻国的国君。为什么唐朝时有鼻地区的人民要拆毁象的祠堂？因为象设计陷害自己的哥哥，这在中国的礼义中是大逆不道，有违天理，所以有鼻地区的人民将其祠堂拆毁。那为何苗人要翻修象祠呢？因为苗人纪念的是改过自新后的象。

《三字经》开头的第一句便是"人之初,性本善"。人性本为善,天下没有不能被善感化的人。人即使跟象一样不善良,也能够被感化。君子修养自身的德行,到了圣的极点,即使身边有人跟象一样不仁、残暴,也能够感化他。这说明圣人或君子在感化教育他人方面的重要性。

君子为何可以感化他人?舜以德报怨最终感化了象,使象改过自新,还得到了苗人的爱戴。君子通过自身行为的修养,来达到感化教育他人的目的。儒家有言:"己所不欲,勿施于人。"当一个人被善待、被爱护的时候,在不知不觉中,他的思想、行为就会发生变化,更何况人性本善,只是后天接触、学习的人和环境不同,造成不同的性格秉性罢了。

所以,我们要多与圣贤君子交往,自我省察,及时更正自己的错误,同时,也要加强自己身心的修养,积极感化教育他人。

214. 同是天涯沦落人

瘗旅文

歌曰:"连峰际天兮飞鸟不通,游子怀乡兮莫知西东。莫知西东兮维天则同,异域殊方兮环海之中。达观随寓兮莫必予宫,魂兮魂兮无悲以恫。"

《瘗旅文》是明代思想家、文学家王守仁创作的一篇祭文。文中作者一面哀悼死者,一面抒发自己遭贬荒远异乡的凄苦。

王守仁是在何种情况下写下这篇文章的?"瘗"是掩埋、埋葬的意思,"瘗旅文",顾名思义就是为埋葬客死他乡的人而写作的一篇祭文。明武宗正德元年(1506年),王守仁为了营救敢于上书请求严惩阉宦的官员,得罪了大太监刘瑾,被廷杖四十之后,被贬到贵州,做了龙场驿丞。在龙场做驿丞期间,王守仁亲眼看见掌管文书的吏目和他的儿子、仆人先后客死在蜈蚣坡下,这使他产生了"同是天涯沦落人"的感慨。虽然素昧平生,但由于处境的相似,王守仁产生共情,他亲自带人把吏目及其儿子、仆人埋葬在路旁,并写了这篇著名的祭文。

白居易被贬写下"同是天涯沦落人,相逢何必曾相识"的千古名句,想必在目睹吏目三人客死他乡之时,王守仁的心中也不免产生了同样的情愫,王守仁有的,只有无尽的孤独与空寂。

这该是一种怎样的心情?被贬他乡,远离亲人,语言不通,生死也难料,身处那样的环境,是何等的凄凉,又怎是常人可以体会的。吏目三人的死让王守仁联想到了自己,他悲伤,痛苦,为这三位死者,更为他自己。

明代宦官当权的朝廷腐败至极,文中虽未提及明代官场的险恶与腐败,但字里行间无不都在表现这一点。

然而,在逆境之中,人更能激发自己的潜能,王守仁正是在这样的环境中悟出了"知行合一"的道理。

面对逆境,感伤在所难免,但只有痛定思痛,将逆境作为自己的修行场,将所有的困难与屈辱当作养料,才能使自己得到成长。

"同是天涯沦落人"的感伤是暂时的,我们要朝着有光的方向前进,客死他乡的凄凉让人悲伤,活着才有无尽的希望。在逆境中心存希望,在逆境中奋发有为。

215. 背公死党之大义,守职奉上之节废

信陵君救赵论

> 故信陵君可以为人臣植党之戒,魏王可以为人君失权之戒。《春秋》书葬原仲、翚帅师。嗟夫!圣人之为虑深矣!

《信陵君救赵论》是明代军事家、散文家唐顺之写的一篇关于信陵君救赵一事的评论。世人多称赞信陵君救赵国于危难之间的仁义和勇敢,唐顺之却认为信陵君的做法是出于私心,并批评魏王。

战国末年,秦国准备灭了赵国,而魏国和赵国是唇亡齿寒的关系。魏国君主本来是要救赵国的,但是秦国警告了魏国,魏王便让将军晋鄙观望。赵

国于是用姻亲关系来向信陵君求救，信陵君见状便指使妃子如姬偷了魏王的兵符，还杀死了晋鄙，解救了赵国。唐顺之认为信陵君的罪责不在偷窃兵符，他救赵国不是为了魏国，也不是为了赵国，而是出于私心，为了救与他有姻亲关系的平原君。这样的行为是结党营私。而对于魏王，唐顺之认为他过于宠幸妃子，失掉了君主的威严，警诫后人要引以为戒，加强统治。

　　唐顺之为何批评人人称赞的信陵君窃符救赵一事？唐顺之所在的明正德年间，皇帝只顾吃喝玩乐，以刘瑾为首的宦官把持朝政，权势最盛。明世宗继位后，本来想要加强中央集权，但是后来沉迷于长生不老，也就不理朝政了。唐顺之此时侍奉的朝廷是什么样的？正像他所说的"有重相而无威君，有私仇而无义愤"。对于宦官当政的现象，他非常厌恶，但又不敢明说，好在历史是可以任人评论的，所以，唐顺之拿信陵君开刀，用典故表达自己的态度。

　　以史明鉴，别人认为信陵君是义举，唐顺之却认为信陵君是出于私心。

　　信陵君遵守了自己心中的义，但是小义，不是大义。为朋友卖力，尽心尽力，是够义气的，但是出发点只是为了自己的朋友，而没有想到更大的层面。背公死党之大义，守节奉公之道废。人们习惯了那些不为公事、为私党尽心竭力的行为，却忘记了那些坚守节操，奉公办事的人。信陵君虽然对赵国有功，但是自己身为魏国的臣子，没有想到自己国家的危难。信陵君可以去劝诫魏王，但是偷窃这一行为是不可取的。身为人臣，没有尽到奉公职守，私自决定涉及国家安危的大事，所以信陵君的行为并不值得人们称赞。

216. 上下相孚，才德称位

报刘一丈书

　　至以"上下相孚，才德称位"语不才，则不才有深感焉。夫才德不称，固自知之矣。至于不孚之病，则尤不才为甚。

　　《报刘一丈书》是宗臣写给刘一丈的一封书信。刘一丈名介，因为排行第一，所以叫作"一"。丈是对男性长辈的尊称。刘一丈和宗臣家是世交，关系很好。

宗臣是明代文学家。他生活的时代奸臣当道，严嵩父子玩弄权政，朝廷政治腐败，许多人为了自己升官发财，于是就依附严嵩父子，以此来捞取好处。宗臣对此非常痛恨。

宗臣在文中描绘了一个非常典型的官场哈巴狗形象。一个朝廷官员，在快要下班的时候跑到上司家门口，想要见上司，门口的小厮不让进，于是他做出女人一样扭捏奉承的姿态，还给小厮塞了一个红包，小厮才让他进门，可是最后，他还是没有见到上司。第二天，他又跑去见上司，门口的小厮拦住他，问道："你是谁？"他只好又给了小厮一个红包，才得以进门。进去后，他等了很久，上司才出现了。他又是跪又是拜。跪拜完后，他拿出一个大大的红包送给上司，上司再三推辞，说："这样做不合规矩啊，我不能收。"还讲了一番大道理，他执意要给，上司便让人收下，并且对他说："下不为例。"他就这样欢天喜地地走了。从此，他不停地和别人说上司和自己关系不错，而上司也偶尔提起他，说这人不错，于是所有人都觉得他不错。

宗臣之所以讲这样一个例子，是因为刘一丈在给宗臣的信中提到宗臣在官场很吃得开，得到了上上下下的信任。于是，宗臣在信中反驳了刘一丈的观点，并对现在官场中的"信任"做出了解释，表示自己非常厌恶这样的现象，同时表示自己对待上司的态度并非趋炎附势。

不论是治国理政，还是管理一个小组织，宗臣那个时代的"信任"都是不可取的。下级对上级，通过贿赂而构建起来的信任是不稳定的。在钱财基础上建立起来的信任，只会瓦解得更加迅速和彻底。

与上级相处，一定要把握好分寸。宗臣守着自己的本分，做好自己分内的事情，不曲意逢迎，也不自恃傲慢。就像《中庸》里的："君子素其位而行，不愿乎其外。""在上位不陵下，在下位不援上，正己而不求于人则无怨。"

217. 夫令之于民诚重矣

吴山图记

夫令之于民诚重矣。令诚贤也，其地之山川草木，亦被其泽而有荣也；令诚不贤也，其地之山川草木，亦被其殃而有辱也。君于吴之山川，盖增重矣。

归有光是明代"唐宋派"的代表作家，被人们称赞为"今之欧阳修"。魏用晦是他的好友，曾经在吴县（治所在今江苏苏州）做县令。他勤政为民，深受当地百姓的爱戴。魏用晦离开的时候，百姓们都非常舍不得他，为了表示感谢，当地的百姓便将《吴山图》送给他留作纪念。三年后，魏用晦把这幅画拿出来和归有光欣赏，并且委托归有光为这幅画写一篇文章。

这篇文章的重点，不是描写吴县的风光，也不是说明赠画的缘由，而是重点表述对好友魏用晦被百姓赠画这件事的感想。

吴县有灵秀的山川，保留着春秋时期吴国的宫殿，以及西施的遗迹，是一个旅游胜地。在归有光看来，好友魏用晦离开吴县时，当地百姓之所以给他送画，是因为魏用晦贤明。他贤明，他管辖地方的山川也会灵秀；不贤明，那山川会有一种污浊的气息。

魏用晦在吴县任职期间表现卓越，得以升官，调任中央。按照当时的习俗，县令调任，人们都会给县令送礼物。《吴山图》虽然只是一幅百姓所绘的画，但礼轻情意重，这幅画的贵重之处就在于它的附加价值。凡是贤者所到的地方，不单单是那里的百姓忘不了贤者，贤者自己也会怀念那里的百姓。魏用晦在吴县任职的这几年，尽心竭力。只有对百姓真心诚意的人，百姓才会爱戴他，打心底里尊敬他。

勤政爱民的官员才会得民心。和魏用晦一样，宋代的韩琦也是这样一个为国为民的好官。韩琦在黄州当官的那几年，黄州百姓的生活较好。韩琦也对黄州和黄州百姓很是怀念。苏轼是韩琦的朋友，他为韩琦写了一首名为《思黄州》的诗，并且把这首诗刻在石头上。

白居易在苏州做刺史的时候,实行了很多惠民政策,减轻赋税,让百姓休养生息。虽然他只当了一年零五个月的刺史,但是当他离开的时候,为他送行的百姓却延绵十几里。

可见,为官者好不好,只有百姓说了算。百姓说好才是真的好。衡量为官优劣的标准,自古看的都是百姓的意见。可以说,百姓认可,百姓爱戴,就是为官最大的功绩。

218. 亭,之所以为亭

沧浪亭记

虽然,钱镠因乱攘窃,保有吴越,国富兵强,垂及四世。诸子姻戚,乘时奢僭,宫馆苑囿,极一时之盛。而子美之亭,乃为释子所钦重如此。可以见士之欲垂名于千载,不与澌然而俱尽者,则有在矣。

《沧浪亭记》是明代文学家归有光的一篇散文。这篇文章是作者应文瑛的请求而写的一篇传记。文章记述了沧浪亭的历史变迁,并通过古今对比,抒发了作者对世事变化的感慨,表现了自己对名利的淡泊。

沧浪亭位于今天的江苏省苏州市,为北宋著名文学家苏舜钦所建。苏舜钦曾经写过一篇名为《沧浪亭记》的文章,记叙了沧浪亭的美景。前有苏子美的名篇,归有光再写同名文章,难免会被世人拿来做比较,甚至会被嘲讽,因此他有必要另辟蹊径,从不能下笔处下笔,归有光的确是这么做的。归有光便将亭子放到了历史长河中,去考察它如何兴,如何毁,毁后又建,从变迁改易中突出了亭不变。

与其说是亭不变,倒不如说是"亭不朽"。但是,作为建筑的亭子是不可能不朽的,历史上比沧浪亭更恢宏的建筑到最后变成一堆残垣断壁,满处草木,零落凋敝。这里的"亭不朽"其实指的是附着在亭子上的文化精神。归有光说:"士人要想垂名千载,不与吴越一起迅速消失,是有原因的。"这正是"文章不朽""立言不朽"的真实写照。

一人写景，一人言志，一人将沧浪亭之美之雄伟写到极致，一人则将亭之所以为亭的原因表露出来。最后两篇文章都被刻在沧浪亭上，与亭子一起流传后世。尽管亭子倒了，但是文章还在，属于文人的那种精神也还在。

什么是文人精神？文中归有光将它表现为淡泊名利。他将太伯、虞仲的德业，阖闾、夫差的霸业，伍子胥、文种、范蠡的功业来反衬苏子美文业的不朽，又用历代皇亲国戚盛极一时的宫馆苑囿的湮灭反衬沧浪亭的长存，说明文业与功业可以相提并存，甚至有过之而无不及。

文人精神重在其内在的修养，重在其品行的操守。物有毁灭的一天，但是精神却可以与世长存。

219．好文章的标准是什么？

青霞先生文集序

予尝按次《春秋》以来，屈原之《骚》疑于怨，伍胥之谏疑于胁，贾谊之疏疑于激，叔夜之诗疑于愤，刘蕡之对疑于亢。然推孔子删《诗》之旨而裒次之，当亦未必无录之者。君既没，而海内之荐绅大夫，至今言及君，无不酸鼻而流涕。

《青霞先生文集序》出自《青霞集》，作者是明代文学家茅坤，本文是他为沈炼的诗文集所作的序。

文章以崇拜的笔调介绍了沈炼忧国忧民、与奸权抗争遭受迫害的经历，高度赞扬了沈炼的为人，并从思想内容上肯定了沈炼的诗文。

沈炼是明代一位锦衣卫，因为上书抨击宰相被流放塞外，当时正逢北方强敌入侵，然而边关守将懦弱，连放一支箭抗击敌人的事都做不到，将士们为了邀功，甚至把战死的士兵和在郊野游走的百姓的左耳割下来，这使得百姓凄苦，却连一个控诉的地方都没有。沈炼对统治者疏于边疆防务的行为深感愤怒，对于将士残害百姓、欺骗朝廷的行为也深恶痛绝，但是他只是一个文人，还是一个被流放塞外的羸弱文人，他内心愤苦，但又无能为力，他唯一能做的，就是拿起笔，用纸笔作武器，记录这人间炼狱的苦难。

沈炼为人正直勇敢，不畏权贵，敢于直谏，文章反映社会现实，直击百姓的痛点，但是他生在了明朝，那个封建专制的朝代，那个文字狱大行其道的年代，最后，沈炼被陷害致死。但是他的诗文，他的品格，却永远流传了下来。

好的文章一定要反映社会现实，一定要真实地表现一个人内心的情感。但是，往往这样的文章才能够起到醍醐灌顶、唤醒世人的作用，这才是文章存在的最大价值。

可见，好的文章是内心真情实感的表现，好的文章一定要对社会现实有所反映，好文章的作者自身的品行一定是端正的，好文章一定也是有头脑，明是非，有抱负的。

220. 能完赵者，天固曲全

蔺相如完璧归赵论

璧入而城弗予，相如则前请曰："臣固知大王之弗予城也。夫璧非赵璧乎？而十五城秦宝也。今使大王以璧故而亡其十五城，十五城之子弟，皆厚怨大王以弃我如草芥也。大王弗予城而绐赵璧，以一璧故而失信于天下，臣请就死于国，以明大王之失信。"

《蔺相如完璧归赵论》是清代文学家王世贞创作的一篇史论。文中作者对"蔺相如完璧归赵"这一历来为人称道的事件发表了不同的看法，他认为蔺相如的行动中有不少失误的地方，蔺相如之所以能够保全自己的性命、和氏璧之所以能够归还赵国，以及赵国得以保全都是侥幸，都是因为有上天的偏袒。

赵惠文王时，赵国得到了楚国的一块宝玉——和氏璧，秦昭王知道后也很想得到它，还说愿意用秦国的十五座城池作为交换。赵国对此感到很为难，因为秦国历来不讲信义，赵国怕挨了骗，还要被人耻笑，有损赵国的形象，但如果不给秦国这块玉，又怕秦国抓住把柄，趁机发兵来犯。就在这时，蔺相如站了出来，说愿意带着和氏璧去往秦国，如果秦国真的割城换玉，他就把和氏璧留在秦国，如果割城只是秦国的一个噱头，那他便把和氏璧完整地带回赵国。

等到了秦国之后，秦王果然没有割城的诚意，蔺相如便设计夺回和氏璧，并叫随从乔装打扮从小路逃走，将和氏璧送回了赵国。世人因此对蔺相如的口才和行为大加赞赏，说他机智果敢，英勇无畏，重信守义。

但王世贞却认为，蔺相如不过是侥幸才将和氏璧完整地送回赵国，虽然当时两国国力秦强赵弱，但是秦国并没有处心积虑地想用一块玉为借口一举吞并赵国，秦国的真实目的不过是威胁、恐吓赵国，来诈取和氏璧罢了。此外，他也不赞成蔺相如设计带回和氏璧的做法，因为那样做使得赵国理亏，应当跟秦王阐明不割城的后果，将正义留在赵国一方。

对于蔺相如完璧归赵一事的评价，不管是称赞还是批判，都有其各自的理由，但从这两种截然不同的立场中，我们可以学到评价事物的方法。

首先，不要人云亦云。人人都说好，只要你能说出你认为不好的理由，那也是正确的。对于是非对错的评价向来没有一个明确的标准，站在不同的角度，不同的立场，甚至不同的阶级都会有不同的看法，所以，坚持自己的想法，不要人云亦云，迎合大众。其次，说理要有说服力，要像王世贞一样，逻辑清晰，说理有力，从不同的角度入手。最后，要敢于说出自己的想法。现在有些人不敢说出自己的真实想法，原因是害怕说错，或说得不好，要勇敢地说出自己的真实想法，做真实的自己。

221. "奇"而不得志

徐文长传

石公曰：先生数奇不已，遂为狂疾；狂疾不已，遂为囹圄。古今文人牢骚困苦，未有若先生者也。虽然，胡公间世豪杰，永陵英主，幕中礼数异等，是胡公知有先生矣；表上，人主悦，是人主知有先生矣，独身未贵耳。先生诗文崛起，一扫近代芜秽之习，百世而下，自有定论，胡为不遇哉？

《徐文长传》是一篇传记，作者是明代著名文学家袁宏道。文章记叙了一代奇人徐渭怀才不遇、命运坎坷的一生，刻画了他狂傲不羁、愤世嫉俗的性格，同时也表达了作者对徐渭怀才不遇、命运多舛的深切同情。

毫无疑问，徐渭是一个奇人，为什么说他"奇"呢？首先，他有才，他的才学不仅仅表现在文章上，还表现在诗歌、戏曲、书画等很多方面，他的才华甚至得到了胡宗宪和世宗皇帝的认可。其次，他的名声很大，老家浙江一带，可以说是家喻户晓，非常受人推崇。然而就是这样一个集才华与盛名于一身的人，在政治上却极度不得志。

从徐渭的性格来看，无论他生活在哪个时代，大概率都会郁郁不得志。因为徐渭最大的问题就在于他太骄傲了，所谓恃才傲物、自命不凡说的就是徐渭。他的才华得到了胡宗宪的青睐，名声在乡邻间盛传，他有骄傲的资本，却没有骄傲的尺度。在徐渭眼中，世间万物不过如此，没有一件让他感到满意，也正因如此，他终身都没有得到施展才能的机会。

不管是在古代还是在今天，谦逊都是必要的。人可以骄傲，但是骄傲应该表现为不与世俗同流合污，而不是以自己的才华和见识作为骄傲的资本蔑视世间一切人和物。

人外有人，天外有天，因此，不要为自己的一点才华和见识而自负。低调做人，谨慎做事。谦逊的人更能得到别人的尊重，也更容易大显身手。

222. 明死生之大，匹夫之有重于社稷

五人墓碑记

不然，令五人者保其首领，以老于户牖之下，则尽其天年，人皆得以隶使之，安能屈豪杰之流，扼腕墓道，发其志士之悲哉！故予与同社诸君子，哀斯墓之徒有其石也，而为之记，亦以明死生之大，匹夫之有重于社稷也。

《五人墓碑记》是明代文学家张溥创作的一篇碑文。文章记述和颂扬了苏州市民敢于同恶势力进行斗争的英勇事迹，热情歌颂了五位勇士至死不屈的英勇行为。

　　司马迁说："人固有一死，或重于泰山，或轻于鸿毛。"在明末天启六年（1626年）三月爆发的苏州市民反抗魏忠贤的斗争中，涌现了五位英雄。他们仗义抗暴，至死不屈。在临刑的时候，他们慷慨自若，谈笑赴死。砍下的头挂在城墙上，脸色却没有一丝改变。

　　他们生于民间，却能够被国家大义所激励，死不回头。相比于那些富贵人家的子弟和那些志得意满、官运亨通的人，他们显然太过渺小，但是他们的事迹却能在百姓中流传，他们的名字能够被世人铭记，他们的行为能够得到世人的称赞。

　　生死对于人们而言到底意味着什么？著名诗人臧克家在《有的人》中写道："有的人活着，他已经死了，有的人死了，他还活着。"在明末的这场斗争中，魏忠贤活着，但他已经死了；五位壮士死了，但他们依然活着。

　　我们常说，生命的价值不在于长短，而在于对社会的贡献。五壮士仗义抗暴而死，苏州市民因为他们的义举而团结一心，发愤抗击，致使魏忠贤不敢再株连治罪。五人虽死，但精神尚在，对社会的影响仍在，他们虽死犹生。